Unternehmensinterne Netzwerke in der Informationsgesellschaft

Strukturwandel und Strukturpolitik

Herausgegeben von Prof. Dr. Wolfram Elsner

Band 15

Frankfurt am Main · Berlin · Bern · Bruxelles · New York · Oxford · Wien

Maya Behrens-Schablow

Unternehmensinterne Netzwerke in der Informationsgesellschaft

Prozesse und Gestaltung der Vernetzung,
Netzwerkkultur und Social Learning am Beispiel
der Einführung von DC eLife
in der DaimlerChrysler AG

PETER LANG
Europäischer Verlag der Wissenschaften

Bibliografische Information der Deutschen Nationalbibliothek
Die Deutsche Nationalbibliothek verzeichnet diese Publikation
in der Deutschen Nationalbibliografie; detaillierte bibliografische
Daten sind im Internet über <http://www.d-nb.de> abrufbar.

Zugl.: Bremen, Univ., Diss., 2005

D 46
ISSN 1438-2644
ISBN 3-631-55327-7

© Peter Lang GmbH
Europäischer Verlag der Wissenschaften
Frankfurt am Main 2007
Alle Rechte vorbehalten.

Das Werk einschließlich aller seiner Teile ist urheberrechtlich
geschützt. Jede Verwertung außerhalb der engen Grenzen des
Urheberrechtsgesetzes ist ohne Zustimmung des Verlages
unzulässig und strafbar. Das gilt insbesondere für
Vervielfältigungen, Übersetzungen, Mikroverfilmungen und die
Einspeicherung und Verarbeitung in elektronischen Systemen.

www.peterlang.de

Zur Reihe "Strukturwandel und Strukturpolitik"

"Strukturwandel", vor allem "globaler" Strukturwandel, ist in aller Munde. Er ist in der Tat das wichtigste Phänomen, in dem sich die *Dynamik* des Wirtschaftens äußert und das dem Wachstum der Wirtschaft zugrunde liegt. Auch Wirtschaftspolitik ist seit mehr als zwei Jahrzehnten weit eher "Strukturpolitik" (im weitesten Sinne, also institutionelle Strukturen eingeschlossen) als "Globalsteuerung".

Statisch-statistisch gesehen haben Struktur und Strukturwandel mit ökonomischen Phänomenen auf *"mittlerer" Aggregationsebene* und ihrem Wandel zu tun: Sektoren, Branchen, sektorale Cluster und Netzwerke, ferner Regionen, regionale Cluster und Netzwerke sowie schließlich Betriebsgrößenklassen (wie z. B der "Mittelstand" oder Kleinstunternehmen und Existenzgründer). Diese strukturelle Dimension der Wirtschaft beschreibt zugleich das moderne Feld der *Meso-Ökonomik*. Zur Strukturpolitik zählen dementsprechend die sektorale Strukturpolitik (industrial policy), die heutzutage auch *cluster- und netzwerkorientiert* ist, einschließlich der Technologiepolitik, die *regionale* Strukturpolitik, einschließlich der Humankapitalförderung i. w. S., sowie die *Mittelstands- und Existenzgründungsförderpolitik*.

Dynamisch und *ökonomisch-theoretisch* betrachtet haben Strukturwandel und Strukturpolitik etwas mit unmittelbaren (d. h. nicht nur indirekten, preisvermittelten) *Interaktionen* von Akteuren zu tun. Diese finden i. d. R. in komplexen und mit Unsicherheit behafteten Entscheidungssituationen statt und induzieren Prozesse, deren Ergebnisse nicht nur in Mengen und Preisen beschreibbar sind. Sie sind bedingt durch funktional und räumlich fragmentierte Wertschöpfungsketten, die zugleich technologisch höchst interdependent sind und insbesondere durch Netztechnologien und Netzexternalitäten die Akteure in ihren Entscheidungen voneinander abhängig machen. Diese neue Realität der New Economy verlangt hochgradig abgestimmte individuelle Entscheidungen und dichte Interaktionen. Solche Interaktionen wiederum verlangen vielfältige *Koordinierungs- und Kooperationsleistungen* von den Akteuren einschließlich der öffentlichen Akteure. Diese Leistungen lassen sich nach aller Erfahrung und theoretisch erhärtet vor allem in *"mittelgroßen" Gruppen* effektiv erbringen. Dort finden *soziale Lernprozesse* relativ leicht statt, und private Akteure können in diesem Rahmen im evolutionären Prozeß soziale Institutionen der Koordination und Kooperation herausbilden. Netzwerke, als fortgeschrittene Kooperationsformen, bewirken dann nach empirischen Erkenntnissen erhebliche Effizienzsteigerungen, z. B. oft erhebliche Beschleunigungen des Innovationsprozesses zwischen kleinen und mittleren Unternehmen. Solche spontanen dezentralen Prozesse sind jedoch zugleich - sowohl in der sozialökonomischen Realität wie in sozialen Experimenten, erhärtet durch theoretische Forschung - oft *blockiert*, anhaltend *fragil* und/oder sehr *zeitaufwendig*.

Wenn Global Player vor diesem Hintergrund ihre Macht einsetzen und globale Zuliefernetzwerke hierarchisch organisieren und kommandieren ("Hub & Spoke Netzwerke"), dann finden dezentrale Lernprozesse i.d.R. ebenfalls in suboptimaler Weise statt. Die Koordinations- und Kooperationsleistungen der privaten Akteure lassen sich jedoch *initiieren*, *stabilisieren* und/oder *beschleunigen* durch eine moderne Wirtschafts(struktur)politik, die die Anreize, Motive und Leistungen der Privaten nicht (etwa im Sinne der traditionellen Kollektivguttheorie) ersetzt, sondern sich wiederum interaktiv mit diesen koordiniert, um die Privaten zu Beiträgen im eigenen, aber auch im strukturpolitischen Interesse zu motivieren. Zu dem damit angedeuteten Paradigma einer *"interaktiven"* (und damit zugleich "schlankeren") *Wirtschafts- und Strukturpolitik* soll diese Buchreihe ebenfalls Beiträge liefern.

Insgesamt soll mit dieser Reihe der Anspruch verfolgt werden, eine moderne, interaktive *Meso-Ökonomik* zu repräsentieren. Diese kann die vielfältigen Insuffizienzen reiner Mikro- und reiner Makro-Ökonomik und die vielfältigen, oft unbeabsichtigten (wenngleich oft systematischen) strukturellen Effekte von mikro- und makroökonomischen Vorgängen und mikro- und makropolitischen Aktionen aufdecken helfen und schließlich die Probleme durch adäquate privat-private und privat-öffentliche Interaktionsstrukturen einer Lösung näherbringen.

Wolfram Elsner, Bremen

Vorwort des Herausgebers

Gegenstand der Arbeit ist die Entstehung unternehmensinterner Netzwerke zwischen Mitarbeitern und ihre Wirkungen auf die Performanz der Unternehmung. Hintergrund ist die Vermutung einer größeren Problemlösungskapazität von Netzwerkformen der Koordination im Vergleich zu traditionellen rein hierarchischen Formen.

Dabei sind Netzwerke Formen von Kooperation, die in einem interaktiven Prozess (kollektiv) gelernt werden müssen, um latente gegenseitige Handlungsblockaden oder sog. Lock-ins zu überwinden. Kooperationen wiederum sind Koordinationsformen in dilemmabehafteten Entscheidungssituationen, in denen starke Anreize zu individualistischer Zielverfolgung existieren, allseitige individualistische Zielverfolgung jedoch zu einer insgesamt (Pareto-) inferioren Situation führt. Der Verzicht auf den Impuls zur kurzfristigen individualistischen Zielverfolgung ist jedoch nicht als i.e.S. „rationale" (d.h. kurzfristig maximierende) Entscheidung sondern nur als wechselseitige (aus schlechter Erfahrung mit der Dilemmasituation) gelernte, institutionalisierte (habitualisierte) Handlungsregel der Koordination (bei Gefahr des Ausgebeutetwerdens durch einen Defekteur) vorstellbar. Kooperation ist daher eine Koordinationsform zur Lösung definierter Interdependenz-Probleme unter Verzicht auf kurzfristige Zielmaximierung.

Die Untersuchung spontaner dezentraler Entstehungsprozesse von Netzwerken setzt also eine sorgfältige Analyse der zugrundeliegenden Problem- und Anreizstruktur und der daraus initiierten Lernprozesse sowie den Nachweis der dadurch erhöhten Problemlösungskapazität der so gewonnenen Koordinationsformen voraus. Die institutionelle und evolutionäre (i.d.R. spieltheoretisch argumentierende) Netzwerktheorie, auf die sich die Arbeit bezieht, ist typischerweise für interorganisationale Netzwerke entwickelt und v.a. auf Unternehmensnetzwerke angewendet worden. Die Arbeit wendet diese Netzwerktheorie nun auf intraorganisationale Probleme und Interdependenzen, Lernprozesse und gelernte Kooperationen zwischen Mitarbeitern an.

Sie kann sich hierbei auf die institutionell-evolutionäre Theorie der Firma von R.R. Nelson und S.G. Winter (1982) beziehen und die neuere interorganisationale Netzwerktheorie einbeziehen. Für den intraorganisationalen Bereich haben Nelson/Winter das Konzept der Routinen als der gelernten Institutionen (soziale Verhaltensregeln) der spontanen, informellen Koordination und Kooperation entwickelt. Um die spontane Entstehung neuer Routinen vor dem Hintergrund technologischer Veränderungen und sozialer Lernprozesse geht es im vorliegenden Band.

Dabei spielt auch die Welt der Fragmentierung der Wertschöpfungsketten, die sogar in den intraorganisationalen Bereich hineinragt (Abteilungen, Profit Center, Individualisierung von Mitarbeitern u.a.), eine Rolle. Und schließlich muss die technologische Bedingung der Netztechnologien und der damit verbundenen sog. Netzexternalitäten Berücksichtigung finden. Fragmentierungen und Netzexternalitäten generieren nahezu ubiquitär jene komplexen und dilemmabehafteten Entscheidungssituationen und Anreizstrukturen, die jene Lernprozesse und institutionalisierten Kooperationen als Koordinationsform zur Lösung der Probleme und zur Wiedergewinnung, ggf. auch Vergrößerung, der gemeinsamen Problemverarbeitungskapazität erforderlich machen. Für die intraorganisationalen Prozesse dieser Art sind die (eher erleichternden) Bedingungen des erhöhten institutionalisierten Commitments in der gemeinsamen Firma und der Möglichkeit der Verhaltens-Anweisung und –Kontrolle durch die Unternehmenshierarchie zu berücksichtigen.

Die Arbeit geht sicher und verständig mit der Wiedergabe und Anwendung der nicht ganz einfachen Ökonomik der interorganisatorischen Netzwerke um. Ferner wird das Nelson/Winter-Paradigma sicher und überzeugend auf die neuen unternehmens-strategischen Bereiche B2E und E2E angewandt, wobei die Voraussetzungen einer hierarchisch initiierten und vorgegebenen technologischen Vernetzung (Intranet), einer Qualifizierung, Ziel-, Aufgaben- und Funktionsvorgabe eines Firmen-Commitments Berücksichtigung findet.
So werden Netzwerk-Ökonomik und institutionell-evolutorische Theorie der Firma auf die Case Study, also auf die Einführung des Hard- und Software-Systems „ePeople"/„workforce connect" im Konzern DaimlerChrysler, angewendet. Die Ausgangs-Problematik bildet die Möglichkeit und Notwendigkeit der Produktivitätserhöhung im Unternehmen/Betrieb unter Zuhilfenahme der neuen digitalen Technologien (Intranet mit Zugang auch für neue innerbetriebliche Nutzergruppen, v.a. die Arbeiter der gewerblichen Produktion). Das eingeführte technologische System definiert die neuen Möglichkeiten der besseren Erreichung von Zielen der Produktion, Innovation und verbesserten internen Kommunikation des Unternehmens hinreichend klar. Hier wird die dilemmabehaftete Anreizstruktur, also die Kollektivgutproblematik herausgearbeitet. Von der techno-logischen Vernetzung scheint zunächst keine eigenständige Entscheidungsproblematik (i.S. von Netzexternalitäten bei der Technologiewahl und -anwendung) auszugehen, wenngleich jeder Nutzer im Intranet zumindest seine Nutzerdaten als Information hinterlässt. Der Anreiz zur Nutzung der Technologie wird erhöht durch klare individuelle private Zusatzanreize, die als Funktionsmöglichkeiten mit installiert sind (Autobörse, Aktienbörse, allgem. Internetzugang u.a.). Einzelne Bereiche, wie ein interner nunmehr dezentralisierter Stellenmarkt (mit dezentraler Bewerbungsmöglichkeit im Intranet) scheinen eine hinreichende und unproblematische Parallelität von individuellem Interesse (Positionsverbesserung) mit dem Kollektiv-

interesse des Unternehmens (Produktivitätssteigerung durch verbesserte interne Mobilität und Transparenz) zu gewährleisten.

Die neue Technologie des Intranets verlangt, v.a. von den bisher noch nicht mit dieser Technologie vertrauten gewerblichen Arbeitnehmern, neue Skills und damit neue auf die Technologie bezogene Verhaltensweisen. Das Erlernen dieser Skills geschieht z.T. als spontaner, zumindest dezentraler Lernprozeß. Hierbei kann die Arbeit übrigens mit zwei eigenen empirischen Erhebungen aus der Position der Verfasserin als Teilnehmerin und Organisatorin des Prozesses aufwarten, die empirisches Material hervorgebracht haben, das es so nur in sehr seltenen Fällen geben dürfte. Das dabei gezeigte überwiegende Erlernen der neuen Skills (der Nutzung des Intranet am Arbeitsplatz) von Beschäftigten am Arbeitsplatz scheint in der Tat ein wichtiger Indikator für dezentrale interaktive spontane Lernprozesse zu sein.

Allerdings ist damit zunächst nur eine Kooperation zur „nachholenden" Aneignung der technologischen Vernetzung beschrieben. Ob die Technik dann wirklich „Eins-zu-Eins" genutzt wird, um das wesentliche „Kollektivgut" der Produktivitätssteigerung durch intensivierten Informationsaustausch und „kollektive" Informationskumulierung – in Folge eines Lernprozesses und einer Institutionalisierung von Kooperation und organisatorischer Vernetzung – zu generieren, kann bei dem insgesamt noch unzulänglichen Stand empirischer Erfahrung nicht hinreichend geklärt werden. Vielmehr wird hier die Vermutung zugrundegelegt, dass mit der Akzeptanz und Nutzung der technologischen Vernetzung die angebotenen Funktionen und damit die eingebauten Potentiale der Produktivitätssteigerung durch gelernte *organisatorische* Vernetzung, zumindest „in den kommenden Jahren", tatsächlich auch wahrgenommen bzw. realisiert werden. Dies verlangt jedoch vermutlich erhebliche weitere interaktive Lernprozesse zur Institutionalisierung von Reziprozität, Kooperation und Netzwerken. Die verbesserte Lösung von Problemen der Produktion, Produktivität und Innovationen müsste dann in künftigen begleitenden Forschungsprojekten noch gezeigt werden. Dies setzt in der Tat noch weitere Entwicklungsprozesse über eine längere Frist in diesem erst jungen Projekt voraus, wird als Fragestellung jedoch bereits heute herausgefiltert.

Immerhin weist die Arbeit zu Recht auf einige wahrscheinliche Spill-Over-Effekte von der technologischen Vernetzung zur organisatorischen Netzwerkbildung hin. So müssen z.B. bei der Nutzung der technologischen Vernetzung bereits Kooperationsformen gelernt werden (Absprache von Nutzungszeiten während der Arbeitszeiten) und muss Vertrauen hinsichtlich der verantwortungsvollen Nutzung durch Arbeitnehmer seitens der Kollegen und Vorgesetzten entstehen.

Die Arbeit liegt also durchaus richtig mit ihrem Optimismus hinsichtlich der längerfristigen Wirksamkeit neuer intraorganisationaler Netzwerke und Routinen in

Ergänzung zur Unternehmenshierarchie und mit ihren Verallgemeinerungen und Handlungsempfehlungen, die sich an die Anwendung der ökonomischen Theorie auf diese industriell exponierte Case Study knüpft.

Die vorliegende Arbeit hat in einem komplexen theoretischen Feld einen guten Untersuchungsrahmen entwickelt und diesen auf eine empirisch sehr relevante Case Study angewendet.

Bremen,
Januar 2006
Wolfram Elsner

Inhaltsverzeichnis

1 Einleitung _____ 15

A. Theoretische Grundlagen der Entstehung inter- und
intraorganisationaler Netzwerke _____ 27

2 Neue Rahmenbedingungen und Herausforderungen an die
Theorie durch den Wandel zur Informationsgesellschaft _____ 27

   2.1 Grundlegende Betrachtungen zur New Economy –
Begriffe und wegweisende Entwicklungen für den Weg in die
Informationsgesellschaft _____ 31

   2.1.1 Tertiarisierung und die Vernetzung von Produktions- und
Dienstleistungssektor _____ 34

   2.1.2 Globalisierung und Lokalisierung - Integration von weltweiten
Märkten und lokalen Handlungskontexten_____ 37

   2.1.3 Räumliche und funktionale Fragmentierung von Wertschöpfungsketten 39

   2.1.4 Technologischer Fortschritt und der Einsatz von Netztechnologien___ 40

   2.2 Ökonomische Herauforderungen in der Informationsgesellschaft –
Entstehung neuer Charakteristika auf Informationsgütermärkten _____ 47

   2.2.1 Niedrige Grenzkosten und Economies of Scale _____ 48

   2.2.2 Kollektivgutcharakter digitaler Informationsprodukte_____ 49

   2.2.3 Netzexternalitäten, positive Rückkoppelung und „Lock-in" _____ 51

   2.2.4 Direkte Interdependenz, Komplexität und echte Unsicherheit _____ 52

   2.2.5 Bedeutung von Standards _____ 53

   2.2.6 Aufmerksamkeitsökonomie _____ 54

   2.3 Neue Koordinationsanforderungen und -mechanismen in
der Informationsgesellschaft – Umgang mit veränderten
Rahmenbedingungen und ihren Konsequenzen_____ 56

   2.3.1 Neue Preisbildungs- und Absatzstrategien _____ 59

   2.3.2 Restriktive Koordination durch temporäre Monopole und
enge Oligopole _____ 61

   2.3.3 Neue Möglichkeiten durch Cluster- und Netzwerkbildung _____ 62

3 Netzwerkorganisation und Vernetzung in der digitalen Wirtschaft 65

3.1 Kooperationen und Unternehmensnetzwerke - Koordinationskonzepte jenseits von Markt und Hierarchie 69
3.1.1 Arbeitsdefinition des Netzwerkbegriffs 73
3.1.2 Konstitutive Merkmale von Netzwerkbeziehungen 75
3.1.3 Ziele und Potentiale von Netzwerkorganisationen 78

3.2 Gestaltung unternehmensübergreifender Lernprozesse zur Initiierung und Evolution von Kooperation als Grundlage des Netzwerkes 80
3.2.1 Systematisierung ökonomisch relevanter Formen des Lernens 83
3.2.2 Die Entstehung von Kooperation im Prozess des "social learning" 88

3.3 Network Governance - Erfolgsfaktoren und Management von Unternehmensnetzwerken 91
3.3.1 Netzwerk-Strukturen - Voraussetzungen für den Kooperations-Erfolg 93
3.3.2 Netzwerk-Governance - Steuerungsmechanismen in der Netzwerkarbeit 95
3.3.3 Netzwerk-Performance - Erhalt der Eigendynamik und Innovationsfähigkeit im Netzwerk 98

4 Unternehmensinterne Vernetzung – nach B2C und B2B neue interne Netzwerke durch workforce connect (B2E) 100

4.1 Unternehmensinternen Netzwerkgestaltung – neue Möglichkeiten durch Internet und Intranet 106
4.1.1 Internet und Intranet als neue Dimensionen technologischer Vernetzung 106
4.1.2 Elektronisierung interner Prozesse - eBusiness verändert die Personalarbeit 109

4.2 Organisation der unternehmensinterner Netzwerke – die besondere Bedeutung von Routinen und Tacit Knowledge 111
4.2.1 Capabilities, Routinen, Skills - Konzepte und Abgrenzungen nach Nelson / Winter / Dosi 113
4.2.2 Funktionen von Routinen und Tacit Knowledge 116
4.2.3 Die Rolle von Routinen bei internen Vernetzungsprozessen 118

5 Zwischenfazit - Netzwerke in der Hierarchie und die Potentiale des Netzwerkansatzes für intraorganisationale Prozesse 121

B. Analyse der Möglichkeiten und Konsequenzen intraorganisationaler Vernetzung anhand des Beispiels DC eLife in der DaimlerChrysler AG 127

6 DC eLife – unternehmensinterne Vernetzung am Beispiel der Einführung von Mitarbeiter-Portal und ePeople in der DaimlerChrysler AG _____ 127

6.1 DC eLife - Visionen, Ziele und Maßnahmen zur Umsetzung Informationsgesellschaft im Betrieb _____ 130

6.1.1 Das Mitarbeiter-Portal - Zugang zu DC eLife und virtuelles Tor zu DaimlerChrysler _____ 132

6.1.2 ePeople - Vernetzung durch elektronische Personalprozesse und Self Services für Manager und Mitarbeiter _____ 136

6.2 Empirische Erhebungen im Rahmen von DC eLife – Ergebnisse im Hinblick auf Vernetzungsqualitäten von DC eLife ____ 142

6.2.1 Die technologische Vernetzung – Nutzung und Akzeptanz von DC eLife _____ 144

6.2.2 Die organisatorische Vernetzung – neue Möglichkeiten jenseits hierarchischer Kommunikationsbarrieren _____ 147

6.2.3 Dezentrale Lernprozesse und die Veränderung der Unternehmenskultur_____ 151

7 Zwischenfazit – Neue Rahmenbedingungen und veränderte Unternehmenskultur als Konsequenzen der unternehmensinternen Vernetzung _____ 161

C. Neue Erkenntnisse zur intraorganisationalen Netzwerkgestaltung in Theorie und Praxis _____ 167

8 Implikationen der unternehmensinternen Vernetzung für die Theorie der Informationsgesellschaft _____ 167

9 Erfolgsfaktoren und Management intraorganisationaler Netzwerke 170

10 Intraorganisationale Netzwerke - Zusammenfassung und Handlungsempfehlungen zu der Entstehung und Gestaltung der unternehmensinternen Vernetzung in der Informationsgesellschaft _ 172

Abbildungsverzeichnis _____ 179

Literaturverzeichnis_____ 181

1 Einleitung

Die Entstehung und Gestaltung unternehmensinterner Netzwerke ist Bestandteil unserer gegenwärtigen Entwicklung zur Informationsgesellschaft. Der Trend zur Vernetzung bedeutet die Verbindung und Integration vormals isoliert betrachteter Systemelemente, die gegenwärtig in vielen unterschiedlichen wirtschaftlichen und gesellschaftlichen Handlungsfeldern zu beobachten ist.[1] Nachdem in den letzten Jahren enorme neue technologische Möglichkeiten für diese Vernetzung entstanden sind, folgt nun die Umsetzung der technologischen Möglichkeiten dieser neuen Netztechnologien in die tatsächlich gelebte, organisatorische Vernetzung von Personen, Unternehmen und Gesellschaften. Vielfach werden diese Entwicklungen der letzten zehn Jahre mit dem Wandel von der "Industrie-" zur "Informationsgesellschaft" beschrieben. Auch New Economy oder Wissensökonomie sind oft gebrauchte Schlagworte in diesem Zusammenhang. Diese Konzepte sind zum zentralen Fokus der Diskussion um die Zukunft der modernen Ökonomie geworden.[2]

Insbesondere im betrieblichen Arbeitsalltag, in den viele Menschen einen erheblichen Teil ihrer täglichen Lebenszeit investieren, stellt diese Vernetzung ein stark an Bedeutung gewinnendes, innovatives Handlungsfeld mit einer Reihe spannender Herausforderungen und neuer Möglichkeiten für die Zukunftsgestaltung dar. Die Betrachtung dieser Entwicklungen ist der zentrale Fokus dieser Arbeit. Um die Entstehung und Gestaltung interner Netzwerke analysieren zu können, muss zunächst der Bezugsrahmen, also die gegenwärtige Entwicklung zur Informationsgesellschaft, mit ihren neuen Einflussfaktoren und Veränderungen in Theorie und Praxis näher betrachtet werden.

Die Informationsgesellschaft ist grundlegend durch die Möglichkeiten der Digitalisierung von Informationen, die Entwicklungssprünge in der Mikroelektronik und der Existenz von Netztechnologien geprägt. Das Zusammentreffen dieser drei Entwicklungsstränge ermöglicht neue Dimensionen in der Informations- und Kommunikationstechnologie, die die heutige Definition der Informationsgesellschaft prägt. Neben der vielfach schon selbstverständlich gewordenen digitalen Verfügbarkeit von Informationen als Bits und Bytes und dem kostengünstigen Einsatz von Computertechnologie zur Verarbeitung dieser Informationen, kommt den Netztechnologien eine Schlüsselrolle dabei zu. Sie repräsentieren neue Wege der Kommunikationsfähigkeit, der Verbundenheit und des Datenaustausches mit den verschiedensten Interaktionspartnern weltweit. Das grundlegende Charakteris-

---

1 vgl. Picot / Neuburger, Prinzipien der Internet-Ökonomie, in: Wirtschaftsdienst 2000/X, S. 591.
2 vgl. Deutscher Bundestag, Schlussbericht der Enquete-Kommission „Zukunft der Medien in Wirtschaft und Gesellschaft-Deutschlands Weg in die Informationsgesellschaft", 1998, S. 2 f.

tikum von Netztechnologien besteht daher in ihrer technologischen Interaktivität und Austauschfähigkeit, d.h. in der Anzahl potentieller Interaktionspartner und dem Zugang zu einem gemeinsamen Netzwerk. Diese technologische Vernetzung erfordert die Kompatibilität und Standardisierung von Schnittstellen, Protokollen und Verfahren als neue organisatorische Anforderungen.

Auf Basis dieser Bedeutung von Netztechnologien und der digitalen Verfügbarkeit von Informationen und Informationsprodukten entstehen neue Handlungskontexte in einer „digitalen Ökonomie" mit weit reichenden Konsequenzen für alle wirtschaftlichen Akteure.[3] Dazu gehören unter anderem der Umgang mit Grenzkosten nahe Null für die Reproduktion von Informationsgütern, die Nichttrivialität der Nutzung vieler Informationsprodukte (Kollektivgutcharakter) sowie starke Netzeffekte und Netzexternalitäten. Netzexternalitäten stellen positive externe Effekte dar, die auftreten wenn eine Technologie für einen Nutzer umso wertvoller wird, je mehr Personen die gleiche oder kompatible Technologien nutzen. Auch die Notwendigkeit die gleichen Informationen zu erhalten und zu nutzen („joint consumption") verstärkt diesen Trend der Vernetzung. Damit entsteht eine neue Dimension der Interdependenz von Akteuren in einer vernetzten Ökonomie, die die Informationsgesellschaft prägt. Gleichzeitig stellen diese Netzwerkcharakteristika wichtige neue Rahmenbedingungen für die ökonomische Theorie dar, die in ihrem Zusammenwirken veränderte ökonomische Herangehensweisen und neue Modelle erfordern.[4]

So sind eindeutige, stabile polypolistische Marktgleichgewichte der Neoklassik, die auf steigenden Grenz- und Durchschnittskosten basieren, mit diesen neuen Prämissen nicht mehr modellierbar. Im Gegenteil, das vermehrte Auftreten fallender Durchschnittskosten aufgrund der Grenzkosten nahe Null bei der Vervielfältigung digitaler Produkte, führt zu einer neuen Bedeutung von "economies of scale" und begünstigt Monopolstellungen ("Microsoft-Paradigma"). Oftmals wird diese Entwicklung noch durch die Einführung von "intellectual property rights" zur Verhinderung der kostenlosen Vervielfältigung von Informationsprodukten verstärkt. In diesen Fällen dominiert der Anbieter mit dem größten Output den gesamten Markt und setzt sein Produkt als exklusiven Standard durch, so dass potentielle Newcomer chancenlos bleiben. Eine andere Lösungsmöglichkeit für den Umgang mit fallenden Grenzkosten stellt die Bildung enger Oligopole mit Kartellcharakter dar. Hier erfolgt die restriktive Koordination von wenigen

---

3   vgl. Hutter, Efficiency, Viability and the New Rules of the Internet, in: European Journal of Law and Economics, 11/ 2001, S. 5 ff.
4   vgl. Boisot, Information space - a framework for learning in organizations, institutions and culture, 1995 ,S. 9 ff.

Anbietern mit dem Ziel, über den Grenzkosten liegende Preise auf dem Markt durchzusetzen.[5]

Jedoch nicht nur fallende Durchschnittskosten, sondern auch die Nicht-rivalität der Nutzung und die Netzexternalitäten als neue Rahmenbedingungen der Informationsgesellschaft haben veränderte ökonomische Implikationen. Insbesondere die mit diesen Faktoren verbundene höhere Komplexität vieler Entscheidungssituationen muss zu einer differenzierteren Betrachtung möglicher Koordinationsmechanismen in der technologisch vernetzten Ökonomie führen. Die direkte Interdependenz der Akteure im Sinne der Abhängigkeit des individuellen Nutzens nicht nur von der eigenen Entscheidung, sondern auch von den Handlungen anderer Akteure, erhält insbesondere durch Netztechnologien und das Auftreten von Netzexternalitäten eine neue Dimension. Die echte Unsicherheit der Individuen über die Handlungsweisen der anderen Akteure verstärkt durch die begrenzte Informationsverarbeitungskapazität (bounded rationality) des menschlichen Verstandes bei fast unbegrenzten technologischen Möglichkeiten des "data processing" forciert eine enorme Komplexität der Handlungsentscheidungen. Oftmals entstehen Situationen, in denen jeder Akteur auf die Entscheidung des anderen wartet, um die eigene Unsicherheit der Entscheidung (insbesondere im Hinblick auf Standards und Kompatibilität von Netztechnologien) durch die Entscheidung der anderen Akteure reduzieren zu lassen oder als Free-Rider ohne eigenen Aufwand von der Erstellung des Kollektivgutes (meint hier oftmals den technologischen Standard oder die digitale Information) zu profitieren. In diesen Situationen entsteht die Gefahr von Abwarteblockaden und technologischen "lockins", die beispielsweise die Durchsetzung neuer Technologien erheblich verzögern können.[6] Die vertiefte Betrachtung dieser veränderten Rahmenbedingungen und neuen theoretischen Herausforderungen als Bezugsrahmen unternehmensinterner Netzwerke ist Gegenstand des Kapitels 2 dieser Arbeit.

Die entstehenden dilemmahaften Situationen sind durch echte, nicht aufhebbare, nicht als Risiko kalkulierbare Unsicherheit und eine schlechtere Auszahlung für alle Akteure bei Beschränkung auf die Perspektive der kurzfristigen individuellen Nutzenmaximierung geprägt. Daher erfordern diese Situationen die wiederholte, direkte Interaktion der Akteure, um in einem Prozess des "social learning" Kooperation als neuen Koordinationsmechanismus und als „habit" zu institutionalisieren und diese Koordinationsprobleme lösen zu können. Anonyme, rein preisvermittelte Marktkoordination ist hier wenig hilfreich, vielmehr ist der Aufbau wiederholter Beziehungen zwischen den Akteuren mit der Möglichkeit einer neuen

---

5 vgl. Hutter, Besonderheiten der digitalen Wirtschaft – Herausforderungen an die Theorie, in: WISU 12/ 2000, S. 1661.
6 vgl. Elsner, The 'New' Economy: Complexity, Coordination and a Hybrid Governance Approach, 2003, S. 4ff.

Verbindlichkeit und Vertrauensbildung ("trust") notwendig. In diesem Sinn ist die Entstehung von organisatorischen Netzwerken zur gemeinsamen Problemlösung anstelle des restriktiven Ausschlusses, wie bei der Bildung von Monopolen oder Oligopolen, eine stark an Bedeutung gewinnende Lösung. Organisatorische Netzwerke, als neuer komplexer Koordinationsmechanismus neben Markt und Hierarchie, zur Bewältigung der erhöhten Komplexität dieser Entscheidungssituationen werden damit zunehmend zum Fokus der "New Economy".[7] Die vertiefte Betrachtung der grundlegenden Merkmale und Funktionsweisen von Netzwerken steht daher im Kapitel 3 im Vordergrund. Dazu gehören insbesondere Netzwerkstrukturen und die Möglichkeiten für Netzwerk-Governance, die die Performanz des Netzwerkes wesentlich beeinflussen.

Um die Möglichkeiten und die Funktionsweise von Netzwerken als Koordinationsmechanismus vertieft zu betrachten, ist es notwendig, den neoklassischen Rahmen vollkommener Information, ausschließlich individueller Nutzenmaximierung und rein indirekter, d.h. nur auf preisvermittelter Interaktion beruhender, vollkommener Marktprozesse zu verlassen. Netzwerke basieren auf der horizontalen oder vertikalen "funktionalen" Verbundenheit von Unternehmen, die auf Grundlage dieser Verbundenheit eine relativ dauerhafte und thematisch definierte, projektbezogene multilaterale Kooperation vereinbaren.[8] Sie sind durch das strategische Interesse der beteiligten Akteure gekennzeichnet, die durch eine längerfristige Zusammenarbeit gemeinsam und wechselseitig voneinander profitieren wollen und dabei auch auf die kurzfristige Ausbeutung individueller Gewinne zu Lasten der Partner verzichten würden. Netzwerke als Koordinationsmechanismus bilden demnach Interdependenz und direkte Interaktion der Akteure ab und lösen daher das Problem der echten Unsicherheit aufgrund der Abhängigkeit von den Verhaltensweisen der anderen Akteure und ermöglichen die kollektiv gelernte und koordinierte Handlungsfähigkeit der Akteure unter genau diesen Gegebenheiten.

Die Entstehung und das Funktionieren von Netzwerken ist dabei im besonderen Maße von der Entwicklung und Institutionalisierung von Kooperation als neuem Verhaltensmuster abhängig. In der institutionellen und evolutionären Ökonomik werden Institutionen als grundlegendes Medium der Koordination in komplexen Handlungssituationen angesehen[9]. *"Institutions is the word that evolutionary economists use for the regular, patterned behaviour of people in a society and for the ideas and values associated with these regularities.*[10]" Institutionen als inter- und überindividuell gültige Verhaltensregeln steuern auf vielfältige und komplexe Weise die soziale Interaktion. Im

---

7   vgl. Elsner, Individuum und gesellschaftliches Handeln, 2000, S. 10.
8   vgl. Elsner / Groenewegen, Industrial Policies After 2000, 2000, S.413 f.
9   vgl. Elsner, Individuum und gesellschaftliches Handeln, 2000, S. 10.
10 Hodgson, The Elgar Companion to Institutional end Evolutionary Economics,1994, S. 402.

Rahmen der evolutionären Spieltheorie kann dabei gezeigt werden, dass im Prozess des social learning Kooperation der privaten Akteure als Vorstufe der Netzwerkorganisation in Form von neuen Institutionen entstehen und sich durchsetzen kann. Die institutionalisierte Kooperation ermöglicht dann die Senkung der Transaktionskosten (Informationskosten) bzw. die Reduzierung echter Unsicherheit und den Aufbau von "social capital" in komplexen Handlungssituationen und stellt damit die Basis für die Koordination im Netzwerk dar.[11]

Aber nicht nur in der Theorie, sondern auch in der Praxis lässt sich die zunehmende Bedeutung von Netzwerkorganisationen beobachten. Dies gilt im besonderen Maße auch für die Unternehmen der digitalen Wirtschaft.[12] Die Unternehmenskultur in Silicon Valley sowie die spontane, internetbasierte und vernetzte Entwicklung von Linux sind nur einige von zahlreichen praktischen Beispielen für die evolutionäre Entstehung von neuen Netzwerken als Koordinationsmechanismen.[13] Diese Netzwerke sind jedoch bis heute vorrangig unternehmensübergreifende Netzwerk-Organisationen. Sie entstammen vorrangig aus dem Bereich business-to-business (B2B), d.h. insbesondere Zulieferer-Netzwerke, oder auch in einigen Fällen dem Bereich business-to-consumer (B2C). Doch die umfassende Umsetzung der Informationsgesellschaft auch auf Ebene des einzelnen Unternehmens erfordert ebenso eine zunehmende unternehmensinterne Vernetzung im Sinne der Umsetzung des Netzwerkgedankens innerhalb der Hierarchie der Unternehmensorganisation. Business-to-employee (B2E) oder auch Workforce-Connect genannt, ist die nächste innovative Entwicklungsstufe der Informationsgesellschaft im Betrieb, die innovationsträchtige Entscheidungsstrukturen durch den Aufbau intraorganisationaler Netzwerke anstrebt. Die intranetgestützte, auf interaktiver, individueller Informationsbereitstellung basierende unternehmensweite Vernetzung von Mitarbeitern aller Beschäftigungsgruppen geht dabei weit über die anfängliche einfache Vernetzung von Personalcomputern zum Datei-Sharing hinaus. Die neue Bedeutung betrieblicher Information, der veränderte Umgang mit Wissen und Skills ebenso wie der Erwerb der Fähigkeiten im Umgang mit Intranet und Internet als strategische und zukunftsweisende Kompetenz der Mitarbeiter stellen zentrale Aspekte dieser Entwicklung dar.

Diese neue Unternehmenskultur der intraorganisationalen Vernetzung erfordert neue Formen der Koordination der Mitarbeiter untereinander und entlang der hierarchischen Organisation, um dieses Konzept mit Leben zu erfüllen. Diese Evolution von Institutionen für diese neuen Koordinations-mechanismen in der

---

11 vgl. Axelrod, The evolution of cooperation, 1984, S. 57 ff.
12 vgl. Hacker, Unternehmensnetzwerke in der Multimediabranche, 2002, S. 1 ff.
13 vgl. Cohendet / Creplet / Dupouet, Organisational Innovation, Communities of Practice and Epistemic Communities - the Case of Linux, in: Kirman / Zimmermann, Economics with Heterogeneous Interacting Agents, 2001, S. 303 ff.

Unternehmung und insbesondere auch von Institutionen der Kooperation als Grundlage für die Entstehung eines Netzwerkes innerhalb der Hierarchie der Unternehmensorganisation, impliziert eine Reihe grundlegender organisatorischer Veränderungen. Neben den allgemeinen Fragestellungen der Qualifizierung und des Erwerbs entsprechender technologischer Kompetenzen muss auch die Gestaltung von Rahmenbedingungen wie Arbeitsplatz- und Arbeitszeitgestaltung, Führungsstile und Mitarbeiterverantwortung als wesentliche Erfolgsfaktoren betrachtet werden, um die Entwicklung der Vernetzung parallel zu der hierarchischen Unternehmerorganisation zu ermöglichen.

Diese Veränderungen in der Unternehmensorganisation stellen wichtige Voraussetzungen dar, sie sind isoliert jedoch für eine solche Entwicklung nicht ausreichend. Gleichzeitig müssen die Mitarbeiter in einem Prozess des „social-learning" neue Verhaltensweisen der Koordination und Kooperation institutionalisieren und in ihren Arbeitsalltag integrieren. Auch innerhalb der Unternehmensorganisation basiert der Aufbau von Netzwerkstrukturen im gewissen Maße auf der Freiwilligkeit der Mitarbeiter, ihrer Kooperations-bereitschaft sowie der Anreizstruktur für die Kooperation und dem erfolgreichen Etablieren von Lernprozessen. In diesen Punkten ist dieser Prozess mit der allgemeinen, unternehmensübergreifenden Entstehung von Kooperation vergleichbar (siehe dazu Kapitel 3.2). Die Mitarbeiter müssen den Nutzen der neuen, kooperativen Verhaltensweisen erkennen können und diese daraufhin zum festen Bestandteil ihres Arbeitsalltages werden lassen. Dennoch weist dieser intraorganisationsbezogene Entstehungsprozess von kooperativen, vernetzten Handlungsbezügen auch einige Besonderheiten auf. Hier spielt insbesondere der Ansatz von Richard Nelson und Sidney Winter (1982) über die Bedeutung innerbetrieblicher Routinen für die Koordination eine besondere Rolle.[14] Demnach ist es notwendig auch evolutionäre Prozesse der Veränderung von Routinen und Gewohnheiten, d.h. das „tacit knowledge" der Unternehmung in die Betrachtungen zu integrieren. Dieses "tacit knowledge" wird in Gewohnheiten und Routinen gespeichert und kann weder in kodifiziertes Wissen umgewandelt noch durch dieses einfach verändert werden. Diese Strukturen, Gewohnheiten und Routinen sind jedoch ein wesentlicher Speicher für Wissen und Skills in jedem Unternehmen und spielen für die Gestaltung betrieblicher Arbeitsabläufe ebenso wie für den betrieblichen Arbeitsalltag eine zentrale Rolle. Es sind diese Routinen, die das "how to do" und "how we do things" in jedem Unternehmen charakterisieren und damit wesentlich zum Geschäftsbestehen und -erfolg beitragen.[15] Im Prozess des social learning, durch die Wissensveränderung basierend auf der direkten Interaktion der Mitarbeiter, können diese Routinen verändert werden und damit die Grundlage für eine entstehende Netzwerkkultur in der Hierarchie bilden.

---

14 vgl. Nelson / Winter, An Evolutionary Theory of Economic Change, 1982, S. 112 ff.
15 vgl. Nelson / Winter, An evolutionary theory of economic change, 1982. S 14.

Diese besonderen Charakteristika unternehmensinterner Netzwerke und die Definition eines grundlegenden Konzeptes dieser Netzwerke in Abgrenzung zu den vielfach betrachtet externen Netzwerken ist Gegenstand des Kapitels 4.

Die Zielsetzung einer sowohl e-business-fähigen als auch e-business-nutzenden, technologisch und organisatorisch umfassend vernetzten Unternehmensbelegschaft impliziert einen grundlegenden Wandel in einigen zentralen Aspekten der Unternehmensphilosophie und –kultur, die in eben diesen Routinen zum großen Teil verankert ist. Den Besonderheiten hierarchieinterner Lern- und Interaktionsprozesse sowie der besonderen Rolle und Distribution von Wissen in der Unternehmung muss daher Rechnung getragen werden.

Es sind daher im Rahmen der internen Vernetzung sowohl aktiv gesteuerte Gestaltungsmaßnahmen für die Schaffung geeigneter Rahmenbedingungen und Qualifizierungen ebenso wie spontane, evolutionäre, direkt interaktive Prozesse im Arbeitsalltag und zwischen den Mitarbeitern für die Entwicklung der Netzwerkkultur einzubeziehen. Nachfolgende Graphik verdeutlicht diesen Sachverhalt.

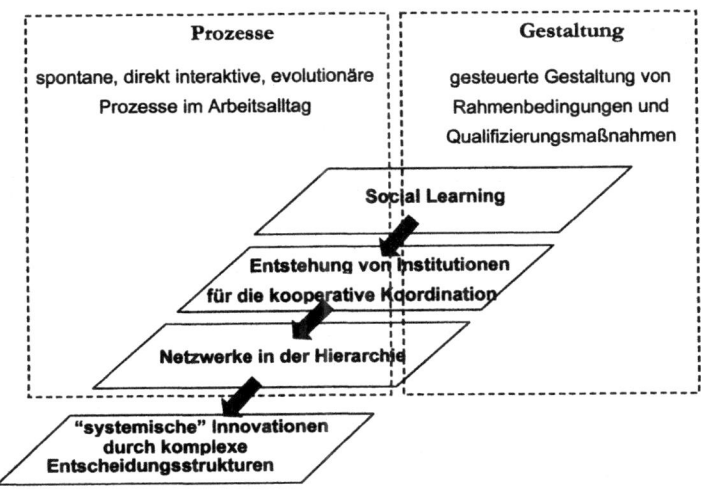

Abbildung 1: Etablierung der intraorganisationalen Vernetzung

Die Zielsetzung dieser Arbeit ist es, unternehmensinterne Netzwerke im Kontext dieser beiden wichtigen Entwicklungsdimensionen als neues Phänomen der Informationsgesellschaft zu untersuchen. Dabei sollen die Potentiale und Restriktionen dieses neuen Koordinationsmechanismus aufgezeigt werden und Perspektiven für zukünftige Entwicklungen erschlossen werden. Dafür ist es notwendig, verschiedene Ansätze zu synthetisieren. Folgender Leitfaden liegt dabei der Arbeit zu Grunde:

1. Erstellung eines geeigneten theoretischen Rahmenskonzeptes und Instrumentariums zur Identifikation von übertragbaren Konzepten (z.B. Erfolgsfaktoren) aus der Literatur zur Informationsgesellschaft und zur unternehmensübergreifenden Netzwerkgestaltung (Kapitel 2 und 3).
2. Weiterentwicklung des Ansatzes von Nelson / Winter im Sinne der Veränderung innerbetrieblicher Routinen im Kontext moderner Informations- und Kommunikationstechnologien (Kapitel 4).
3. Operationalisierung der zentralen Fragestellung auf Basis dieser Erkenntnisse, um die notwendigen Rahmenbedingungen, die möglichen Gestaltungsmaßnahmen und die erforderlichen Interaktionsprozesse für die Evolution von Vernetzungsprozessen in der Unternehmenshierarchie untersuchen zu können (Kapitel 5).
4. Praktische und empirische Begleitung des Fallbeispiels DC eLife als eine der ersten umfassenden Initiativen zur unternehmensweiten, internen Vernetzung (Kapitel 6).
5. Abgleich der aus der Theorie gewonnen Erkenntnissen mit den empirischen Ergebnissen des Fallbeispiels DC eLife (Kapitel 7).
6. Entwicklung weiterführender Handlungsempfehlung und Schluss-folgerungen für die zukünftige Gestaltung unternehmensinterner Vernetzungsoffensiven (Kapitel 8).

Das für diese Vorgehensweise betrachtete Fallbeispiel ist das Projekt DC eLife der DaimlerChrysler AG. Es ist eines der ersten innovativen und umfassenden Fallbeispiele für die Umsetzung unternehmensinterner Vernetzungsprozesse innerhalb eines gesamten Unternehmens mit vielen verschiedenen Mitarbeitergruppen und -schichten. DaimlerChrysler eLife (DC eLife) wurde aufgrund eines Beschlusses des Vorstandes der DaimlerChrysler AG am 20.03.2001 gestartet. Die Zielsetzung ist die Umsetzung einer eBusiness Offensive für alle MitarbeiterInnen im gesamten Konzern der DC AG, um die Vernetzung der MitarbeiterInnen, die umfassende, bedarfsgerechte und einheitliche Informationsversorgung sowie die Abwicklung elektronischer Geschäftsprozesse zu ermöglichen. Darüber hinaus erkannte man in der Fähigkeit des Umgangs mit Intranet bzw. Internet eine notwendige strategische und zukunftsweisende Kompetenz aller Mitarbeiter für das berufliche und private Leben. Der Aufbau dieser Kompetenzen soll einen hohen Grad der Vernetzung der Mitarbeiter ermöglichen und dadurch zur Beschleunigung interner Prozesse, zur Vereinfachung von Arbeitsabläufen und zu einer an individuelle Bedürfnisse angepasste Informations-Bereitstellung und -Nutzung beitragen. Dabei wendet sich DC eLife erstmalig nicht nur an Angestellte, sondern auch an alle gewerblichen Mitarbeiter in den Produktionsbereichen, die bislang keinen Zugang zu Rechnerarbeitsplätzen und ggf. auch keine entsprechenden Kenntnisse besitzen. In diesem Sinn ist DC eLife das erste Beispiel für die umfassende unternehmensinterne Vernetzung, das sich nicht nur auf Büro- und Verwaltungsbereiche bezieht, sondern alle Mitarbeiter einbezieht und so auch die völlig neue Zielgruppe der Produktionsmitarbeiter involviert. Daher muss das Intranet als eines der zentralen Medien der intraorganisationalen Vernetzung an völlig neue Anforderungen angepasst werden und in ein neues Arbeitsumfeld integriert werden. Dabei trifft die traditionelle, tayloristische und streng getaktete Fließbandarbeit auf den Ansatz der steigenden internen Vernetzung mit erhöhter Flexibilität, Eigenverantwortung und dezentraler, thematisch breiter Informationsversorgung. Damit wird ein zentrales Spannungsfeld der unternehmensinternen Vernetzung deutlich. Denn diese Entwicklung eröffnet dem Mitarbeiter neue Perspektiven und Möglichkeiten und ist gleichzeitig gleichbedeutend mit einer Veränderung von Qualifikationserwartungen und –Anforderungen und einer Anreicherung des Tätigkeitsfeldes. Daher erfordert die interne Vernetzung ein neues Rollenverständnis des gewerblichen Mitarbeiters in der Produktion.

Um das Projekt DC eLife zu realisieren, erfolgt die Einführung von zwei neuen Softwarepaketen, der Personalmanagementsoftware ePeople basierend auf der amerikanischen Standardsoftware für Human Resource Management PeopleSoft und dem Mitarbeiter-Portal, einer neuen Intranet- und Contentmanagementsoftware auf Basis der Software Vignette.

Das Mitarbeiter-Portal ist die nächste Generation des Intranets für eine deutlich erleichterte und komfortablere Benutzerführung. Es ermöglicht vor allen Dingen drei grundlegende Innovationen:

1. *Aggregation*: Bündelung dezentral organisierter Informationen in einem standardisierten und konzernweiten Contentmanagementsystem mit identischer Benutzerführung, umfassenden Online-Hilfen und einem Redaktionssystem für die schnelle Veröffentlichung von Inhalten.
2. *Personalisierung*: Individuellen, mitarbeiterspezifischer Zugang zu Informationen durch personalisierte Anmeldung im Intranet, individuell konfigurierbare Intranetseiten und persönliche Services.
3. *Single-Sign-On*: Steuerung aller Applikationen im Mitarbeiter-Portal über ein einziges Passwort und eine einmalige Passworteingabe.

Die Einführung des Mitarbeiter-Portals ist gekoppelt an die Bereitstellung vieler neuer Inhalte in diesem Medium, so zum Beispiel DC ePeople, ein webbasiertes Personalmanagementsystem, das fast alle Personalprozesse (Personalbeschaffung, Eintritt und Stammdatenverwaltung, Personaleinsatz, Vergütung, Personalentwicklung, Austritte, Reporting, Unternehmens-Organisation) standardisiert, vernetzt und intranetfähig gestaltet. Damit erhalten MitarbeiterInnen und Führungskräfte durch Employee Self Services und Manager Self Services die Möglichkeit viele bereichsspezifische Dienst-leistungen zeit- und ortsunabhängig über das Intranet in Anspruch zu nehmen. Gleichzeitig erfolgt im Hintergrund eine fachbereichsübergreifende Vernetzung für eine erleichterte Kommunikation und erhöhte Transparenz in der weiteren Bearbeitung.

Neben der Umstellung aller bereits vorhandenen Personalprozesse auf dieses neue System mit dem Ziel der abteilungsübergreifenden und konzernweiten Vernetzung kommen drei wichtige neue Module hinzu:

1. *Bewerbermanagement*: Möglichkeit zur online Bewerbung externer und interner Kandidaten im Internet bzw. Intranet (keine lokalen bzw. mehrfachen, standortspezifischen Bewerbungen);
2. *Kompetenzmanagement*: MitarbeiterInnen pflegen selbständig ihre Profile mit aktuellen Kenntnissen und Fähigkeiten im Intranet. Diese Profile können dann für Projekteinsätze, gezielte Qualifizierungsmaßnahmen und insbesondere eine Vernetzung von Facharbeitern und den gegenseitigen Wissensaustausch genutzt werden;
3. *Mitarbeiterbörse*: MitarbeiterInnen können sich in anonymisierter Form konzernweit initiativ bewerben und erhalten somit Zugang zu einem neuen, unternehmensinternen Arbeitsmarkt.

Die Einführung von ePeople und dem Mitarbeiter-Portal sind zwei wichtige technische Voraussetzungen für die unternehmensinterne Vernetzung und die Umsetzung der Informationsgesellschaft im Betrieb. Dennoch sind sie nur ein kleiner Ausschnitt aus dem gesamten Projekt. Diese technischen Möglichkeiten erfordern neue Wege der organisatorischen Einbindung im Unternehmen.

Die Umsetzung umfassender intraorganisationaler Vernetzung, insbesondere durch die Einbeziehung neuer Mitarbeitergruppen, erfordert gleichzeitig die Initiierung, Gestaltung, Stabilisierung und Beschleunigung neuer interner Lern-, Qualifizierungs- und Interaktionsprozesse. Neue Formen der Arbeitsplatz- und Arbeitszeitgestaltung, der Definition von Qualifikationsanforderungen, der Mitarbeiterverantwortung sowie der Mitarbeiterführung jenseits klarer Informationshierarchien sind nur einige notwendige Voraussetzungen für die erfolgreiche Umsetzung der Informationsgesellschaft im Unternehmen. Es lässt sich daher prognostizieren, dass die umfassende intraorganisationale Vernetzung in den nächsten Jahren zu einem verstärkten Bedarf an innovativen Interaktions- und Organisationsmodellen für die Veränderung von Unternehmenskulturen, Arbeitsplatzgestaltungen und Qualifizierungsprozessen führen wird. Vor diesem Hintergrund soll die vorliegende

Arbeit einen wesentlichen Beitrag für die Gestaltung intraorganisationaler Vernetzungsprozesse leisten.

Folgende Fragestellungen bilden dabei die zentralen Ausgangspunkte für die vorliegende Arbeit:

- Welche veränderten, ökonomischen Rahmenbedingungen und neue Koordinationsmechanismen prägen den Wandel zur Informationsgesellschaft, der durch die Wertschöpfung auf digitalen Informationsgütermärkten und den Einsatz von Netztechnologien charakterisiert wird? (Kapitel 2)
- Welche Rolle spielen organisatorische Netzwerke, als komplexe Koordinationsmechanismen jenseits von Markt und Hierarchie, in diesem Kontext und warum werden sie zunehmend zum Fokus der "New Economy"? (Kapitel 3)
- Die konsequente Weiterentwicklung dieser organisatorischen Vernetzungsprozesse schließt auch die intraorganisationale Vernetzung ein. Kann die Umsetzung des Netzwerkgedankens innerhalb der Hierarchie der Unternehmensorganisation als Business-to-Employee (B2E) oder Workforce-Connect die nächste Entwicklungsstufe der Informationsgesellschaft im Betrieb darstellen und welche Potentiale erschließt sie? (Kapitel 4 und 5)
- Unternehmensinterne Vernetzungsprozesse erfordern sowohl die aktive Gestaltung von Rahmenbedingungen und Qualifizierungen als auch die Entwicklung einer entsprechenden Unternehmenskultur durch spontane, evolutionäre Interaktionsprozesse und kollektive Lernprozesse im Arbeitsalltag. Wie können diese dezentralen Lernprozesse initiiert, stabilisiert und beschleunigt werden? (Kapitel 6 und 7)

Die Formulierung einer Theorie der Gestaltung intraorganisationaler Netzwerke, der Konsequenzen dieser Entwicklung für ökonomische Theorie und Praxis sowie einer Analyse von Möglichkeiten und Schwierigkeiten auf dem Wege zur umfassenden unternehmensinternen Vernetzung stellen richtungweisende Grundlagen für die nächste Entwicklungsstufe der Informationsgesellschaft in den kommenden Jahren dar. Der Aufbau vernetzter Mitarbeiterinformationssysteme hat in den vergangenen Jahren den Grundstein für eine neue betriebliche Informationspolitik und einen veränderten Umgang mit innerbetrieblichen Informationen und Wissen gelegt. Die Ausweitung dieser Angebote und die Übertragung auf neue Zielgruppen führen zur Suche nach innovativen organisatorischen Lösungsmodellen. Die Übertragung des Netzwerkgedankens auf eine umfassende intraorganisationale Vernetzung kann hier faszinierende neue Perspektiven erschließen. Aus diesem Grund soll diese Arbeit einen innovativen Beitrag zu dem bis zum heutigen Zeitpunkt theoretisch und praktisch nur wenig durchdrungenem Konzept der intraorganisationalen Netzwerkorganisation liefern.

A. Theoretische Grundlagen der Entstehung inter- und intraorganisationaler Netzwerke

2 Neue Rahmenbedingungen und Herausforderungen an die Theorie durch den Wandel zur Informationsgesellschaft

„The industries of the future have to be invented. They don't just exist. In the era ahead countries have to make the investments in knowledge and skills that will create a set of man-made brain power industries that will allow their citizens to have high wages and a high standard of living....Success or failure depends upon whether a country is making successful transition to the man-made brainpower industries of the future – not on the size of any particular sector." [16]

Der Wandel zur "New Economy" oder Informationsgesellschaft ist das zentrale Konzept der letzten Jahre bei der Diskussion um die Zukunft unserer Gesellschaft. Dabei wird deutlich, dass sich viele neue Gestaltungsräume und neue Möglichkeiten eröffnen. Damit ergibt aber gleichzeitig auch die Notwendig, diese Entwicklungen mit offenen Augen zu verfolgen, um sie aktiv beeinflussen zu können. Wie das obige Zitat verdeutlicht, muss der Wandel zur Informationsgesellschaft mehr als bei allen Veränderungen zuvor durchdacht und gestaltet werden. Viele Entwicklungen sowohl im volkswirtschaftlichen als auch im betriebswirtschaftlichen Bereich tragen bereits heute das Gesicht dieser „New Economy". Viele Veränderungen sind zum festen Bestandteil unseres täglichen Lebens geworden. Wir leisten somit täglich und fast selbstverständlich unseren Beitrag zu einer gelebten Informationsgesellschaft, oft ohne uns der tief greifenden Konsequenzen dieser Zeit des Wandels bewusst zu sein. Nur selten nimmt man sich die Zeit, die Informationsgesellschaft nicht nur mit den neuen, begeisternden Möglichkeiten der Informations- und Kommunikationstechnologie (IuK-Technologie) gleichzusetzen, sondern sie als umfassendes technologisches, ökonomisches und kulturelles Phänomen mit seiner ganzen Wirkungsbreite zu erfassen. Der technologische Fortschritt in Form von Datenautobahnen um den Globus, der Möglichkeit zur Kommunikation in kürzester Zeit mit den entferntesten Orten, die Speicherung enormer Datenmengen und die schnelle Informationsverarbeitung durch leistungsfähige Endgeräte eröffnet unbestritten neue faszinierende Möglichkeiten. Gleichzeitig beinhaltet dieser technologische Fortschritt jedoch keinen Automatismus für eine wirtschaftlich erfolgreiche und Lebensqualität verbessernde Entwicklung unserer Gesellschaft. Wie auch das oben genannte Zitat von Lecester C. Thurow deutlich macht, hängt das Aussehen unserer Zukunft maßgeblich von der aktiven Gestaltung des

---

16 Thurow, The future of capitalism- How Today´s Economic Forces Shape Tomorrow´s World, New York, 1996, S.107 ff.

Wandels zur Informationsgesellschaft ab. Aus diesem Grunde ist es von essentieller Bedeutung, sich über das Konzept einer Informationsgesellschaft und damit verbundene Potentiale und Risiken sowie Handlungsbedarfe und steuernde Eingriffsmöglichkeiten bewusst zu werden. Ein umfassendes Verständnis der Veränderung ökonomischer und kultureller Prämissen durch den Übergang zur Informationsgesellschaft ist in diesem Zusammenhang eine grundlegende Notwendigkeit.

Dass der Wandel zur Informationsgesellschaft von revolutionärem Charakter sei und unserer Leben ebenso verändere wie die Erfindung des Buchdrucks, der Dampfmaschine oder des Telefons, sind sich heute viele Autoren einig.[17] Wie jedoch diese massiven Veränderungen aussehen, die kaum jemand vorher zu sehen schien, als wir vor ungefähr 30 Jahren die Schwelle zum Zeitalter der Computertechnologie durchbrachen, wird oft weniger umfassend beschrieben. Dabei handelt es sich um Veränderungen, die mittlerweile zu einer ökonomisch und gesellschaftlich allgegenwärtigen Realität geworden sind. Sie offenbaren sich dem Leser einer Tageszeitung, dem Arbeiter oder Angestellten bei der Berufsausübung, dem Jugendlichen in seiner Schulausbildung und selbst beim Einkauf im Supermarkt oder dem Besuch der Bankfiliale. Dazu gehören unter anderem folgende Schwerpunkte:[18]

- die wachsende wirtschaftliche Bedeutung des Informationssektors durch die Einsatzmöglichkeiten von IuK-Technologien in nahezu allen Industrie- und Dienstleistungsbereichen;
- die steigende Informatisierung und Wissensbasierung vieler Berufe durch den Einsatz dieser Technologien;
- der explosionsartige Anstieg verfügbarer Informationen und die Entstehung neuer Kommunikations- und Interaktionsformen (z.B. online Shopping) durch Datennetze wie das Internet;
- die Notwendigkeit zum Erwerb neuer Qualifikationen zur Nutzung dieser Technologien und für den Umgang mit der Informationsvielfalt;

Gleichzeitig bedeuten diese Veränderungsprozesse jedoch für die ökonomische Entwicklung in der Informationsgesellschaft tief greifende Wendepunkte. Sie stellen bedeutende neue Rahmenbedingungen dar, die sich auf alle Bereiche

---

17 vgl. Deutscher Bundestag, Schlußbericht der Enquete-Komission „Zukunft der Medien in Wirtschaft und Gesellschaft- Deutschland Weg in die Informationsgesellschaft", 1998, S. 2 f.
18 vgl. Steinbicker, Zur Theorie der Informationsgesellschaft, 2001, S. 7 f.

wirtschaftlichen und gesellschaftlichen Engagements auswirken. Folgende Faktoren spielen dabei eine wesentliche Rolle:[19]

- Wissen, Innovation und technologischer Fortschritt werden zu neuen Produktivkräften.
- Digitalisierung und Dematerialisierung ermöglichen die Ablösung physischer Produkte und Produktionsprozesse durch digitale Bits und virtuelle Leistungsprozesse.
- Kostensenkung in der Informations- und Kommunikationstechnologie ermöglicht ihre umfangreiche Nutzung in fast allen Anwendungsfeldern.
- Economies of Scale und Economies of Scope erlangen neue umfangreiche Bedeutung aufgrund der geringen Vervielfältigungskosten von Informationsprodukten.
- Technische und organisatorische Netzwerke prägen neue Formen der Zusammenarbeit.

Dieses sind nur einige Bespiele für die ökonomischen Veränderungen in der Informationsgesellschaft. Denn wir stehen erst am Anfang einer sich rasant entwickelnden Zukunft, die mit vielen faszinierenden neuen Möglichkeiten auch neue Probleme und Handlungsfelder aufwirft.

In dem nachfolgenden *Kapitel 2.1* erfolgt daher die Betrachtung der grundlegenden Begriffe und der richtungsweisenden Entwicklungen in der Informationsgesellschaft. Tertiarisierung, Globalisierung, der technologische Fortschritt in der Informations- und Kommunikationstechnologie ebenso wie die rasche Verbreitung des Internets sind generelle ökonomische Entwicklungen, die jedoch einen bedeutenden Beitrag zur Informationsgesellschaft leisten bzw. in diesem Kontext eine besondere Bedeutung gewinnen. Das *Kapitel 2.2* dient, aufbauend auf der vorangegangenen Bestandsaufnahme, der Untersuchung der wesentlichen neuen Charakteristika der Informationsgesellschaft. Hier sollen diejenigen Veränderungen betrachtet werden, die neue Prämissen für Märkte, Akteure und Transaktionen darstellen und somit tief greifende Konsequenzen für ökonomisches Handeln haben. Aus diesen neuen Rahmenbedingungen ergeben sich veränderte ökonomische Implikationen für Theorie und Praxis. Daraus folgt zwangsläufig die Notwendigkeit, traditionelle ökonomische Modelle auf ihre Vereinbarkeit mit diesen Prämissen zu untersuchen und gegebenenfalls anzupassen. Den Betrachtungen dieser Auswirkungen auf theoretische Modelle ist das *Kapitel 2.3* gewidmet.

---

19 vgl. Picot / Neuburger, Prinzipien der Internet-Ökonomie, in: Wirtschaftsdienst 2000/X, S. 591 ff.

In seiner Gesamtheit ermöglicht das *Kapitel 2* einen Überblick über die Informationsgesellschaft als neuen theoretischen und praktischen Rahmen für jede Form ökonomischer Handlungsweisen. Die Informationsgesellschaft mit ihren vielfältigen Perspektiven stellt einen wichtigen Bezugspunkt für die Ökonomie der Zukunft dar. In ihrem Kontext müssen auch neue Interaktionsmodelle, insbesondere die Gestaltung externer und interner Netzwerke, verstanden werden. Es sind die Prämissen der Informationsgesellschaft und die durch diese Entwicklung entstehenden neuen Rahmenbedingungen, die neue Formen der Kooperation und Vernetzung erfordern.

Abschließend bleibt festzustellen, dass wir uns in einer spannenden Umbruchsphase in der Entwicklung von der Industrie- zur Informationsgesellschaft befinden. In diesem Umbruch lassen sich bereits vorhandene Konzepte, empirische Beobachtungen und kreative Denkansätze zu einer innovativen und interessanten Grundlage ökonomischer Theorie und Praxis verbinden. Es gilt also bereits bekannte Tatsachen in einem neuen Licht zu sehen und mit neuen Phänomen zu einem interessanten Konzept zu verknüpfen.

2.1 Grundlegende Betrachtungen zur New Economy – Begriffe und wegweisende Entwicklungen für den Weg in die Informationsgesellschaft

Bei der Betrachtung der Fragestellung, welche Entwicklungen die Informationsgesellschaft prägen, ist es nahe liegend, den Begriff der Informationsgesellschaft selbst als einen ersten Ausgangspunkt für eine solche Definition zu verwenden. In diesem Sinn kann in Anlehnung an die Definition des Rates für Forschung, Technologie und Innovation die Informationsgesellschaft als eine Gesellschaftsform beschrieben werden, die sich durch die hohe Bedeutung der *„Gewinnung, Speicherung, Verarbeitung, Vermittlung, Verbreitung und Nutzung von Informationen und Wissen einschließlich wachsender technischer Möglichkeiten der interaktiven Kommunikation"* [20] auszeichnet.

Diese Definition zeigt deutlich den konkreten Bezug der Informationsgesellschaft zu der neuen Bedeutung des „Rohstoffes" Information. Im Gegensatz zu früheren Gesellschaftsformen tritt der Einsatz physischer Ressourcen in den Hintergrund und wird durch die zunehmende Bedeutung von Informationen in allen Bereichen abgelöst.[21] Bereits 1969 formulierte Peter F. Drucker in *The Age of Discontinuity* diesen Grundstein für den Ansatz der Informations- bzw. Wissensgesellschaft. *"[Wissen, d.h. der] systematische und gezielte Erwerb von Informationen und deren systematische Anwendung, und nicht 'Naturwissenschaft' oder 'Technologie' erweisen sich auf der ganzen Welt immer deutlicher als Grundlage von Arbeit, Produktivität und unserer Bemühungen"*.[22] *"Wissen ist [damit] zur eigentlichen Grundlage der modernen Gesellschaft und zum eigentlichen Prinzip des gesellschaftlichen Wirkens geworden."*[23] Das Kernstück der Informationsgesellschaft ist ein Bedeutungswandel in der Wahrnehmung der Ressourcen als Grundlage jeder wirtschaftlichen Aktivität. Information und Wissen rücken in den Fokus dieser Betrachtungen und lösen materielle Rohstoffvorkommen als persönlich und gesellschaftlich bedeutsamste Ressourcen ab. Dieser Bedeutungswandel impliziert umfassende Veränderungen in Technologien, Produktionsprozessen und Arbeitszusammenhängen.

Informationen sind jedoch nichts Greifbares oder Materielles, sondern ein Reiz, den wir aufnehmen. Unter Informationen wird die Gesamtheit der für den

---

20 Bundesministerium für Bildung, Wissenschaft, Forschung und Technologie, Informationsgesellschaft – Chancen, Innovationen, Herausforderungen, 1995, S. 9 f.
21 vgl. Badura, Die Informationsgesellschaft und ihre Werterscheinungsformen, http://www.b-i-t-online.de/archiv/2001-01/fach1.htm, 01.02.2002.
22 Drucker, The Age of Discontinuity, zitiert nach der deutschen Ausgabe "die Zukunft bewältigen", 1969, S. 332 f.
23 Drucker, The Age of Discontinuity, zitiert nach der deutschen Ausgabe "die Zukunft bewältigen", 1969, S. 455 f.

menschlichen Verstand bereits aufbereiteten und zur Verfügung stehenden Inputs verstanden, die sich durch eben diese Aufnahmefähigkeit von den numerischen oder alphanumerischen Datenströmen der maschinellen Datenverarbeitung unterscheidet.[24] Informationen dienen keinem Selbstzweck. Es ist nicht der Reiz als solches, der Informationen für uns interessant werden lässt. Der ökonomische Wert einer Information hängt maßgeblich von der Befriedigung ab, die ihr Verständnis stiftet, den Handlungsmöglichkeiten, die sie aufschließt und ggf. der Möglichkeit, sie an viele andere Interessenten weiterzugeben.[25] Aus diesem Grund ist es sinnvoll, noch einen Schritt weiterzugehen und bei der Definition der Informationsgesellschaft auch die Rolle von Wissen einzubeziehen. Diese weiterführende Bedeutung von Wissen spiegelt sich auch in dem häufig verwendeten Begriff der Wissensgesellschaft wieder, der oft synonym zur Informationsgesellschaft gebraucht wird. Demnach sind nicht nur Informationen, sondern auch Wissen zentraler Fokus der Informationsgesellschaft. *„Während Informationen bloße Kenntnis von Ereignissen bedeuten, erfüllt Wissen höhere Anforderungen: Wissen weist einen höheren Integrations- und Organisationsgrad auf, ist sensibel gegenüber Widersprüchen und Paradoxien und informiert über Zusammenhänge."*[26] Schon Plato definierte Wissen als wahre, mit Begründung versehene Meinung entstehend durch einen rationalen Reflexionsprozess. Wissen lässt sich als die erlangte Kenntnis aufgrund eines abgeschlossenen Informationsverarbeitungs- und Erkenntnisprozesses subsumieren. Damit lässt sich die Zielsetzung vieler Informationsprozesse als Wissensbildung, d.h. als Anwendung und Umsetzung der Information in verschiedenen Handlungskontexten definieren.[27]

Gleichzeitig wird in diesen Zusammenhang durch die häufig als höchste Form von Wissen und Wissensverarbeitung angesehene Weisheit (die „auf Lebenserfahrung und Einsicht beruhende innere Reife und kluge Überlegenheit") deutlich, dass dieser Wissensbildungsprozess nicht nur pragmatischer und instrumenteller Natur sein muss, sondern auch eine strategische bzw. institutionelle Dimension beinhalten kann. Die umfassende Wissensbildung bis hin zur Weisheit entsteht nicht nur durch die kodifizierte Informationsaufnahme, sondern auch im Umgang und in der Verinnerlichung von Informationen und Erfahrungen im Rahmen der sozialen Interaktion mit anderen Individuen. In der Informationsgesellschaft sollten daher nicht nur die technischen Möglichkeiten, sondern auch die organisatorische Gestaltungsaufgabe dieser Informationsaufnahme und Wissensbildung betrachtet werden. Wie später noch ausführlich gezeigt wird, spielen in diesem

---

24 vgl. Brockhaus-Enzyklopädie, Band 10, 1989, S. 496 f.
25 vgl. Bleicher / Berthel (Hrsg.), Auf dem Weg Wissensgesellschaft, 2002, S. 61 f.
26 Bleicher / Berthel (Hrsg.), Auf dem Weg Wissensgesellschaft, 2002, S. 62.
27 vgl. Brockhaus-Enzyklopädie, Band 24, 1989, S. 277.

Kontext Netzwerke als komplexe Koordinationsmechanismen eine zunehmend bedeutsame Rolle (vgl. dazu Kapitel 2.3.3).[28]

Die vordergründige Ursachen für den Bedeutungswandel von Information und Wissen in der Informationsgesellschaft liegt jedoch in einer thematisch breiten und systematischen Anwendung von Wissen auf Werkzeuge, Prozesse und Produkte, um Verbesserungen und Neuerungen unabhängig von einzelnen Tätigkeit zu generalisieren und branchenunabhängig zu übertragen. Wissen wird damit "*zur primären Industrie, zu der Industrie, die der Wirtschaft das wesentliche und zentrale Potential für die Produktion liefert.*"[29] Die Produktion von Ideen und Informationen nimmt somit einen zentralen Stellenwert ein und führt zu einem revolutionären Aufstieg der Wissensindustrien.

Über diesen steigenden Anteil von Wirtschaftszweigen hinaus, die direkt mit der Erzeugung, Aufbereitung, Verarbeitung oder dem Verkauf von Informationen als Kerngeschäft arbeiten, haben sich Information und Wissen in den letzen Jahren zum zentralen Fokus für den Erhalt von Wettbewerbs- und Überlebensfähigkeit für Unternehmen in allen Bereichen entwickelt. Die Anwendung von Informationen und Wissen ermöglicht nicht nur Wettbewerbsvorteile durch innovative Verkaufs- und Produktideen, sondern hilft gleichzeitig auch komplexe Entscheidungssituationen besser zu verarbeiten und unter erweiterten Prämissen und mit vertiefter Kenntnis der Situation neue Lösungswege zu erarbeiten.

Dabei spielt nicht nur der Inhalt der Information selbst eine Rolle, sondern insbesondere die Möglichkeit diese zeit- und ortsunabhängig durch neue Medien und Wege aufzubereiten, zu transportieren und zur Verfügung zu stellen ebenso wie die Möglichkeit eine größere Informationsbasis durch den Einsatz intelligenter Software zu gewinnen. Die Informationsgesellschaft ist heute eng mit der Entwicklung und den Möglichkeiten in der Informations- und Kommunikationstechnologie[30] verbunden. Sicherlich ist es wenig Erfolg versprechend, die Definition einer Informationsgesellschaft auf diese Dimension zu reduzieren. Die Informationsgesellschaft ist sicherlich mehr als eine Gesellschaft, die über viele Computer verfügt, die über Telekommunikationsnetze verbunden sind.[31] Dennoch ist es heute genauso wenig möglich, diese technische Seite der Informationsgesellschaft zu vernachlässigen.

---

28 vgl. Knaurs großes Wörterbuch der deutschen Sprache, 1985, S.187.
29 Drucker, The Age of Discontinuity, zitiert nach der deutschen Ausgabe "die Zukunft bewältigen", 1969, S. 332 f.
30 vgl. Graf, Szenarien einer Entwicklung zum quartären Sektor, in: Bleicher / Berthel (Hrsg.), Auf dem Weg Wissensgesellschaft, 2002, S. 25 ff.
31 vgl. Baukrowitz / Boes, Informationsgesellschaft, http://w2.wa.uni-hannover.de/Ref01-c.htm, 01.02.2002.

Das Internet entwickelt sich in rasanten Schritten. Es bietet einen Raum voller neuer Möglichkeiten und lockt mehr und mehr kommerzielle ebenso wie private Nutzer an. Gleichzeitig schaffen Miniaturisierung, Preissenkung und Standardisierung die Voraussetzungen für den Zugang zu diesem neuen Medium. Noch in den 70er Jahren prägten IBM Mainframe Rechner das Bild der Computertechnologie. Der klassische IBM 360 Mainframerechner verfügte damals über 2 MB Festplattenspeicher. Das war einerseits unglaublich viel für diese Zeit und bedeutete gleichzeitig ein Gewicht von über 400 kg nur für die Festplatte. Der gesamte Rechner wog 1,5t.[32] Damit waren viele der heutigen Anwendungsfelder unvorstellbar.

Neben diesem Fortschritt in der Informations- und Kommunikations-Technologie und der Vernetzung durch das Internet entstehen in der Informationsgesellschaft globale Handlungsmöglichkeiten ebenso wie eine allgemein steigende Bedeutung von Dienstleistungen (Tertiarisierung der Wirtschaft). Daher sollen nachfolgend diese Entwicklungstendenzen und ihre Implikationen für die Informationsgesellschaft näher betrachtet werden.

2.1.1 Tertiarisierung und die Vernetzung von Produktions- und Dienstleistungssektor

Die Entwicklung zur Informationsgesellschaft ist eng verbunden mit dem kontinuierlichen Anstieg von Dienstleistungen in der Wirtschaft. Seit den 50er Jahren lässt sich eine deutliche Strukturverschiebung zwischen dem primären, dem sekundären und dem tertiären Sektor beobachten. Diese neue Bedeutung von Dienstleistungen lässt sich sowohl anhand des stetig steigenden Anteils dieses Sektors an der Bruttowertschöpfung als auch an den wachsenden Erwerbstätigenzahlen belegen (vgl. dazu Meißner/ Fassing, Wirtschaftsstruktur und Strukturpolitik, 1989). Dabei beschränken sich viele Betrachtungen auf die reinen Dienstleistungsbereiche. Unter Einbeziehung der Tätigkeiten im produzierenden Gewerbe, die dort ebenfalls Dienstleistungs- und Unterstützungscharakter haben, wird diese Entwicklung noch wesentlich deutlicher. Die Informationsgesellschaft und die Tertiarisierung stehen aus verschiedenen Gründen in einem engen Zusammenhang:

---

32 vgl. Steinbicker, Zur Theorie der Informationsgesellschaft, 2001, S.14.

Wissensintensive Dienstleistungen
Als Dienstleistung wird die immaterielle, nicht lagerfähige Leistungs-Erbringung zwischen Menschen definiert.[33] Schon in dieser Basisdefinition wird der besondere Charakter von Dienstleistungen deutlich, der diese in ihren Gesetzmäßigkeiten deutlich von der Güterproduktion abgrenzt. Die Immaterialität des Leistungsaustausches bei Dienstleistungen ist in vielen Fällen auf die Übertragung von Informationen und Wissen zurückzuführen, insbesondere in den letzten Jahren lässt sich ein stark steigender Anteil wissenbasierter Dienstleistungen feststellen. In diesen expandierenden Branchen werden Information und Wissen zum zentralen Fokus der Dienstleistungsgesellschaft, die so häufig mit der Informationsgesellschaft verschmilzt. Da Dienstleistungen keiner direkten Erzeugung von materiellen Produkten dienen, erfolgt ihre Ausübung meist in der Beziehung zum dem Abnehmer. Daher sind Dienstleistungen durch einen hohen Grad von Interaktion und direkter Interdependenz der Akteure gekennzeichnet. Diese Eigenschaften sind wesentliche Merkmale auch in der Informationsgesellschaft, wie später noch ausführlich gezeigt wird (vgl. Kapitel 2.2).

Wachstumspotential von Dienstleistungen im Bereich IuK-Technologie
Ein weiteres Merkmal für den wachsenden Anteil von Dienstleistungen im Kontext der Informationsgesellschaft ist sicherlich die stetige Zunahme von Dienstleistungen im Zusammenhang mit Informations- und Kommunikationstechnologien. Informationsgütermärkte wie beispielsweise der Telekommunikations- und Unterhaltungssektor haben einen wesentlichen Anteil an der gesamtwirtschaftlichen Wertschöpfung. Auch die kommerzielle Nutzung des Internets hat neue Märkte für ein breites Dienstleistungsspektrum eröffnet.[34] Ebenfalls erfahren Beratungs-Dienstleistungen in diesen Bereich einen stark wachsenden Zuspruch. *„Mittlerweile haben Innovationen und Dienstleistungen in der Informationstechnologie (IT) in Wirtschaft und Verwaltung einen festen Platz erobert. Beratungsleistungen im Bereich Informationsmanagement ... werden von Unternehmen mittlerweile ebenso häufig nachgefragt wie Beratungen zur Unternehmensführung und Organisation."[35]* In dem Maße wie der Einsatz von Informations- und Kommunikationstechnologie einen festen Platz in allen Unternehmen erobert hat, steigt auch der Bedarf nach Expertenwissen in diesen Bereichen. Sowohl im Bereich Hard- und Software als auch im Zusammenhang mit allen Geschäftsfeldern des Internets lässt sich das Entstehen eines differenzierten Dienstleistungsangebotes beobachten. Hier kann die Informations- und Dienstleistungsgesellschaft nicht mehr voneinander getrennt werden.

---

33 vgl. Brockhaus-Enzyklopädie, Band 5, 1989, S. 488.
34 vgl. Hutter, Besonderheiten der digitalen Wirtschaft – Herausforderungen an die Theorie, in: WISU 12/ 2000, S. 1659.
35 vgl. Sperling / Ittermann, Unternehmensberatung, 1998, S. 33.

Einsatz von IuK-Technologie zur Produktivitätssteigerung von Dienstleistungen
Der Dienstleistungssektor galt lange Zeit als Hoffnungsträger für den Arbeitsmarkt. Aufgrund der oben dargestellten Charakteristika der Dienstleistung besagte die Produktivitätshypothese im Rahmen der 3-Sektoren-Hypothese, dass der Ersatz von Arbeitsleistung durch maschinelle Prozesse im Dienstleistungsbereich schwierig zu gestalten sei, insbesondere bei wissensintensiven Dienstleistungen. Dies führte zu der Annahme eines geringeren Produktivitätswachstums im Dienstleistungsbereich. Der steigende Renditedruck aus internationalen Aktienmärkten hat jedoch auch in diesen Bereichen zur Suche nach neuen Lösungswegen und Strategien zur Steigerung der Profitabiltät und zur Industrialisierung von Dienstleistungen geführt. Der Einsatz von IuK-Technologien hat dabei neue Wege aufgezeigt. Die kostengünstige und schnelle maschinelle Speicherung und Verarbeitung enormer Informationsmengen hat im Zusammenhang mit einer weitgehenden Standardisierung vieler Dienstleistungsangebote und der damit verbundenen (oft auch globalen) Mehrfachverwendung dieser Informationen und dem Ersatz menschlicher Arbeitsleistung durch maschinelle Datenverarbeitung wesentliche Produktivitätszuwächse ermöglicht.

Der Strukturwandel zugunsten des Dienstleistungssektors und die Entwicklung der Informationsgesellschaft sind wie oben dargestellt eng miteinander verbunden. Die neuen Möglichkeiten der IuK-Technologie eröffnen ein neues Dienstleistungsspektrum und helfen bei der Realisierung vorher unvorstellbarer Produktivitätssteigerungen. Der Bereich der informationsbezogenen und wissensintensiven Dienstleistungen gehört zu den viel versprechenden Entwicklungen im Bereich des Dienstleistungssektors und ist dabei essentieller Bestandteil eines Wandels zur Informationsgesellschaft. Gleichzeitig erfordert der Einsatz der neuen IuK-Technologien ein neues Serviceangebot und die Organisation des Expertenwissens, dass durch neue Dienstleitungen für jedermann einsetzbar wird. Daher lassen sich beide Entwicklungen kaum noch trennen. Der bereits in den letzten Jahrzehnten begonnene Bedeutungswandel von Dienstleistungen wird durch die Informationsgesellschaft noch verstärkt. Die Informationsgesellschaft ist eine Dienstleistungsgesellschaft, die auf der Übertragung immaterieller Leistungserbringung basiert.

Diese immaterielle Leistungserbringung basiert sogar wie dargestellt oftmals auf der Übertragung von Wissen, zumindest aber erfordert sie ein gemeinsames Wissen. So sind viele Dienstleistungen mittlerweile Ergänzungen zu klassischen Güter- und Produktlösungen. Es entstehen damit kombinierte Produkt-Dienstleistungsbündel. Diese produktorientierte Dienstleistungen erfordern in zunehmendem Maße die Abstimmung und Koordination zwischen Produktions- und Dienstleistungssektor.[36] Dienstleistung und Produktion sind daher in zunehmendem Maße interdependent. Sie sind als *synthetische Bestandteile moderner Produkte* aufzufassen, die aus einem Bündel materieller und immaterieller Leistungen bestehen. Die neuen IuK-Technologien ermöglichen hierbei neue Formen der Integration von materiellen und immateriellen Leistungen und fossieren damit den Trend zur Vernetzung beider Sektoren.[37] Die für diese Leistungsbündel erforderlichen Interaktionen zwischen Produktions- und Dienstleistungssektor basieren vielfach auf einem Wissensaustausch. Sie erfordern eine gemeinsame Koordination und die Etablierung gemeinsamer Lernprozesse, um ähnlich wie im unternehmensinternen Netzwerk, effiziente Strukturen dafür zu schaffen.

Doch nicht nur die hohe Bedeutung von Dienstleistungen, auch die Integration von Globalisierung und Lokalisierung prägen die Informationsgesellschaft.

2.1.2 Globalisierung und Lokalisierung - Integration von weltweiten Märkten und lokalen Handlungskontexten

Deregulierung und Liberalisierung haben den Weg für die Entstehung einer zunehmend globalen Weltwirtschaft eröffnet. Doch ihre praktische Umsetzung, d.h. die tägliche globale Interaktion wird wesentlich durch die neuen technologischen Möglichkeiten der Informationsgesellschaft determiniert. Die Erschließung weltweiter Märkte wird durch die Informationsgesellschaft wesentlich erleichtert und gleichzeitig liegt der Reiz der Informationsgesellschaft in ihren globalen Handlungsmöglichkeiten. So stehen beide Entwicklungen in einem engen Zusammenhang.[38]

Die Möglichkeit Informationen in Lichtgeschwindigkeit rund um die Welt zu schicken, der rasche Zugriff auf und der leichte Austausch von Informationen sind zur wesentlichen Infrastruktur einer globalen Wirtschaft geworden. Die Digitalisierung von Informationen im Zusammenhang mit dem Einsatz modernster Informations- und Kommunikationstechnologien ermöglicht eine neue Mobilität von Dienstleistungen und Arbeitskraft in der ganzen Welt. Die voranschreitende Virtualisierung überwindet bestehende Restriktionen und hebt zeitliche und räumliche Schranken auf. Erstmalig wird es im großen Maße möglich, Teile des

---

36 vgl. Bierter, Ökoeffiziente Dienstleistungen und Produkte, in: Bullinger, Dienstleistungen für das 21. Jahrhundert, 1997, S. 569 ff.

37 vgl. Piller, Mass Customization als wettbewerbsstrategisches Modell industrieller Wertschöpfung in der Informationsgesellschaft, http://www.aib.ws.tum.de/piller/Kap5.htm, 28.11.2004.

38 Riesenhuber, "Schneller und besser als andere - Deutschlands Wirtschaft in der Informationsgesellschaft / 152. Sitzung des Deutschen Bundestages", http://www.das-parlament.de/09-2001/aktuelle_ausgabe/p-a-17.html, 14.03.2002.

Wissens, das vorher an Menschen, Unternehmen und Standorte gebunden war, global zu transportieren. Damit erlebt sowohl die Unternehmens- als auch die Arbeitsorganisation völlig neue Perspektiven. Rund um die Uhr, durch alle Zeitzonen der Erde, können Mitarbeiter in virtuellen Projektteams an einer gemeinsamen Aufgabe arbeiten, verbunden durch Informations- und Kommunikationstechnologien.[39]

Auch eCommerce, der weltweite Handel mit Gütern und Dienstleistungen über das Internet, ist eine neue Erscheinungsform der globalen Informationsgesellschaft mit vielen neuen Perspektiven für Unternehmen und Verbraucher.[40] Die gemeinsame Informations- und Kommunikationsbasis in einer zunehmend globalisierten, nationale Handelsbarrieren und Bezugsrahmen überwindenden Weltwirtschaft ermöglicht die Angleichung von Bedürfnissen und Präferenzen und schafft auch auf diese Weise eine wesentliche Voraussetzung für die Integration globaler Märkte. Gleichzeitig wird durch das Internet sogar für den Endverbraucher der Zugang zu globalen Märkten möglich.[41]

Doch so einfach wie es anfänglich schien, ist der Wandel zu einer globalen Weltwirtschaft nicht. Trotz umfangreicher neuer Möglichkeiten, insbesondere auch durch den Einsatz neuer Informations- und Kommunikations-Technologien, erfordert eine globale Interaktion nicht nur technische, sondern auch soziale und institutionelle Rahmenbedingungen. In dieser Hinsicht ist die Konzentration auf Deregulierung als die alleinige Voraussetzung wenig Erfolg versprechend. Die zunehmende Fragmentierung ebenso wie die direkte Interdependenz von Akteuren auf globaler Ebene stellen neue Herausforderungen an Politik und Wirtschaft, die neue Lösungswege und Instrumente erfordern. Die Koordination der Akteure über Märkte und Preise ist in diesen Situationen der hohen echten Unsicherheit oftmals nicht ausreichend. Hier müssen neue Koordinationsmechanismen entstehen, die es den Akteuren insbesondere in der anonymen Welt globaler oder internetbasierter Kommunikation ermöglichen, Arbeits- und Kommunikationsbeziehungen neu zu etablieren. Netzwerke als längerfristige, kooperative Zusammenschlüsse mehrerer Akteure, können diese Anonymität reduzieren. Deutlich lässt sich dieses Phänomen auch bei den Anbietern des globalen Internethandels beobachten. Insbesondere große Anbieter, die nicht nur in der virtuellen, sondern auch in der Welt realer Leistungsprozesse bereits einen vertrauenserweckenden Markennamen besitzen, verzeichnen häufig einen leichteren und erfolgreicheren Einstieg in den Internethandel.

---

39 vgl. Mosdorf, Kleinert, Die Renaissance der Politik-Wege aus der Globalisierungsfalle, 1998, http://www.mountmedia.de/mmbin/buchinfo/bitbooks/moskl/index.html. 14.03.2002.
40 vgl. Ein Gespenst geht um – den Mythos Globalisierung entzaubern, http://self-bonn.org/sef/publ/news/nr3/gespenst.html, 14.03.2002.
41 vgl. Steinbicker, Zur Theorie der Informationsgesellschaft, 2001, S. 23 f.

Bei der Betrachtung von Institutionen wie beispielsweise Kooperation, Vertrauen, Reputation etc. als Lösungsinstrumente in diesen Situationen, ist es von entscheidender Bedeutung, trotz globaler Märkte auch lokale bzw. regionale Handlungskontexte zu betrachten. *"Institutional arrangements depend on time, space, the ecosystem and the specific knowledge fund of the society. These contextual factors differ from nation to nation and often among local / regional communities, as well."*[42] In der institutionellen Ökonomik werden internationale Beziehungen als interkulturelle Interaktion auf Basis regional geprägter und historisch pfadabhängig gewachsener Institutionen betrachtet. Dabei entstehen neue interkulturelle Institutionen und neue institutionelle setttings, die jedoch in die bereits vorhandenen Kontexte eingebettet sind. Daher bleibt in dieser Sichtweise die Region primärer Fokus der Entstehung und des Wandels von Institutionen und wesentlicher Rahmen für die Schaffung der Voraussetzungen globaler Interaktion im Face-to Face Kontakt. *"Nevertheless the region remains the main focus of cultural emergence, cultural reproduction and cultural change, because it is the arena of relatively frequent interaction and more intensive collective learning. In this way, the regional culture creates and recreates the abilities and competencies of agents to enter and participate in inter-cultural exchange."*[43] Der Regionalisierung und dem Aufbau lokaler Cluster kommt somit auch in der Zeit zunehmend globaler Interaktions- und Kommunikationsprozesse eine hohe Bedeutung zu, die sich auch anhand vieler Beispiele selbst global agierender Weltfirmen wie Hewlett Packet, aufzeigen lässt. Die Informationsgesellschaft ist global und erfordert gleichzeitig aufgrund dieser globalen Interaktion und Interdependenz einen starken regionalen Bezug. Insbesondere diese globale Seite der Informationsgesellschaft wäre nicht ohne den rasanten technologischen Fortschritt und den Einsatz von Netztechnologien möglich.

2.1.3 Räumliche und funktionale Fragmentierung von Wertschöpfungsketten

Eng verbunden mit den oben dargestellten Entwicklungen in der Globalisierung, wie beispielsweise einer verschärften, globalen Konkurrenzsituation und dem starken Einfluss der Finanzmärkte, ist eine zunehmend zu beobachtende Fragmentierung von Wertschöpfungsketten. Die traditionellen Organisationsstrukturen vormals vertikal integrierter Unternehmen werden zugunsten der Konzentration auf die Kernkompetenzen aufgebrochen. Dazu werden in zunehmendem Maße Produktionsschritte an externe Zulieferer vergeben oder an andere Standorte mit kostengünstigeren Produktionsbedingungen verlegt. Man spricht hier von einer Fragmentierung des Wertschöpfungsprozesses, da einzelne Teile („Fragmente") des

---

42 Elsner, Increasing Complexity in the new Economy and Co-ordination Requirements beyond the Market, in: Elsner, Frigato, Steppacher (Eds.), Social costs of the Global "New" Economy, 2003., S.6.
43 ebenda S.6.

Wertschöpfungsprozesses, also z.B. Forschung und Entwicklung oder auch Fertigungs- oder Serviceaktivitäten u.a., über nationale Grenzen hinweg verlagert werden. Diese weltweite Suche nach günstigen Arbeitskräften und preiswerten Zulieferern führt dabei zwangsläufig nicht nur zu räumlich, sondern ebenso zu funktional fragmentierten Wertschöpfungsprozessen.[44] Die Aufweichung traditioneller Organisationsgrenzen und die Entstehung entkoppelter, flexibler Teilprozesse und Produktionseinheiten erfordert jedoch gleichzeitig eine neue Dimension der Integration, um die Kompabilität der einzelnen Komponenten sicherzustellen. Daher entstehen neue Geschäftsmodelle und neuartige Produktionsnetzwerke, die wesentlich von dem Einsatz moderner Informations- und Kommunikationstechnologie profitieren.[45] Nur die Nutzung dieser neuen Technologien ermöglicht eine Koordination der Akteure und die Integration dieser räumlich und funktional separierten Teilprozesse für die Entstehung des Endproduktes. Daher sollen diese Netztechnologien und der mit ihnen verbundene technologische Fortschritt nachfolgend näher betrachtet werden.

2.1.4 Technologischer Fortschritt und der Einsatz von Netztechnologien

Wie alle Basisinnovationen und ihre nachfolgenden Wirtschaftszyklen eindeutig zeigen, war und ist technologischer Fortschritt eine wesentliche Triebkraft der wirtschaftlichen Entwicklung. Dies trifft, wahrscheinlich noch im gesteigerten Maße, auch für die Informationsgesellschaft zu. Viele Innovationen im Bereich der Informations- und Kommunikationstechnologie und die rasante Geschwindigkeit der Ausbreitung dieser Technologien erschließen weltweit neue Möglichkeiten und fokussieren viele Veränderungsprozesse.[46]

Die Schlüsseltechnologie, die hierfür die Voraussetzung schaffte, ist die **Digitalisierung**. Die Speicherung von Informationen in digitalen Bits, also in 0 und 1, ist gleichbedeutend mit einem radikalen Wechsel von physischen Atomen zu virtuellen Informations- und Leistungsprozessen. *"...Bits haben kein Gewicht und bewegen sich mit Lichtgeschwindigkeit. Die Grenzkosten für die Produktion weiterer Bits sind gleich null. Man benötigt keine Lagerhallen für Bits. Man kann sie verkaufen und gleichzeitig behalten. Das Original und die Kopie sind nicht voneinander zu unterscheiden. Sie halten sich nicht an Zoll-*

---

44 vgl. Elsner, The 'New' Economy: Complexity, Coordination and a Hybrid Governance Approach, 2003, S. 3.
45 vgl. Innovationsreport, Transatlantisches Bündnis für Globalisierungsforschung, http://www.innovations-report.de/html/berichte/interdisziplinaere_forschung/bericht-1461.html, 16.11.2004.
46 vgl. Zerdick et al., Die Internet-Ökonomie, 2001, S. 150 f.

oder andere Grenzen."⁴⁷ Die digitale Informationsverarbeitung ermöglicht die Verarbeitung, Speicherung und Anzeige von Informationen fast zeit- und ortsunabhängig und führt zur Dematerialisierung vieler Vorgänge. Physische Informationsträger, wie beispielsweise Papier, werden durch digitale Speichermedien ersetzt, die gleichzeitig auch enorme Vorteile in der Weiterverarbeitung von Informationen besitzen.

Die Digitalisierung schaffte die wesentlichen technischen Voraussetzungen für den Einsatz von Informations- und Kommunikationstechnologien. Aber erst durch das Zusammentreffen mit einigen anderen Entwicklungen wurde ihre heutige Bedeutung möglich. Dazu gehören u.a. die enormen **Leistungssteigerungen** im Bereich der Hardware in den letzten Jahren. "*Schon für das Jahr 2005 erwarten Experten, dass unter den 500 weltweit schnellsten Computern kein Rechner mehr zu finden sein wird, der nicht mindestens einen Teraflop (eine Billion Rechenoperationen) in der Sekunde verarbeiten kann. Diese astronomische Summe leisten auch heute schon eine Reihe von Supercomputern in Forschung und Militär.*"⁴⁸ Die Übertragung großer Datenmengen ist heute in kurzer Zeit möglich, selbst bei Geräten für reine Endanwender.

Gleichzeitig wird diese Entwicklung von einem kontinuierlichen **Preisverfall** begleitet. Die kostengünstige Verfügbarkeit von Rechnerleistung ermöglicht den Einsatz von Computertechnologie in fast allen geschäftlichen Anwendungsfeldern und in Privathaushalten. Durch diese Entwicklung werden völlig neue Anwendungsfelder für Computertechnologie eröffnet. So sind billige Mikroprozessoren heute aus fast keinem Elektrogerät mehr wegzudenken. Von der Kaffeemaschine bis zum Wecker, kein Gerät kommt mehr ohne Mikrochip aus.⁴⁹

Diese Entwicklung wird nicht nur durch das günstige Preis-Leistungsverhältnis, sondern auch durch die zunehmende **Miniaturisierung** ermöglicht. Die steigende Integrationsdichte von Mikroprozessoren, d.h. die Möglichkeit immer mehr Bauteile auf kleinster Fläche unterzubringen, ermöglicht durch die Reduzierung von Gewicht- und Raumbedarf in der Computertechnologie rasante Fortschritte. Die Anwendungsfelder mobile work / mobile computing wären ohne diesen Trend undenkbar. Die Übertragung von datenreichen Videosequenzen auf die Displays von Handys beispielsweise, war noch vor wenigen Jahren unvorstellbar und wird spätestens seit UMTS neue Wirklichkeit. Diese Entwicklung der Miniaturisierung lässt sich anhand der Intel-Prozessoren schnell und bildhaft verdeutlichen. Während 1971 der Intel 4004 Mikroprozessor gerade mal über 2300 Transistoren

---

47 Downes / Mui (Hrsg.), Unleashing the Killer App - digital strategies for market dominance, 1998, S. X.
48 vgl. Teraflops auf Fußballfeldern, in: PC-Welt Heft 06/02, http://www.pcwelt.de /news/hardware/17248, 22.03.2002.
49 vgl. Zerdick et al., Die Internet-Ökonomie, 2001, S. 150 f.

verfügte, ist diese Zahl 1999 beim Pentium III auf 7,5 Millionen gestiegen. Dieses beeindruckende Beispiel eröffnet eine Vorstellung für die gestiegene Portier- und Implementierbarkeit von Informations- und Kommunikationstechnologie durch Leistungssteigerung und Miniaturisierung.[50]

Da der Einsatz von Informations- und Kommunikationstechnologien jedoch in den seltensten Fällen auf einen Anwender begrenzt ist, sondern prozessübergreifend und Kommunikationsprozesse unterstützend erfolgt, ist die Kompatibilität zwischen verschiedenen Systemen und Interaktionspartnern ein wesentlicher Aspekt. In diesem Sinne kommt der **Standardisierung** im Rahmen einer weltweiten Entwicklung von Informations- und Kommunikationstechnologie eine zentrale Bedeutung zu. Dabei ist diese Standardisierung nichts anderes als die Bildung von neuen Institutionen für die Koordination diverser Akteure (vgl. Kapitel 2.2.4). Insbesondere in der Welt des Internet gibt es hierfür zahlreiche Beispiele. TCP/IP und HTTP sind die einheitlichen Protokolle, ohne die eine weltweite Kommunikation im Internet unmöglich wäre. HTML und XML/ XSL als Programmiersprachen für die Anwendungsentwicklung spielen insbesondere bei der Erstellung geschäftlicher Internetapplikationen eine zentrale Rolle. Auch die Kommunikation via E-Mail wäre ohne diese Standards unmöglich. Die Einführung elektronischer Payment-Systeme, digitaler Signaturen und verschiedener Zertifizierungsautoritäten sind letztendlich nichts anderes als der Versuch zur Schaffung vertrauensbildender Standards. Auch der Erfolg von Software-Herstellern wie SAP lässt sich im Zusammenhang mit dieser steigenden Bedeutung von Standards wie auch von Standardsoftware betrachten.[51] Diese Entwicklungen sind nur einige Beispiele für eine umfangreiche technologische Standardisierung im Bereich von Informations- und Kommunikationstechnologie, die die Kompabilität von Teilsystemen sicherstellt, Lernaufwand reduziert und Planungssicherheit für Investitionen erhöht.[52] Nicht nur die zunehmende Bedeutung, sondern auch die Art und Weise der Entwicklung dieser Standards ist charakteristisch für die Internet-Ökonomie. Erstmalig sind grundlegende und umfassende Standards durch einen Akt der Selbstorganisation und Selbstverwaltung bzw. durch eine Defacto-Durchsetzung am Markt entstanden. Weder Gesetzgebungen noch Regulierungsbehörden und Verwaltungen spielen im Umfeld des Internets eine bedeutende Rolle.[53] Das Internet entwickelt in vielen Bereichen seine eigenen Gesetze. Diese sind jedoch auf Basis eines gemeinsamen „Good-Will" bzw. kommerziellen Interesses und nicht durch staatlich kontrollierte Instanzen sichergestellt.

---

50 vgl. Zerdick et al., Die Internet-Ökonomie, 2001, S. 150 f.
51 vgl. Merz, E-Commerce und E-Business – Marktmodelle, Anwendungen und Technologien, 2002, S. 93 f.
52 vgl. Zerdick et al., Die Internet-Ökonomie, 2001, S. 150 f.
53 vgl. Schmidt (Hrsg.), Die Potentiale der Internet-Ökonomie - neue Regeln bestimmen die digitale Wirtschaft, 2001, S. 23 ff.

Digitalisierung, Leistungssteigerung und Preisverfall ebenso wie die Miniaturisierung sind die wesentlichen technologischen Entwicklungen in der Informationsgesellschaft. Standardisierung ist eine darauf aufbauende organisatorisch geprägte Anforderung, die ihre Bedeutung aufgrund der dominierenden Stellung von **Netztechnologien** in der Informationsgesellschaft erhält. Diese Interaktivität und Austauschfähigkeit ist das prägendste Merkmal in der Entwicklung zur Informationsgesellschaft. Das dafür prägnanteste Beispiel ist die Internetrevolution. Das 1969 als APRANET gegründete, damals nur für militärische Zwecke genutzte, Netzwerk hat mittlerweile zentrale Bedeutung für Wirtschaft, Kultur und Gesellschaft und wird in einigen Jahren nicht mehr wegzudenken sein. Obwohl es bis Anfang der 80er Jahre vorwiegend wissenschaftlich genutzt, als elitärer akademischer Forschungsverbund von Universitäten fungierte, bietet das Internet heute einen neuen Möglichkeitsraum auch für vielfältige gesellschaftliche sowie kommerzielle Anwendungen und eine stetig wachsende Nutzergemeinde.[54]

Eine genaue Schätzung der Größe und des Wachstums der heutigen Internetgemeinde ist sicherlich aufgrund des freien Charakters dieses Mediums schwierig. Dennoch ist es möglich, zumindest einen Eindruck von der Größenordnung zu erhalten. Regelmäßige Studien und Hochrechnungen, die sich insbesondere an den leichter erfassbaren, bei Providern registrierten privaten Online-Zugängen orientieren, gehen im Februar 2002 von einer weltweiten Nutzergemeinde von 544,2 Millionen Benutzern aus. Gleichzeitig bedeutet diese Zahl eine Zunahme der Internet-Nutzer allein von August 2001 bis Februar 2002 um 30,79 Millionen. Dieser Anstieg wird in den kommenden Jahren noch zunehmen. Aktuelle Prognosen gehen von einen Wachstum der Internetgemeinde bis 2005 auf ca. 950 Millionen User aus.[55] Diese Zahlen verdeutlichen das Potential eines enormen Wachstumsmarktes und die kurze Durchsetzungszeit dieses neuen Mediums am Markt. Dennoch können sie nicht darüber hinwegtäuschen, dass das Internet immer noch ein räumlich und sozial divergierendes Medium ist.

---

54 vgl. Picot / Neuburger, Die Bedeutung des Internets, in: Wirtschaftsdienst 2000/X, S.591.
55 vgl. Newsbytes, Net population to near 950 million by 2005, http://www.nua.com/surveys/index.cgi, 25.03.2002.

Diese Zahl entspricht nur ca. 9% der Weltbevölkerung, die sich wie folgt verteilen:[56] [57]

World Total	544.2 million User
Africa	4.15 million User
Asia/Pacific	157.49 million User
Europe	171.35 million User
Middle East	4.65 million User
Canada & USA	181.23 million User
Latin America	25.33 million User

Abbildung 2: Weltweite Internet-Nutzung

Quelle: NUA Internet Surveys, How many online ?,
http://www.nua.com/ surveys/how_many_online/index.html, 25.03.2002.

Doch nicht nur die Anzahl der Internetbenutzer wächst ständig. Auch die Angebote im Internet werden zunehmend vielfältiger. Positive Feedback-Loops zwischen expandierendem Angebot und der wachsenden Nachfrage bestärken sich wechselseitig. Im Rahmen des zunehmenden differenzierten Angebotes im Internet spielt eCommerce eine wesentliche Rolle. Sowohl im Bereich business to business (B2B) und business to consumer (B2C) steigt das Transaktionsvolumen kontinuierlich an. Im Bereich B2B werden Güter via Internet im Wert von ca. 823,4 Billion US $ bis Ende 2002 umgesetzt.[58] Dies stellt eine wirtschaftlich nicht zu unterschätzende Größenordnung dar. Aber auch der Internethandel mit dem Endkunden, also B2C, wächst kontinuierlich. Der Kauf von beispielsweise Büchern, Reisen, Versandwaren etc. über das Internet wird immer beliebter.

---

56 vgl. NUA Internet Surveys, Global Internet audience increases, http://www.nua.ie /surveys/index.cgi?f=VS&art_id=905357762&rel=true, 25.03.2002.
57 vgl. ZDNet UK, Half a billion online at home, http://news.zdnet.co.uk/story/0„t269-s2106119,00.html, 25.03.2002.
58 vgl. CyberAtlas, Worldwide B2B market grows, http://www.nua.ie/surveys/index.cgi, 25.03.2002.

	Value of transactions - 1999, $US million	Value of transactions growth rate (1999/98)	Penetration rate, per cent of retail sales	Number of buyers, thousand, end 1998	Number of buyers, as a per cent of Internet users	Number of buyers, as per cent of working age population
United States	24 170	195	0.48	19 666	39	11.1
Japan	1 684	334	0.06	..	..	..
Germany	1 199	200	0.30	1 370	13	2.4
France	345	215	0.14	310	8	0.8
Italy	194	145	0.09	360	12	0.9
United Kingdom	1 040	280	0.37	970	11	2.5
Canada	774	166	0.26	811	12	4.0
Australia	..	..	..	803	13	6.4
Norway	61	200	0.26	100	10	3.5
Portugal	70	185	0.06	50	11	0.7
Spain	70	185	0.06	220	11	0.9
Sweden	232	170	0.68	260	10	4.6
Switzerland	127	110	0.29	130	12	2.7

Abbildung 3: B2C eCommerce in selected OECD countries

Quelle: Coppel, E-Commerce - Impacts and Policy Challenges, Economic Department Working Papers No. 252, OECD 2000, S.9.

Die schnelle Verbreitung des Internets und die gute Akzeptanz dieses Mediums lässt sich insbesondere auf vier Faktoren zurückführen. Die Gestaltung von Internet-Applikationen ist **interaktiv**, also auf Basis der Einbeziehung der durch den Benutzer ausgelösten Interaktionen, möglich. Dadurch lässt sich das Angebot individualisieren und mit wenig Aufwand auf die Zielgruppe zuschneiden. Diese Interaktivität wird durch die **Multimedialität** von Internetangeboten ergänzt. Dabei lassen sich Text, Bilder, Video-Sequenzen und Graphiken in einer Anwendung kombinieren und eröffnen dem Benutzer somit unterschiedliche Zugangsebenen zu Informationen. Darüber hinaus liegt ein weiterer Vorteil des Internets in der **Unmittelbarkeit des Zugriffs**, also der zeit- und ortsunabhängigen Abrufbarkeit von Informationen in Echtzeit. Auch die **bedingte Senkung von Transaktionskosten**, d.h. die relativ billige weltweite Kommunikation, lässt die Suche nach Angeboten im Internet oftmals interessant erscheinen. Dieses ist natürlich nur der Fall, wenn diese Suchmöglichkeiten gut und schnell gegeben sind und der erhöhte Suchaufwand nicht diesen Vorteil kompensiert.[59]

---

[59] vgl. Zerdick et al., Die Internet-Ökonomie, 2001, S. 154 f.

Das Internet ist das Netz der Netze. Seit den 90er Jahren hat es die zentrale Rolle beim Aufbau weltweiter Kommunikationsstrukturen erobert. Das Zusammenspiel von Faktoren sowohl auf Seiten eines Technology Push als auch auf Seiten eines Market Pulls hat die Bedeutung des Internets explosionsartig zunehmen lassen.

Technology Push	Market Pull
⇨ Digitalisierung	⇨ Interaktivität
⇨ Leistungssteigerung	⇨ Multimedialität
⇨ Miniaturisierung	⇨ Unmittelbarkeit
⇨ Standardisierung	⇨ Transaktionskosten

Abbildung 4: Wesentliche Faktoren zur Entwicklung des Internethandels
Quelle: Zerdick, Axel et al., Die Internet-Ökonomie, 2001, S. 155.

Sowohl Angebot als auch Nachfrage im Internet entwickeln sich rasant. Noch nie hat sich eine neue Technologie und ein neues Medium so schnell verbreitet wie das Internet. Als Ergebnis dieser Entwicklung breiten sich die in diesem Medium innewohnenden Gesetzmäßigkeiten der Vernetzung immer weiter aus. Die Informationsgesellschaft ist eine Internet-Ökonomie. Die Charakteristika dieser Internet-Ökonomie und die Merkmale der digitalen Wirtschaft sind zu den richtungweisenden Entwicklungen für die kommenden Jahre geworden und beeinflussen gesellschaftliche und ökonomische Perspektiven. Auch für die ökonomische Theorie bringt dieser Wandel neue Herausforderungen mit sich. Häufig wird die Frage diskutiert, ob es dabei nur um eine andere Gewichtung und Kombination bereits bekannter Faktoren ökonomischer Theorien handelt oder aber wirklich veränderte Ansätze erforderlich sind. Diese Betrachtungen sollen sich im folgenden Kapitel anschließen.

2.2 Ökonomische Herauforderungen in der Informationsgesellschaft — Entstehung neuer Charakteristika auf Informationsgütermärkten

Der geschilderte Wandel zur Informationsgesellschaft vollzieht sich in rasanten Schritten. Er wird nicht nur durch einen isolierten Trend, sondern durch eine Kombination verschiedener Entwicklungen und Einflussfaktoren gefördert (siehe vorangegangenes Kapitel). In wenigen Jahren wird die Inanspruchnahme globaler Informations- und Kommunikationsinfrastrukturen zur Selbstverständlichkeit geworden sein und „Old" und „New" Economy werden sich kaum mehr voneinander trennen lassen. Doch die "New Economy" verfügt über eigene ökonomische Gesetzmäßigkeiten und verändert die bestehenden Charakteristika vieler ökonomischer Prozesse.

Betrachtet man beispielsweise den Fall des Herstellers der Encyclopedia Britannica so werden die neuen Herausforderungen, die mit dem Übergang zur Informationsgesellschaft verbunden sind, sehr deutlich. Diese 32 Bände umfassende Enzyklopädie war lange Jahre der Klassiker der Nachschlagewerke und wurde zu einem Preis von ca. 1600 US$ verkauft. Durch die Entscheidung von Microsoft 1992 eine ebenso umfassende Enzyklopädie als CD-ROM für 49.95 US$ herauszubringen, änderten sich die Marktbedingungen für die Encyclopedia Britannica grundlegend. Das Konkurrenzprodukt als CD-ROM hatte plötzlich unschlagbare Vorteile. Es war wesentlich preisgünstiger, zeichnete sich durch eine benutzerfreundliche Oberfläche und multimediale Aufbereitung aus und hatte einen nur geringen Platzbedarf.[60]

Dieses Beispiel zeigt deutlich, dass sich die Wertschöpfung der Wirtschaft zunehmend auf digitalen Informationsgütermärkten abspielt oder von ihnen massiv beeinflusst wird. Dadurch verändern sich nicht nur Vertriebs- und Handelsstrukturen, sondern grundlegende ökonomische Zusammenhänge wie beispielsweise Kostenstrukturen, Erlöstypen und Wertschöpfungsketten.[61] Grenzkosten der Reproduktion nahe Null, der Kollektivgutcharakter und die Nicht-Rivalität im Konsum sowie hohe Netzexternalitäten und positive Rückkopplung determinieren Wertschöpfungsprozesse auf digitalen Informationsgütermärkten. Der Einsatz von Netztechnologien führt darüber hinaus zu einer gesteigerten Bedeutung von Standards und der Erreichung einer kritischen Masse von Nutzern. Obwohl diese Faktoren isoliert betrachtet keinesfalls neu in der ökonomischen Theorie sind, so lassen sie sich aufgrund ihrer stark gestiegenen Bedeutung und ihres wechselseiti-

---

60 vgl. Shapiro / Varian, Information Rules – a Strategic Guide to Network Economy, 1999, S. 19 f.
61 Zerdick et al., Die Internet-Ökonomie, 2001, S. 156 f.

gen Zusammenwirkens jedoch nicht länger als Sonderfälle ökonomischer Theorie betrachten. In ihrem Zusammenwirken sind sie das Kernstück einer neuen Ökonomik der Informationsgesellschaft und stellen die Basis für veränderte Interaktionsprozesse und Koordinationsformen dar.[62]

2.2.1 Niedrige Grenzkosten und Economies of Scale

Die Wertschöpfung in der Informationsgesellschaft wird zunehmend durch digitale Informationsprodukte erzeugt, die eine sehr spezifische Kostenstruktur aufweisen. Während die Entwicklung dieser Informationsprodukte sehr kostenintensiv und zeitaufwendig ist, ist die digitale Vervielfältigung des erstellten Endproduktes hingegen durch verschwindend geringen Mehraufwand und ohne Qualitätsverluste millionenfach möglich. So ist der Entwicklungs- und Testaufwand für ein neues Softwareprodukt hoch, die beliebig oft durchgeführte Kopie der fertigen und einsatzbereiten Software auf CD lässt sich hingegen ohne große Mühe und Zusatzkosten realisieren.

Es sind diese hohen Fixkosten für die Erstellung und Registrierung des Originales bei gleichzeitig gegen Null tendieren Grenzkosten der Reproduktion, die die Herstellung von Informationsgütern charakterisieren. Im Extremfall, wie beispielsweise dem Versand von Informationsprodukten über das Internet, entstehen für den Hersteller überhaupt keine zusätzlichen Kosten für den Verkauf von weiteren Exemplaren. Der Käufer erwirbt dann das Produkt durch einen „Download", bei dem er sogar die Verbindungskosten selbst trägt.[63] Die Grenzkosten der Reproduktion von Null oder nahe Null, ohne auf eine physische Restriktion zu treffen, messen economies of scale eine neue Bedeutung zu. Je mehr Exemplare eines Informationsgutes von einem Hersteller produziert und vertrieben werden, desto mehr sinken seine Durchschnittskosten für jedes einzelne Exemplar und desto günstiger vermag dieser Hersteller sein Produkt anzubieten. Diese sinkenden, anstatt wie bei physischer Produktion angenommen steigenden, Durchschnittskosten haben veränderte ökonomische Implikationen. Sie garantieren kein eindeutiges stabiles Marktgleichgewicht für eine Vielzahl von Anbietern, sondern erfordern neue Koordinationsmechanismen, die den Umgang mit Grenzkosten nahe Null, sinkenden Durchschnittskosten und hohen sunk costs erlauben. Nähere Betrachtungen hierzu erfolgen im Kapitel 2.3. Zunächst soll ein weiteres Merkmal der Informationsgesellschaft, der Kollektivgutcharakter vieler Informationsprodukte, näher betrachtet werden.

---

62 vgl. Hutter, Besonderheiten der digitalen Wirtschaft – Herausforderungen an die Theorie, in: WISU 12/00, S. 1659.
63 vgl. Shapiro / Varian, Information Rules – a Strategic Guide to Network Economy, 1999, S. 20 f.

2.2.2 Kollektivgutcharakter digitaler Informationsprodukte

Eine weitere Besonderheit von Informationen ist die Eigenschaft der Nicht-Rivalität des Konsums, d.h. durch die Aufnahme bzw. den Einsatz von Informationen werden diese im Gegensatz zu physischen Gütern nicht verbraucht, sondern bleiben in ihrer Form erhalten. Die Nutzung von Informationen durch zusätzliche Konsumenten ist in diesem Sinne jederzeit möglich und führt aus gesamtwirtschaftlicher Perspektive zu keinem Wertverlust. Auch wenn aus individueller Perspektive Informations-Asymmetrien wesentlich zur Wertsteigerung von Informationen beitragen können, um durch den Informationsvorsprung Innovationen realisieren und Arbitragegewinne erzielen zu können, so bleibt dies gesamtwirtschaftlich betrachtet ein Nullsummenspiel. Die Arbitragegewinne stellen eine Umverteilung zwischen Individuen dar, die sich gesamtwirtschaftlich aufheben.[64] Für die Volkswirtschaft ist somit nur das generelle Vorhandensein der Information von Bedeutung, ohne ihre Beschränkung auf bestimmte Individuen.

Diese nicht-rivalisierende Nutzungsmöglichkeit von Informationsprodukten führt zu einigen ökonomischen Besonderheiten. Die Preisfindung und Ermittlung der Zahlungsbereitschaft durch das einfache Marktgleichgewicht für die Übereinstimmung des individuellen Grenznutzens mit den Grenzkosten der Herstellung ist mit diesen Prämissen nicht ausreichend. Diese einfache Form der Bewertung von Gütern und der damit verbundene Marktmechanismus der effizienten Güterallokation kann daher nicht mehr angenommen werden. Vielmehr stellt sich für den Hersteller des Informationsproduktes die Frage nach der Summe des Grenznutzens aller Konsumenten. Oder anders formuliert: Kann er das Produkt oft genug verkaufen oder den Nutzungsausschluss gewährleisten, um die hohen Entwicklungskosten zu decken? Die Grenzkosten der Reproduktion sind bei Null oder fast Null zu vernachlässigen.[65]

Dieser Nutzungsausschluss gestaltet sich bei Informationsprodukten oft schwierig. Nur durch die Einführung spezieller Schutzmechanismen wie beispielsweise Patente, Kryptographie, Besteuerung von Trägermedium oder Keys und Zertifikate für die Softwarenutzung ist er überhaupt möglich. Dennoch sind diese Formen von intellectual property rights nur begrenzt wirksam und der Anreiz ohne Qualitätsverluste schnelle, kostenlose Kopien zu erhalten ist sehr hoch. In anderen Anwendungsfällen ist er zudem zunehmend weniger gefragt. So steht die „Open Source" Bewegung in der Softwareentwicklung für eine neue Form der Koordination und des Umgang mit Wirtschaftsgütern. Diese „Open Source" Software ist für

---

64 vgl. Klodt / Maurer / Schimmelpfennig, Tertiarisierung in der deutschen Wirtschaft, 1997, S.109.
65 vgl. Klodt / Maurer / Schimmelpfennig, Tertiarisierung in der deutschen Wirtschaft, 1997, S.110.

jedermann ohne Gebühren zugänglich, kann jederzeit eingesetzt, weiterentwickelt und debugt werden. Die Bedeutung von Open Source Software zeigt das nachfolgende Zitat: „ *The open source movement has created a wide variety of high-quality software that is useful, reliable, and inescapable in the world of computing. [...] Recently,...;IBM adopted the marketing slogan „The Future is Open"*[66]. Insbesondere die Möglichkeiten und die Verfügbarkeit von Informationen in der digitalisierten Welt des Internets haben die Informationsbeschaffung, die Reproduktion von Informationsprodukten und die steigende Bedeutung solcher kollektiver Nutzungs- und Entwicklungsformen der Koordination in den letzen Jahren zunehmend einfacher lassen werden.

Welche Konsequenzen diese Entwicklung für traditionelle ökonomische Geschäftsmodelle haben kann, hat das Beispiel der Firma Napster im Bereich der Musikindustrie deutlich werden lassen. Das Vorhandensein eines Musikstückes bei einem einzelnen Anwender (ggf. sogar vor dem offiziellen Erscheinungsdatum im Handel) ermöglicht über das Internet eine weltweite Verfügbarkeit und in sekundenschnelle einen millionenfachen Download. In Kombination mit der auf Wechselseitigkeit beruhenden Tauschphilosophie des Internets eine fast unschlagbare Strategie, die der traditionellen Musikindustrie schwer zu schaffen macht.

Nicht-Rivalität im Konsum und die schwierige Ausschließbarkeit von Nichtzahlern prägen die Charakteristika von Informationen als Wirtschaftsgut. Informationen und insbesondere ihre Verfügbarkeit im Internet erfüllen damit die grundlegenden Eigenschaften öffentlicher Güter. Die Herstellung öffentlicher Güter ist mit verschiedenen Hindernissen verbunden. Wenn der Nutzungsausschluss nicht sichergestellt werden kann, können Situationen entstehen in denen jeder Akteur darauf wartet, dass ein anderer das Gut bereitstellt, um selbst davon kostenlos zu profitieren. Spieltheoretisch kann diese Situation als Gefangenen-Dilemma interpretiert werden.[67] Gleichzeitg gewinnt jedoch auch die Evolution neuer Koordinations- und Geschäftsmodelle (siehe Open Source Movement) eine neue Bedeutung und stellt die traditionelle ökonomische Welt in Frage. Aus diesen Gründen erhält auch die Frage der Sinnhaftigkeit von intellectual property rights im Internet eine neue Bedeutung.[68] Ebenso wird die Relevanz neuer Koordinationsformen wie z.B. längerfristige, stabile Kooperation oder die Entstehung neuer Geschäftsmodelle (z.B. die kostenlose Produktabgabe bei Finanzierung durch Werbung) zur Auflösung von Dilemmata und Handlungsblockaden deutlich. Ein

---

66 vgl. Gallaway / Kinnear, Open Source Software, the Wrongs of Copyright, and the Rise of Technology, in: Journal of Economic Issues, 2004, S. 467.
67 vgl. Hutter, Besonderheiten der digitalen Wirtschaft – Herausforderungen an die Theorie, in: WISU 12/00, S. 1660.
68 vgl. Gallaway / Kinnear, Open Source Software, the Wrongs of Copyright, and the Rise of Technology, in: Journal of Economic Issues, 2004, S.472 ff.

weiterer verstärkender Faktor für die Entstehung dieser Situationen sind die nachfolgend betrachten Netzexternalitäten.

2.2.3 Netzexternalitäten, positive Rückkoppelung und „Lock-in"

Der Einsatz von Informationstechnologie ist mit hohen Netzexternalitäten verbunden. Daher wird die Informationsgesellschaft häufig auch als "Internet-Ökonomie" oder "Network-Economy" bezeichnet. Netzwerke sind das prägendste Charakteristika der Informationsgesellschaft, so dass Netzeffekte und Netzexternalitäten eine besondere Bedeutung erlangen.

Netzexternalitäten sind positive externe Effekte, die auftreten wenn ein Gut für einen Verbraucher umso wertvoller wird, je mehr Personen das gleiche Gut oder kompatible Güter nutzen. Dabei kann es sich um direkte externe Effekte (Zahl der Nutzer der gleichen Technologie zur Sicherstellung der Kommunikationsfähigkeit) oder auch um indirekte externe Effekte (Bereitstellung einer größeren Zahl komplementärer Produkte zu einem evtl. geringeren Preis) handeln. Auf der Nachfrageseite in der Informationsgesellschaft sind daher die Nutzenfunktionen der Verbraucher voneinander abhängig und der Wert vieler Entscheidungen (z.B. für den Einsatz bestimmter Technologien) wird durch die allgemeine Akzeptanz dieser Technologie als Standard, d.h. die Entscheidung möglichst vieler anderer Nutzer für dieselbe Technologie, determiniert. Dieses neue Paradigma steht in vielerlei Hinsicht im Gegensatz zur Produktion materieller Güter, deren Wert und Marktpreis oft durch ihre Knappheit definiert wird.

"Ein Nutzer kauft nicht mehr nur das physische Produkt, sondern vielmehr den Zugang zu diesem Netzwerk, den er durch das Produkt erhält. Der derivative Nutzen, das heißt die Größe des Netzwerks, überlagert als entscheidendes Kaufkriterium den generischen Produktnutzen." [69]
Dieses Zitat verdeutlicht die Wirkung von Netzexternalitäten, die die Rahmenbedingungen für den Produktkauf völlig verändern können.

Insbesondere bei der Einführung neuer Technologien oder bei der Existenz konkurrierender, sich ausschließender Systeme können diese Netzexternalitäten oftmals zu „lock-ins" führen. Die Angst vor Fehlentscheidungen für eine Technologie, die sich am Markt nicht durchsetzen wird und somit keine Kommunikationsfähigkeit mit anderen Netzwerkteilnehmern bietet, verursacht sowohl auf Seiten der Nachfrager als auch auf Seiten der Anbieter Abwarteblockaden. Diese können Diffusion neuer Technologie, wie bei der Einführung der DVD, erheblich erschweren. Die Erreichung einer ausreichend großen Anzahl von Nutzern als

---

[69] Zerdick et al., Die Internet-Ökonomie, 2001, S. 157.

kritische Masse (der sich aufgrund der positiven Rückkopplungseffekte dann immer mehr neue Nutzer anschließen) und die Entwicklung von Standards für die Sicherstellung der wechselseitigen Kommunikationsfähigkeit erhalten in diesem Kontext eine besondere Bedeutung.[70]

2.2.4 Direkte Interdependenz, Komplexität und echte Unsicherheit

Wie bereits dargestellt wird die Informationsgesellschaft durch die enge Verknüpfung von Produktions- und Dienstleistungssektor, die Deregulierung und Globalisierung der Weltmärkte sowie eine Fragmentierung von Wertschöpfungsketten und den Einsatz von Netztechnologien geprägt. Diese Faktoren prägen neue ökonomische Charakteristika auf digitalen Informationsgütermärkten. Der Kollektivgutcharakter vieler Informations-produkte ebenso wie die hohe Bedeutung von Netzexternalitäten und die Gefahr von „lock-ins" führen zu starken, direkten Interdependenzen der Akteure und einer kaum zu bewältigenden Komplexität von Entscheidungssituationen.[71]

Die Vielzahl von Handlungsoptionen und weltweit verfügbarer potentieller Interaktionspartner bei gleichzeitiger Abhängigkeit der Ergebnisse von den wechselseitigen Entscheidungen macht eine Simulation aller Alternativen und ihrer Resultate oftmals unmöglich. Die zusätzlich enorm gestiegenen Anforderungen an eine fundierte Entscheidungsfindung in einem Dilemma aus einer Informationsflut digitaler Medien und dem fehlen geeigneter Selektionsmechanismen macht diese komplexen Situationen zusätzlich schwierig. Es entsteht eine strategische, echte Unsicherheit, da es für den einzelnen Akteur unmöglich ist, mit einer zutreffenden Wahrscheinlichkeit die Entscheidungsfindung der anderen zu antizipieren noch die Konsequenzen der eigenen Entscheidung abzuschätzen. Gleichzeitig haben jedoch Deregulierung und Globalisierung oftmals den gemeinsamen, lokalen Handlungsrahmen für die Koordination der Akteure vernichtet, der als mögliche Basis für die gemeinsame Entscheidungsfindung der Akteure diente.[72] Daher führt die gestiegene Bedeutung von echter Unsicherheit und direkter Interdependenz der Akteure zu einer Suche nach neuen Koordinationsformen in der Informationsgesellschaft. Die nachfolgend betrachtete Standardisierung, d.h. die gemeinsame und verbindliche Festlegung von Standards, ist ein möglicher Weg der Problemlösung in einigen dieser Situationen.

---

70 vgl. Schmidt (Hrsg.), Die Potentiale der Internet-Ökonomie, 2001, S. 15 f.
71 vgl. Elsner, The 'New' Economy: Complexity, Coordination and a Hybrid Governance Approach, 2003, S. 16.
72 vgl. Elsner, The 'New' Economy: Complexity, Coordination and a Hybrid Governance Approach, 2003, S. 3.

2.2.5 Bedeutung von Standards

Die Informationsgesellschaft ist durch den Einsatz von Netztechnologien wie beispielsweise dem Internet und dem Intranet geprägt. Die technologische Vernetzung solcher Systeme ist nur durch die Existenz von Standards überhaupt möglich. Vernetzung erfordert die Kompatibilität von Schnittstellen und Protokollen, um die digitalisierte Kommunikation und den Informationsaustausch zu gewährleisten. Im Internet spielen dabei Standards wie TCP/IP, HTTP, HTML etc. eine zentrale Rolle. Der weltweite Erfolg des Internets ist eine Geschichte der evolutionären Entstehung und Verbreitung dieser Standards, der eine umfassende, plattformunabhängige Interaktion ermöglicht.[73]

In ökonomischer Hinsicht stellt die Standardisierung ein Mittel für die Koordination von Akteuren dar. Standards können als Institutionen im weitesten Sinne betrachtet werden, die in bestimmten Situationen einen wesentlichen Beitrag zur Verhaltensregulierung der verschiedenen Akteure leisten. Insbesondere aufgrund der hohen Netzexternalitäten und der interdependenten Entscheidungs- und Handlungssituationen in der Informationsgesellschaft (insbesondere im Hinblick auf die vielen Produkte und Technologien, die erst durch eine Vielzahl von Nutzern interessant werden) erhalten Standards eine neue Bedeutung.[74]

Bei der Etablierung neuer Produkte und Technologien ermöglicht eine frühzeitige Standardisierung die Vermeidung von Abwartblockaden und die Reduzierung von Unsicherheit bei Konsumenten und Herstellern. Sie verringert die Gefahr einer Fehlinvestition, d.h. der Entscheidung für ein konkurrierendes System, dass sich letztendlich nicht am Markt durchsetzen kann.[75] Darüber hinaus stellen Standards Möglichkeiten für den Umgang mit der Diskrepanz zwischen individuellen und kollektiven Gewinnen dar, die andernfalls häufig zu pareto-inferioren Lösungen führen können. Dabei kann das Fehlen von Standards und Schnittstellen sogar zu einer Verdrängung bestimmter Produkte und der Zementierung der Monopolstellung eines anderen Produktes führen (siehe Microsoft versus Apple/ Mac).[76]
Aber nicht nur die gestiegene Bedeutung der Standards selbst, sondern insbesondere auch die Art und Weise ihrer Entstehung sind charakteristisch für die "New Economy". Waren Standards lange Zeit durch hoheitliche Akte und staatliche Verordnung entstanden, so sind diese neuen Standards durch Selbstorganisation, kooperative Verständigungsprozesse und De-facto- Durchsetzung am Markt geprägt.[77] Es ist das starke Eigeninteresse der Marktteilnehmer, insbesondere auch

---

73 vgl. Schmidt (Hrsg.), Die Potentiale der Internet-Ökonomie, 2001, S. 23 ff.
74 vgl. Weitzel / Wendt / Westarp, Modeling Diffusion Processes in Networks, 2002, S.6 ff.
75 vgl. Zerdick et al., Die Internet-Ökonomie, 2001, S. 161 f.
76 vgl. Weitzel / Wendt / Westarp, Modeling Diffusion Processes in Networks, 2002, S 7 ff.
77 vgl. Schmidt (Hrsg.), Die Potentiale der Internet-Ökonomie, 2001, S. 24.

der Anbieter von Netztechnologien, der diese nach neuen Wegen der aussermarktlichen Abstimmung und Einigung suchen lässt. Das Sponsoring bestimmter Produkte, d.h. ein niedriger Einführungspreis des Produktes zugunsten der schnellen Entstehung einer kristischen Masse an Nutzern, ist eine mögliche Strategie. So entsteht durch die De-Facto Durchsetzung des Produktes am Markt ein neuer Standard. Aber auch die Bildung von organisatorischen Netzwerken für die Entwicklung eines gemeinsamen Standards von denen alle Akteure profitieren können, erhält hier eine besondere Bedeutung.

Zunächst soll jedoch das letzte prägende Merkmal der Informationsgesellschaft vorgestellt werden, die Aufmerksamkeitsökonomie.

2.2.6 Aufmerksamkeitsökonomie

„Politik und Wissenschaft sind in hohem Maße wissensabhängig. Der verbesserte Umgang mit Informationen und Wissen tritt in Unternehmen als wichtigstes Element der Wertschöpfung hervor, wenn es um rasche Innovationszyklen sowie effektivere Kommunikation und Kooperation geht. Die Suche nach und die ständige Verbesserung von Wissen wird damit zum zentralen Problem organisationaler und gesellschaftlicher Steuerung."[78]

Dieses Zitat verdeutlicht die bereits dargestellte enorm gestiegene Bedeutung von Information und Wissen. In der Informationsgesellschaft werden Informationen und Wissen zur persönlich und gesellschaftlich bedeutsamsten Ressource, im Gegensatz zur Entwicklung der Agrar- oder Industriegesellschaft, die durch Restriktionen der physischen Ressourcen dominiert wurden. Das neue Verhältnis zu immateriellen Ressourcen ist das wichtigste Charakteristikum der Informationsgesellschaft. *„The thesis is simple: Economic growth these days is coming less and less from the tangible world of manufactured goods ... and more and more from untouchable world of computer data bases, financial products and entertainment."*[79] Aber mit dieser neuen Bedeutung von Wissen und Information entstehen auch neue Probleme. Dabei ist nicht nur das Fehlen von Informationen kritisch, sondern auch das Gegenteil wird zunehmend schwieriger. Die Selektion geeigneter Informationen und die Vermeidung einer Informationsüberflutung sowie die Schaffung von Möglichkeiten zur schnellen und intelligenten Informationsaufbereitung werden immer mehr zum zentralen Fokus in der Informationsgesellschaft.[80] Die begrenzte Informationsaufnahmekapazität („bounded rationality") als natürliche Restriktion des menschlichen Verstandes

---

78 Bleicher / Berthel (Hrsg.), Auf dem Weg in die Wissensgesellschaft – veränderte Strategien, Strukturen und Kulturen, 2002, S.63.
79 Strassel, Weightless Economy Raises Heavy Issues, in WStJ 08.08.1998, S.1.
80 Bleicher / Berthel (Hrsg.), Auf dem Weg in die Wissensgesellschaft – veränderte Strategien, Strukturen und Kulturen, 2002, S.61.

wird zum Enpaßfaktor bei beeindruckenden technologischen Möglichkeiten der Informations- und Kommunikationstechnologie. Die unbegrenzte Aufnahmemöglichkeit von Informationen und die unendlich schnelle Verarbeitung dieser Informationen werden spätestens im Zeitalter der Internet-Ökonomie völlig unrealistische Annahmen. Die Informationsflut, insbesondere auch durch die Datenübertragung und -verfügbarkeit via Internet, lassen Aufmerksamkeit zum knappen Gut werden. Gleichzeitig ist Aufmerksamkeit jedoch die wesentliche Voraussetzung für eine erfolgreiche Informationsübertragung.[81]

Aufgrund der begrenzten Aufnahmefähigkeit wird es immer wichtiger, Informationen zu selektieren und sorgfältig auf ihren Wert zu prüfen. Neue Formen der Organisation von Inhalten und der Aufbereitung von Informationen in multimedialen Anwendungen gewinnen aus diesen Gründen hohe Bedeutung. Auch der Einsatz möglichst effizienter Suchmaschinen ist im Umgang mit dem Internet unumgänglich. Darüber hinaus ist die Verbindung von Internetseiten über Hyperlinks ein wesentlicher Faktor für die Gewinnung von Aufmerksamkeit. Referenzen und Werbung auf möglichst vielen anderen Seiten erhöhen die Möglichkeit, das eigene Angebot zu platzieren. In diesem Sinne kann Aufmerksamkeit zum kommerzialisierbaren Gut in der Informationsgesellschaft werden und sich direkt auf den materiellen Gewinn auswirken. Hochfrequentierte Internetangebote haben so die Möglichkeit, dass eigene kostenlose Angebot über Fremdwerbung zu finanzieren ("Banner-Werbung"). Die stark zunehmende Knappheit von Aufmerksamkeit als Kehrseite der enormen Informationsverfügbarkeit ist auch eine grundlegende Rahmenbedingung der Informationsgesellschaft, die sich beispielsweise auch in hohen Marketing- und Einstiegskosten für neue Anbieter niederschlagen. Der Beitritt in ein bestehendes und bereits am Markt etabliertes Netzwerk stellt dabei oftmals die einzige Möglichkeit für einen erfolgreichen Markteintritt dar.

---

81 vgl. Merz, E-Commerce und E-Business – Marktmodelle, Anwendungen und Technologien, 2002, S. 101 f.

2.3 Neue Koordinationsanforderungen und -mechanismen in der Informationsgesellschaft – Umgang mit veränderten Rahmenbedingungen und ihren Konsequenzen

Grenzkosten der Reproduktion nahe Null, der Charakter öffentlicher Güter, Netzexternalitäten, Standards und die Bedeutung von Aufmerksamkeit als knapper Faktor sind keine völlig neuen ökonomischen Faktoren. Durch ihre stark gestiegene Bedeutung in der Informationsgesellschaft haben sie den Charakter von Ausnahmen jedoch längst verloren. Ihre Betrachtung als Sonderfälle der Theorie und die Beschränkung auf traditionelle, neoklassische Gleichgewichtstheorien mit restriktiven Prämissen wie vollständiger Information, vollkommenen Märkten und ausschließlich individueller Nutzenmaximierung kann daher immer weniger einer tiefer gehenden Analyse der Rahmenbedingungen und der Koordinationsmechanismen der Informationsgesellschaft gerecht werden.[82]

Eindeutige, stabile polypolistische Marktgleichgewichte der Neoklassik sind auf Informationsgütermärkten kaum noch modellierbar, da sie steigende Grenz- und Durchschnittskosten bedingen, die nicht mehr vorausgesetzt werden können. Auch polypolistische Angebotsstrukturen und die vollkommene Marktraümung durch den Ausgleich von Angebot und Nachfrage über Preis- und Mengengleichgewichte erscheinen zunehmend unrealistisch aufgrund der veränderten ökonomischen Implikationen wie Grenzkosten nahe Null, Netzexternalitäten und der Nicht-Rivalität im Konsum von Informationsgütern.

Die Betrachtung der Informationsgesellschaft erfordert einen theoretischen Rahmen, in dem auch die neuen konstitutiven Rahmenbedingungen der Informationsgesellschaft abgebildet und ihre ökonomischen Implikationen untersucht werden können.

"Nevertheless, in spite of the fact that information issues have now become central to much of modern physics, chemistry and biology, mainstream economics continues to address them within an outdated nineteenth-century equilibrium framework. What now is needed, is a far-from-equilibrium information economics which allows for innovation, evolution and learning."[83]

So erfordert die weitergehende Betrachtung der Informationsgesellschaft die Einbeziehung von Komplexität, Interdependenz, bounded rationality und echter

---

82 vgl. Hutter, Besonderheiten der digitalen Wirtschaft – Herausforderungen an die Theorie, in: WISU 12/00, S. 1661.
83 vgl. Boisot, Information space - a framework for learning in organizations, institutions an culture, 1995 ,S. 9.

Unsicherheit als wesentliche Determinanten der Entscheidungsfindung und Handlungsfähigkeit von Akteuren.

Die Vielzahl verfügbarer Informationen, die Erschließung weltweiter Handlungsoptionen und der sekundenschnelle Informationsaustausch erhöhen die Komplexität vieler alltäglicher Entscheidungssituationen in der Informationsgesellschaft. Komplexität bedeutet hier das Vorhandensein eines breiten Spektrums unterschiedlicher Entscheidungsalternativen mit ganz verschiedenen Handlungsfolgen und oft wechselseitigem Einfluss (teilweise sogar im konfliktären Interesse stehend) bei gleichzeitigem unüberschaubaren Informationsangebot und dem Fehlen geeigneter Selektionsmechanismen. Diese Komplexität ist prägend in der Informationsgesellschaft und kann nicht durch die einfache Prämissen-Setzung vollständiger Information ausgeblendet werden. Vielmehr ist es eine unumgängliche Herausforderung an alle Akteure, diese Komplexität zu bewältigen und dafür neue Wege und Mittel zu entwickeln.[84]

Auch die Interdependenz der Akteure, d.h. die Abhängigkeit des Handlungsergebnisses nicht nur von der eigenen Entscheidung, sondern ebenso von der getroffenen Wahl des Gegenübers, ist im Zeitalter von Netztechnologien mit hohen Netzexternalitäten und Kollektivgutcharakter ein nicht zu vernachlässigender Faktor, der sich auch in der Theoriebildung widerspiegeln muss. Die Sicherstellung von Kompabilität ist ein wesentlicher Erfolgsfaktor bei allen Informations- und Kommunikationstechnologien und der derivative Produktnutzen, d.h. der Zugang zu einem Netzwerk durch das Produkt, ist mittlerweile ein entscheidendes Kaufkriterium. Ob eine neue Technologie sich erfolgreich durchsetzen kann, entscheidet die Erreichung einer kritischen Anzahl von Mindestnutzern, die mit ihrer frühen Kaufentscheidung ein relativ hohes Risiko eingehen.[85]

Komplexe, interdependente Entscheidungssituationen und die Informationsflut des Internets treffen in der Informationsgesellschaft im zunehmenden Maße auf die begrenzte Aufnahme- und Verarbeitungs-kapazität des menschlichen Verstandes. Diese "bounded rationality" steht im Gegensatz zu der Prämisse der sekundenschnellen und vollständigen Informationsaufnahme des homo oeconomicus. In der Welt des Internets und globaler Datenübertragung in Echtzeit ist es unmöglich, alle Entscheidungsalternativen und alle angebotenen Informationen zu prüfen, vielmehr müssen neue Koordinationsmechanismen diese Such- und Informationskosten deutlich senken.

---

84 vgl. Dequech, Bounded Rationality, Institutions and Uncertainty, in: Journal of Economic Issues Vol.XXXV, 2001, S.911.
85 vgl. Elsner, Individuum und gesellschaftliches Handeln, 2000, S. 9 ff.

Komplexität, Interdependenz, bounded rationality sowie mangelndes Wissen über die Zukunft (da teilweise Informationen ex-ante immer unbekannt bleiben), führen zu Handlungssituationen mit hoher echter Unsicherheit. Dieses weder als Risiko noch als Wahrscheinlichkeit kalkulierbare Eintreten von Ereignissen erfordert spezielle institutionelle Arrangements zur Sicherstellung der Handlungsfähigkeit der Akteure. Die Annahme reiner preisvermittelter, indirekter Interaktion auf anonymen Märkten mit stabilen Preis-/Mengengleichgewichten ist in diesen Situationen oft unzureichend. Stattdessen spielt die direkte Interaktion zwischen Individuen zur Reduzierung der echten Unsicherheit und der Komplexität sowie für den Umgang mit Interdependenzen eine wesentliche Rolle. Die institutionelle Ökonomie bietet hier den theoretischen Rahmen, um Koordinationsprobleme unter diesen veränderten Rahmenbedingungen zu betrachten. Generell ermöglichen Institutionen als inter- und überindividuell gültige Verhaltensregeln dabei den Transport von tacit knowledge, die Reduzierung von Komplexität und den Umgang mit einer bounded rationality ebenso wie die Senkung von Transaktionskosten (Informations- und Kontrollkosten) und die Generierung von Sozialkapital durch die Etablierung einer längerfristigen gemeinsamen Handlungs- und Wertebasis.[86] Daher erhält die Betrachtung der institutionellen Ökonomie im Allgemeinen, und die spezieller institutioneller Arrangements wie Netzwerke im Besonderen, eine neue Bedeutung in der ökonomischen Theorie der Informationsgesellschaft.

Grenzkosten der Reproduktion nahe Null, der Charakter öffentlicher Güter, Netzexternalitäten, Standards und die Bedeutung von Aufmerksamkeit als knapper Faktor sind wesentliche ökonomische Merkmale der Informationsgesellschaft. Sie erfordern jedoch nicht nur einen veränderten theoretischen Rahmen, sie führen ebenso zu veränderten ökonomischen Implikationen. Dazu gehören grundlegende Veränderungen in den Mechanismen und Modellen für die effiziente Allokation von Gütern ebenso wie für die Koordinationsmechanismen der beteiligten Akteure.[87]

1) Die Beschränkung auf eine auf Kosten basierende Preisfindung ist aufgrund hoher Fixkosten und sinkender Grenzkosten kaum mehr möglich. Stattdessen müssen neue innovative Preisbildungs- und Absatzstrategien gesucht werden.

2) Fallende Durchschnittskosten aufgrund der Grenzkosten nahe Null erhöhen die Tendenz zu temporären oder auch dauerhaften Monopolen. Auch die Bildung enger Oligopole ist eine weitere an Bedeutung gewinnende Koordinationsmöglichkeit unter diesen neuen Rahmenbedingungen.

---

86 vgl. Elsner, Individuum und gesellschaftliches Handeln, 2000, S. 9 ff.
87 vgl. Klodt / Maurer / Schimmelpfennig, Tertiarisierung in der deutschen Wirtschaft, 1997, S.109.

3) Darüber hinaus entstehen durch den Kollektivgutcharakter und die hohen Netzexternalitäten vielfach dilemmahafte Situationen, bei denen jeder Akteur auf die Entscheidung des anderen wartet, um als entweder Free-Rider zu profitieren oder die eigene Unsicherheit der Entscheidung zu reduzieren. Um in diesen Situationen die Handlungsfähigkeit der Akteure zu ermöglichen, stellt die Bildung von Clustern und Netzwerken, als neuer Koordinationsmechanismus neben Markt und Hierarchie, eine stark an Bedeutung gewinnende Lösung dar.

Diese möglichen Koordinationslösungen und ihre Bedeutung für die Ökonomie der Informationsgesellschaft sind Gegenstand der nachfolgenden drei Abschnitte.

2.3.1 Neue Preisbildungs- und Absatzstrategien

Kostenbasierte Preisfindung, die sich an der Übereinstimmung von Grenzkosten und Grenzerlösen orientiert, ist aufgrund der Grenzkosten nahe Null bei vielen Informationsprodukten nicht sinnvoll. Auch der Umgang mit hohen Fixkosten ist auf diese Weise schwierig zu gestalten. Darüber hinaus werden Preisunterschiede für ähnliche Produkte von Nachfragern im Internet besonders stark wahrgenommen. Durch die Nutzung von Suchmaschinen und von innovativen Online-Diensten wie beispielsweise virtuellen Agenten sorgt das Internet für viel Markttransparenz. Der Preis- (und in eingeschränkter Form auch der Produktvergleich) lässt sich hier über viele verschiedene Hersteller weltweit zu vergleichsweise geringen Kosten vornehmen. Aus diesen Gründen werden neue Preisbildungs- und Absatzstrategien in der Internet-Ökonomie immer wichtiger.[88]

„Follow the Free" ist eine dieser Strategien, die nicht nur der schwierigen Preisfindung, sondern insbesondere auch dem Umgang mit Netzexternalitäten und dem Aufbau einer kritischen Masse von Benutzer Rechnung trägt. Um in möglichst kurzer Zeit eine große Anzahl von Nutzern für die eigene Technologie zu erhalten, werden bei „Follow the Free" erste Produktversionen kostenlos abgegeben. Der eigentliche Gewinn wird dann erst in einer zweiten Phase durch Updates, Premium-Versionen oder im Extremfall nur durch die Einbindung von Werbeträgern in das bereits gut genutzte Produkt generiert. Eines der bekanntesten Beispiele ist der Internet-Browser Netscape der sich über diese Strategie erfolgreich etabliert hat.[89]

---

88 vgl. Differenzierungskonzeptionen für den Internetvertrieb von Informationsgütern, http://www.symposium.de/internetpricing/internetpricing05.htm, 11.04.2002.
89 vgl. Picot / Neuburger, Prinzipien der Internet-Ökonomie, in: Wirtschaftsdienst 2000/X, S. 594.

Aber auch die Produktdifferenzierung stellt im Internet eine wichtige Strategie dar. *"Produktdifferenzierung stellt das Instrumentarium dar, das eine differenzierte Preisgestaltung auf hoch transparenten Märkten ermöglicht, zumal Variantenbildung bei digitalen Informationsgütern keine hohen Kosten verursacht."*[90] Dabei spielen insbesondere Personalisierung und Versionisierung eine besondere Rolle im Hinblick auf Informationsgüter.

Bei der Personalisierung ist die Zielsetzung, das Produktangebot so gut wie möglich auf die individuelle Bedürfnisse des einzelnen Kunden zuzuschneiden. Dabei kann es sich beispielsweise um die gezielte Präsentation verschiedener Produktalternativen, die Zusammenstellung verschiedener Produktkomponenten oder das Angebot eines individuellen Produkt- und Dienstleistungspaketes handeln. Auch die Selektion weiterer interessanter Informationen und Angebote für diesen Kunden kann Teil der Personalisierung sein. Um ein kundenindividuelles Angebot generieren zu können, ist die Sammlung einiger Informationen über den Kunden notwendig. Dazu stehen viele Wege im Internet zur Verfügung. Beim Web-Tracking wird beispielsweise die Spur des jeweiligen Internetbesuchers durch die virtuelle Welt verfolgt, um so einige Auskünfte über seine Präferenzen und Interessen zu erhalten. Mittels Cookies und Log-In-Files können die vom Benutzer aufgerufenen Internet-Seiten nachvollzogen werden und so ein Bild seiner virtuellen Konsumentenreise erzeugt werden. Eine weitere Möglichkeit ist der Einsatz sog. kollaborativer Filter. Hier werden individuelle Empfehlungen durch die Eingabe persönlicher Attribute und den Vergleich dieser Attribute mit anderen Konsumentenprofilen erzeugt. Dieser Vorgehensweise zu Grunde liegt die Annahme, dass gleiche Attribut ähnliche Präferenzstrukturen bedeuten und somit generalisierbar sind. So gibt ein neuer Benutzer bei der Firma MyLaunch seine 10 Lieblings-CDs an und durch den Vergleich mit 500.000 anderen Kundenprofilen werden dann individuelle Musikempfehlungen abgegeben.

Neben Personalisierung spielt Versioning bei der Vermarktung von Informationsgütern eine große Rolle. Das Angebot verschiedener Produktversionen ist bei digitalen Informationsprodukten zu sehr geringen Kosten möglich und dient gleichzeitig der Schaffung von verschiedenen Teilmärkten mit unterschiedlicher Preisbildung. Dabei kann es sich beispielsweise um die Trennung von Core-Content (dem eigentlichen Kernprodukt) und möglichen Add-On-Content (flankierenden Funktionen) handeln. Auf diesem Wege lassen sich unterschiedliche Produktversionen mit verschiedenen Funktionsmerkmalen generieren. Aber auch die Differenzierung von online und offline Versionen ist im Internet immer häufiger anzutreffen. Die Differenzierung in Test- und Vollversionen ist wohl die beliebteste Form der Produktdifferenzierung bei Informationsprodukten. Hier

---

90 Differenzierungskonzeptionen für den Internetvertrieb von Informationsgütern, http://www.symposium.de/internetpricing/internetpricing 05.htm, 11.04.2002.

bekommt der Kunde für einen sehr niedrigen Preis oder sogar kostenlos eine auf eine gewisse Anzahl von Tagen begrenzte Testversion des Produktes zur Verfügung gestellt. Im Anschluss daran muss eine weitere Lizenz für die Vollversion erworben werden, um die weitere Funktionsfähigkeit des Produktes sicherzustellen.[91]

„Follow the Free", Personalisierung und Versioning ermöglichen Wettbewerb und Preisfindung auf den hoch transparenten Märkten der Internet-Ökonomie und den Umgang mit neuen Kostenstrukturen (geringe Grenzkosten und hohe Fixkosten) vieler Informationsprodukte. Preis- und Produktdifferenzierung erhalten daher in der Internet-Ökonomie eine neue Bedeutung und vielfach ein neues Gesicht. Es entstehen neue Wege und Kriterien der Differenzierung, die gleichzeitig auch zu neuen Interaktionsmodellen führen.

2.3.2 Restriktive Koordination durch temporäre Monopole und enge Oligopole

Neben den in den vorangegangenen Abschnitten dargestellten neuen Preisbildungs- und Absatzstrategien spielen auch Monopole und enge Oligopole eine besondere Rolle in der Internet-Ökonomie. Aufgrund der Grenzkosten der Reproduktion nahe Null, ist die Herstellung vieler Informationsprodukte durch sinkende Durchschnittskosten gekennzeichnet. Durch diese Struktur ergeben sich bedeutende ecomonies of scale, so dass der Anbieter mit dem größten Output zu den niedrigsten Preisen anbieten kann. Auf diese Weise ist es für einen Anbieter möglich, den gesamten Markt zu übernehmen und sein Produkt als exklusiven Standard durchzusetzen, da er nicht (wie im Falle steigender Durchschnittskosten) an die Grenzen seiner Größenvorteile stößt.[92]

Diese anbieterseitigen Skaleneffekte ermöglichen es, Konkurrenten auszuschalten und gewinnträchtige Monopolstellungen aufzubauen. In der Perspektive sichern sie die Möglichkeit, weit über den Durchschnittskosten liegende Preise durchzusetzen.[93] Netzexternalitäten und positive Rückkopplungseffekte verstärken diesen Trend. Sie erschweren auch den späteren Wechsel von einem Anbieter zum anderen und sichern die führende Position eines Herstellers. Eines der deutlichsten

---

91 vgl. Differenzierungskonzeptionen für den Internetvertrieb von Informationsgütern, http://www.symposium.de/internetpricing/internetpricing 05.htm, 11.04.2002.
92 vgl. Zerdick et al., Die Internet-Ökonomie, 2001, S. 161 f.
93 vgl. Picot / Neuburger, Prinzipien der Internet-Ökonomie, in: Wirtschaftsdienst 2000/X, S. 594.

Beispiele für diese Entwicklung ist das Betriebssystem Windows von Microsoft, das mittlerweile zur Standardausstattung fast aller PCs gehört.[94]

Nicht alle Monopolstellungen sind jedoch so stabil. Häufig handelt es sich eher um temporäre Monopole in der Internet-Ökonomie. Durch die Entwicklung neuer Technologien oder durch neue Informationsprodukte werden Monopolstellungen oft wieder gefährdet. Dabei kann es sich entweder um die nächste Generation einer neuen Technologie oder um eine neue Information selbst handeln, die alte Produkte verdrängt und die bisherigen Marktstrukturen zerstört. Denn nicht immer sind es die großen Anbieter, die diese neuen Trends flexibel und schnell genug realisieren können. Dennoch bleibt aufgrund der Kostenstrukturen die Tendenz zu temporären Monopolstellungen charakteristisch für Informationsgütermärkte.

Nicht nur die Entstehung von temporären Monopolen sondern auch die Bildung enger Oligopole ist eine weitere Möglichkeit. Diese häufig auch als "Frühstückskartelle" bezeichnete Koordinationsform dient der restriktiven Koordination einer überschaubaren Anzahl von Anbietern. Die wenigen Anbieter kennen sich untereinander und teilen den Markt unter sich auf. Anstatt sich durch gegenseitige Konkurrenz zu unterbieten und so die Marktpreis zu ruinieren, wird durch Absprachen das gemeinsame Überleben gesichert. Diese restriktive Koordination weniger Anbieter dient dem Ziel, gemeinsam über den Grenzkosten liegende Preise zu erreichen.

Sowohl temporäre Monopole als auch enge Oligopole sind häufig zu beobachtende Phänomene auf den Märkten der Internet-Ökonomie. Ihre steigende Bedeutung lässt sich aus den dargestellten veränderten Prämissen in der Informationsgesellschaft ableiten. Dennoch stellen sie nur zwei mögliche Koordinationsformen unter diesen Umständen dar. Die Bildung von Unternehmensnetzwerken ist eine weitere interessante Alternative.

2.3.3 Neue Möglichkeiten durch Cluster- und Netzwerkbildung

Die neue Gewichtung von Prämissen wie echter Unsicherheit, Interdependenz und Komplexität der Entscheidungen in der Informationsgesellschaft erfordern neue Koordinationsformen, um die Handlungsfähigkeit ökonomischer Akteure sicherzustellen. Neben der Entstehung von Monopol- und Oligopolstrukturen (vgl. vorhergehendes Kapitel) stellen insbesondere Netzwerke hier eine interessante neue Perspektive dar. Hohe Netzexternalitäten und der Kollektivgutcharakter vieler

---

94 vgl. Hutter, Besonderheiten der digitalen Wirtschaft – Herausforderungen an die Theorie, in: WISU 12/00, S. 1661 f.

Informationsprodukte erhöhen die Tendenz zu dilemmahaften Situationen und Abwartblockaden, bei denen jeder der beteiligten Akteure auf die Entscheidung des anderen wartet, um entweder als Free-Rider zu profitieren oder die eigene Unsicherheit der Entscheidung zu reduzieren. Daher ist die rein preisvermittelte, indirekte Interaktion auf anonymen Märkten unter diesen Prämissen oft nicht ausreichend. Vielmehr sind diese Situationen durch die direkte Interdependenz der Akteure, die Sequentialität von Handlungsprozessen sowie echter, nicht aufhebbarer, nicht als Risiko kalkulierbarer Unsicherheit gekennzeichnet.

Bei dem Einsatz von Netztechnologien beispielsweise, ist der individuelle Nutzen unmittelbar auch von den Entscheidungen und Handlungen anderer Nutzer abhängig, um die gemeinsame Kommunikationsfähigkeit und die Kompatibilität sicherzustellen. Die Zusammenarbeit von Unternehmen und die Einigung auf einen gemeinsamen Standard ist oftmals der einzige Weg, um in diesen Situationen neue Lösungen der Koordination und Ergebnisfindung zu ermöglichen. In diesem Kontext erhalten Cluster und Netzwerke eine neue Bedeutung als Grundlage unternehmensübergreifender Zusammenarbeit. Die strategische und bewusst eingegangene Zusammenarbeit in Unternehmensnetzwerken, die auf Basis der spontanen, funktionalen Verbundenheit eines Clusters, d.h. also auf Grundlage vertikaler (durch Komplementaritätsbeziehungen) oder horizontaler (durch Substitutionsbeziehungen) Verflechtung von Unternehmen gegründet wird, eröffnet in diesen schwierigen Situationen neue Wege. Durch die Etablierung dieser freiwilligen Koordination durch Kooperation der privaten Akteure, außerhalb von Markt und Hierarchie, kann die Unsicherheit über diese Handlungsweise anderer Akteure ausgeglichen und die Komplexität vieler Entscheidungssituationen reduziert werden.[95]

Die Zusammenarbeit im Netzwerk kann jedoch noch mehr Vorteile mit sich bringen. Viele Unternehmen versuchen heute durch diese Form der Zusammenarbeit Geschwindigkeitsvorteile zu realisieren. Insbesondere der Aufbau einer ersten, ausreichend großen Anzahl von Benutzern einer neuen Technologie ist meist sehr zeitkritisch. Aber auch die Weiterentwicklung von Produkten bzw. die Entwicklung neuer Produktgenerationen muss auf den kurzlebigen Informationsgütermärkten der Internet-Ökonomie zunehmend schneller realisiert werden. Die Zusammenarbeit in Netzwerken auf Basis offener Standards ist eine Form, um die schnelle und permanente Weiterentwicklung von Systemgenerationen und die Senkung von Systemkosten zu erreichen. Hier wird bewusst auf die Geheimhaltung von Systemspezifika verzichtet und stattdessen eine Selbstkannibalisierung des Produktes durch ein effizient arbeitendes Hersteller-Zulieferer-Netzwerk

---

95 vgl. Elsner, An Industrial Policy Agenda 2000 and Beyond, in: Elsner / Groenewegen, Industrial Policies After 2000, 2000, S.413 ff.

angestrebt. Diese Netzwerke müssen sich jedoch nicht nur auf die Zusammenarbeit verschiedener Unternehmen beschränken. Open Source beispielsweise ist eine Strategie, die auch die Anwender, also die Kunden, in die Zusammenarbeit einbezieht. Bei der Open Source Produktentwicklung veröffentlicht der Hersteller zusammen mit dem Produkt (der Software) auch den Quellcode dieser Programmentwicklung. Damit ist jeder Anwender, der über entsprechende Programmierkenntnisse verfügt, in der Lage diese Software weiterzuentwickeln. Er ist dazu auch rechtlich autorisiert, solange er seine eigenen Ergebnisse ebenfalls als Open Source Produkt der Allgemeinheit zur Verfügung stellt. Durch diese Verlagerung von typischen unternehmensinternen Funktionen auf den Anwender wird es möglich, schneller, kostengünstiger und näher an den Bedürfnissen des Kunden zu entwickeln und zu testen. Insbesondere aufwendige Softwaretests und Fehlerbeseitigungen können durch Open Source wesentlich beschleunigt werden. Aber auch die Weiterentwicklung bzw. die Detaillierung des Produktes um gewünschte Funktionen ist auf diese Weise wesentlich einfacher. Für den Anwender bietet Open Source durch die Unabhängigkeit vom Hersteller und die Möglichkeit auf vorhandenen Entwicklungen trotzdem aufzubauen große Vorteile. Das Open Source Entwicklungen sogar bei sehr komplexen Vorhaben erfolgreich sind und sogar Monopolstellungen aufbrechen können, zeigt das Beispiel des Betriebssystems Linux.[96]

Da Netzwerke aufgrund der Charakteristika der Informationsgesellschaft als neue Koordinationsmechanismen eine neue, zentrale Rolle spielen, sollen im nachfolgenden Kapitel 3 die Entstehung und die Erfolgsfaktoren für Netzwerkorganisationen vertieft betrachtet werden. Dabei ist insbesondere die Frage nach der Evolution und Initiierung von Kooperation als Grundlage des Netzwerkes von besonderer Bedeutung, um diese Koordinationsform erfolgreich etablieren zu können. Aber auch die Sicherung der langfristigen Innovationsfähigkeit im Netzwerk durch entsprechende Faktoren der Network Governance spielt dabei eine wesentliche Rolle.

---

96 vgl. Gongolsky, Copyleft und Opensource – Zwischen Kommerz und Mythos, in: Spiegel online, 18.01.2002.

3 Netzwerkorganisation und Vernetzung in der digitalen Wirtschaft

Nicht nur aufgrund der veränderten theoretischen Implikationen in der Informationsgesellschaft, sondern auch aufgrund der steigenden empirischen Relevanz in der Praxis lässt sich eine zunehmende Bedeutung kooperativer Organisationsformen ableiten. Netzwerke, Partnerschaften, strategische Allianzen, Mergers und Joint Ventures, diese Begriffe sind mittlerweile so populär, dass sie zum festen Bestandteil politischer und ökonomischer Diskussionen in den letzten Jahren geworden sind. Hinter allen diesen differenzierten Begriffen steckt ein wesentlicher, gemeinsamer Gedanke. Aufgrund der veränderten Markt- und Umweltbedingungen ist die alleinige Koordination von Unternehmen über Markt und Hierarchie nicht mehr ausreichend. Die Überwindung von Unternehmensgrenzen und der Aufbau neuer sozialer Interaktionsbeziehungen sind zum wesentlichen Bestandteil vieler Unternehmensstrategien geworden.[97]

Dabei sind diese unternehmensübergreifenden Interaktionsbeziehungen durch eine besondere Qualität gekennzeichnet, die *"vertrauensvolle Kooperation sozialer Akteure, die zwar autonome Interessen verfolgen, jedoch ihre Handlungen mit denen anderer Akteure derart koppeln, dass der Erfolg ihrer Strategien vom Erfolg ihrer Partner (und damit von dem Funktionieren der Kooperationsbeziehung) abhängt"*[98].

Die Etablierung von Kooperationen und die Gründung von Unternehmensnetzwerken haben jedoch nicht das Ziel jeglichen Wettbewerb aufzuheben und sämtliche Mechanismen des Marktes durch kooperative Zusammenarbeit auszuschalten. Unternehmen, die sich einem gemeinsamen Netzwerk anschließen, können durchaus weiterhin Konkurrenten bleiben und nur zeitlich oder thematisch begrenzte Kooperationsbeziehungen eingehen. Ebenso wenig liegt ihre Zielsetzung in der Internalisierung von Funktionen und in der Übertragung von Merkmalen intraorganisationaler Beziehungen auf andere Unternehmen. Vielmehr stellen Netzwerke einen eigenständigen Koordinationsmechanismus mit eigenen Charakteristika und Spezifika dar.

Dabei hat sich in den letzten Jahren die Betrachtungsweise für die Einordnung und Systematisierung von Netzwerken als an Bedeutung gewinnender Koordinationsmechanismus deutlich gewandelt. Die entsprechend der Transaktionskostentheorie entstandene Betrachtung von Netzwerke als intermediäre Organisationsformen

---

97 vgl. Winand / Nathusius (Hrsg.), Unternehmensnetzwerke und virtuelle Organisationen,1998, S.12.
98 Weyer, Technik, die Gesellschaft schafft - soziale Netzwerke als Ort der Technikgenese, 1997, S. 53.

zwischen Markt und Hierarchie muss aufgrund der Vielzahl und der Vielfältigkeit der zu beobachtenden Kooperationsbeziehungen um neue Erklärungsansätze erweitert werden. Hier kann die pauschale Annahme der Verbindung von Wettbewerb und Kooperation zur Minimierung von Transaktionskosten als alleinige Erklärung nicht mehr ausreichen.[99] Für eine Systematisierung und tiefergehende Betrachtung dieser neuen Organisationsstrukturen muss die traditionelle Betrachtung von Markt und Hierarchie als konträre Endpunkte einer weitläufigen Skala von möglichen, intermediären Organisationsformen um eine neue, zusätzliche Dimension erweitert werden. Diese Dimension, die hier „Kooperation" genannt werden soll, ermöglicht eine Integration neuer Faktoren wie dem Umgang mit echter Unsicherheit, der Notwendigkeit gemeinsamer Lernprozesse und der Entstehung neuer Routinen. Damit wird eine Betrachtung von vielfältigen neuen Netzwerkbeziehungen möglich, die im Rahmen der zunehmenden echten Unsicherheit durch Globalisierung, Fragmentierung von Wertschöpfungsketten und den Umgang mit unvollkommener Information entstanden sind. Diese Netzwerke stellen komplexe institutionelle Arrangements dar, deren Evolution nicht nur durch direkte Transaktionskostenvorteile begründet werden kann. Die soziale Einbettung ("social embeddedness") von wirtschaftlichem Handeln und damit die Bedeutung von nicht-ökonomischen Motiven wie Vertrauen, Anerkennung und Austausch stellen insbesondere bei der Bildung dieser neuen Netzwerkbeziehungen wichtige Faktoren dar. Aus diesem Grunde ist die Betrachtung weiterführender sozioökonomischer Ansätze zur Entstehung und Funktionsweise von Institutionen der Kooperation unverzichtbar.[100] In diesem Zusammenhang kann die Minimierung von Transaktionskosten nur einer von vielen Vorteilen bzw. eines der Motive für Kooperation sein. Insbesondere der Transport von tacit knowledge und die Generierung von "social capital" gehören außerdem dazu (vgl. dazu Kapitel 2.3).

Aus diesen Gründen kann der empirisch zu beobachtende Trend zur breiten sozialen Vernetzung in vielen Gesellschaftsbereichen nicht überraschen, sondern identifiziert den Aufbau von Netzwerken für den weiträumigen und heterogenen Informationsaustausch als einen zunehmend kritischen Erfolgsfaktor. Die Anwendungsfelder für Netzwerkorganisationen sind in der Praxis breit gestreut und fast unbegrenzt.[101] Von Unternehmensnetzwerken, Innovations- und Forschungsnetzwerken bis hin zu Politiknetzwerken oder Technologie- und Kommunikationsnetzwerken lässt sich ein weites Spektrum der Koordination via

---

99 vgl. Winand / Nathusius (Hrsg.), Unternehmensnetzwerke und virtuelle Organisationen,1998, S.12 f.
100 vgl. Sydow, Strategische Netzwerke - Evolution und Organisation, 1992, S. 145 ff.
101 vgl. Hasse / Wehner, Innovationen in der Mediengesellschaft - Diffusion im Netz, in: TA-Datenbank-Nachrichten, Nr. 1 / 1997, S. 43.

Kooperation feststellen.[102] Es dominieren dabei bis heute jedoch Akteursnetzwerke für die Zusammenarbeit verschiedener Unternehmen oder Institutionen das Bild.

Aufgrund der besonderen Bedeutung von Netzwerken für den Umgang mit den neuen Prämissen der Informationsgesellschaft, zeigen insbesondere die eng mit dieser Entwicklung verbundenen Brachen einen hohen Grad der Vernetzung. Dazu gehören beispielsweise der Telekommunikationssektor und die Multimediabranche, in denen Unternehmensnetzwerke oftmals unabdingbar für die längerfristige, erfolgreiche Unternehmensteuerung sind. *"Es gibt kaum eine Fachzeitschrift zur Multimediabranche, die nicht aktuell über strategische Allianzen, Wertschöpfungspartnerschaften, Joint Ventures oder andere Ausprägungsformen von Kooperationen berichtet. Bei näherer Analyse wird deutlich, dass viele Unternehmen nicht nur in eine einzige Kooperation, sondern in mehrere wechselseitige Kooperationen eingebunden sind, die netzartig die gesamte Branche überziehen..."*[103] Insbesondere für Unternehmen dieser Brachen, die sich durch ein rasantes Innovationstempo und ein hochkomplexes Technologie-Umfeld (besonders Netztechnologien mit der Notwendigkeit von Standards und Kompabilität) auszeichnen und die Integration eines sehr heterogenen und breiten Dienstleistungsspektrums erfordern, sind Kooperationen essentieller Bestandteil der Leistungserbringung und der Differenzierung gegenüber Wettbewerbern. Dabei spielt die Erweiterung und die Kombination der Kompetenz- und Ressourcenbasis ebenso wie die Möglichkeit einer längerfristigen, gemeinsamen strategischen Ausrichtung eine besondere Rolle.

Die neusten Entwicklungen, sowohl im Hinblick auf technologische Fortschritte als auch auf verschärfte Wettbewerbsbedingungen, führen zunehmend zu einer Ausweitung der Anwendungsgebiete von Netzwerkorganisationen auch auf andere Branchen und auf neue, innovative Anwendungsfelder. Dazu gehört im besonderen Maße die unternehmensinterne Vernetzung. Um jedoch das innovative Konzept unternehmensinterner Vernetzung näher zu untersuchen, können einige Grundlagen, Instrumente und Konzepte aus der bereits vorhandenen unternehmensübergreifenden Vernetzungstheorie wichtige Beiträge liefern, die daher nachfolgend kurz dargelegt werden sollen.

Diese besondere Bedeutung von Unternehmensnetzwerken zwischen Wettbewerb und Partnerschaft ist Gegenstand der Betrachtungen im nachfolgen Kapitel 3.1. Aufgrund der Vielfalt der verwendeten Begriffe und theoretischen Ansätze in der Netzwerkdiskussion, erfolgt in diesem Kapitel eine arbeitsbezogene Definition des Begriffes ebenso wie eine grundsätzliche Einordnung in den zugrunde gelegten theoretischen Rahmen. Dabei ist es im Hinblick auf die spätere Analyse der

---

102 vgl. Weyer, Technik, die Gesellschaft schafft - soziale Netzwerke als Ort der Technikgenese, 1997, S. 53
103 Hacker, Unternehmensnetzwerke in der Multimediabranche, 2002, S. 1.

unternehmensinternen Vernetzung wesentlich, weniger die neoklassische Betrachtung von Märkten und Unternehmen zu verfolgen, sondern die Bedeutung von Netzwerken als kooperative institutionelle Arrangements zur sozialen Interaktion und Koordination herauszustellen.
Aufbauend auf diesen Betrachtungen der konstitutiven Merkmale von Netzwerkorganisationen und den Vorteilen durch etablierte Netzwerkbeziehungen schließt sich die Betrachtung der Evolution und Initiierung von Kooperationen im Kapitel 3.2 an. In der Weiterführung der Annahme, dass Institutionen der Kooperationen in bestimmten Situationen effiziente Koordinationsmechanismen darstellen, soll hier kurz dargestellt werden, wie diese Kooperationen entstehen und sich ausbreiten können. Neben der grundlegenden spieltheoretischen Argumentation von Robert Axelrod ist es dabei auch von entscheidender Bedeutung, notwendige Rahmenbedingungen für die Entstehung von Kooperationen zu identifizieren sowie begünstigende Erfolgsfaktoren aufzuzeigen, die dann auch für die Evolution von unternehmensinternen Netzwerken von besonderer Bedeutung sein können.

Doch die Entstehung eines Netzwerkes allein, beinhaltet keine langfristige Erfolgsgarantie. Das Management und die Sicherung von langfristigen Erfolgsfaktoren stehen daher im Kapitel 3.3 "Network Governance" im Mittelpunkt. Dabei sollen die wesentlichen Faktoren zur Steigerung der Kooperationsbereitschaft und des Kooperationserfolges, die Bedeutung von Netzwerkstrukturen ebenso wie das notwendige Management von Netzwerk-Lebenszyklen herausgestellt werden. Diese Betrachtungen bilden den zentralen Fokus für den Erhalt einer langfristig innovativen und sich weiterentwickelnden Gemeinschaft im Netzwerk.

Netzwerke sind keine völlig neue Organisationsform, jedoch hat sich ihre qualitative und quantitative Bedeutung in den letzten Jahren stark gewandelt. Um innovative Anwendungsfelder der Netzwerkorganisation wie die umfassende intraorganisationale Vernetzung zu untersuchen, ist es aber notwendig wesentliche Aspekte bereits vorhandener Grundlagen zur Netzwerktheorie zu verdeutlichen, um auf diesen Erkenntnissen weiterführende Theorien aufbauen zu können. Unter diesem Geschichtspunkt sollen nachfolgend einige ausgewählte theoretische und praktische Ergebnisse der Netzwerkdiskussion präsentiert werden.

3.1 Kooperationen und Unternehmensnetzwerke - Koordinationskonzepte jenseits von Markt und Hierarchie

"Until recently, economists assumed that competitive markets could handle information in a costless manner, failing to recognise that, whatever kind of institutions is involved, information processing incurs substantial costs."[104]

In der traditionellen ökonomischen Sichtweise stellen Märkte Orte des Zusammentreffens von Angebot und Nachfrage dar, auf denen durch vollkommene Transparenz, vollkommene Information und individuelle Nutzenmaximierung die effiziente Allokation von Gütern erfolgt. Dabei handelt es sich um den spontanen, genau spezifizierten Leistungsaustausch zwischen beliebig vielen anonymen, ausschließlich rational handelnden Marktteilnehmern, wobei die Koordination dieser Akteure nur durch den Preismechanismus erfolgt. In dieser Sichtweise enthält allein der Preis alle notwendigen Informationen und ist für alle Marktteilnehmer jederzeit zugänglich und ohne weitere Schwierigkeiten in Entscheidungen und Handlungen umsetzbar. Somit erfolgt die umfassende Informationsgewinnung und -aufnahme kostenlos und ohne Zeitverzug. Diese modelltheoretischen Annahmen vollkommener Märkte können die Realität jedoch kaum umfassend widerspiegeln und lassen sich mit den Prämissen der Informationsgesellschaft immer weniger verbinden.

Durch die Anerkenntnis begrenzter Rationalität, der Kosten von Informationsaufnahme und -verarbeitung sowie der Unvollkommenheit der Märkte und durch die Verbindung von Organisations- und Markttheorie in einem gemeinsamen Analyserahmen lieferte die Transaktionskostentheorie eine erste Erweiterung des theoretischen Rahmens und legte damit den Grundstein zur Betrachtung verschiedener Koordinationsmechanismen. Die Anbahnung, Vereinbarung, Abwicklung, Kontrolle und Anpassung des Leistungsaustausches verursacht Kosten, die sowohl bei unternehmensinternen als auch bei unternehmensexternen Transaktionen anfallen können. Selbst auf effizienten Märkten kann nicht von der kostenlosen Abwicklung von Informationsprozessen und der freien Verfügbarkeit aller Informationen ausgegangenen werden.[105] In diesem Sinne stellt Coase im Rahmen der Transaktionskostentheorie fest: *"The main reason why it is profitable to establish a firm would seem to be that there is a cost of using the price mechanismen."*[106] Durch die Betrachtung von Transaktionskosten, die insbesondere die Such- und Informationskosten für den erfolgreichen Güteraustausch darstellen, wird es

---

104 Casson, Entrepreneurial Networks - A theoretical Perspective, in: Discussion Papers in Economics and Management, Vol X (97/98), S.2.
105 vgl. Struthoff, Führung und Organisation von Unternehmnetzwerken, 1999, S. 30 f.
106 Coase, The Nature of the Firm, in: Economica 4, 1937, S. 390.

möglich, der marktlichen Koordination die Hierarchie als einen weiteren möglichen Koordinationsmechanismus im Vergleich gegenüberzustellen.

Im Gegensatz zum Marktmechanismus wird die Koordination innerhalb einer Hierarchie durch die Anweisungsgewalt der Unternehmensleitung gegenüber einer definierten und begrenzten Zahl von Organisationsmitgliedern und durch den Aufbau dauerhafter Strukturen zur Verfolgung eines gemeinsamen Zieles gekennzeichnet. Daher weisen die hierarchisch vorgenommen Transaktionen ganz andere Charakteristika auf und damit verbunden eine andere Transaktionskostenstruktur.[107] Die Vorteilhaftigkeit der einzelnen Alternativen, d.h. die Minimierung der Transaktionskosten, ergibt sich dann aus dem Umgang mit Faktoren wie Spezifität (sehr spezielle Investitionen sowie Anzahl potentieller Interaktionspartner), Häufigkeit, Unsicherheit und strategische Bedeutung (Sicherung der langfristigen Wettbewerbsfähigkeit und Geheimhaltung von Know How) der durchgeführten Transaktionen.[108] Vor dem Hintergrund der unterschiedlichen Ausprägung dieser Transaktionskosten beeinflussenden Faktoren lassen sich sowohl Markt- als auch in anderen Situationen Hierarchieversagen erklären. Da die Ausprägung dieser Faktoren jedoch nicht nur dichotom hoch oder niedrig sein kann, kann bei mittleren Intensitäten auch die Entstehung von Koordinationsformen zwischen Markt und Hierarchie, beispielsweise Netzwerken, Joint Ventures oder langfristigen Lieferverträgen, erklärt werden.[109] So vereinen Unternehmensnetzwerke die Charakteristika dieser beiden Koordinationsformen in unterschiedlicher Form und Ausprägung. So sind Unternehmensnetzwerke beispielsweise längerfristiger und vielschichtiger als der Gütertausch am Markt und gleichzeitig wesentliche losere Organisationsverbünde als die umfassende Integration innerhalb der eigenen Unternehmung.[110]

Wie bereits im vorangegangenen Kapitel dargestellt, kann diese Sichtweise des Transaktionskostenansatzes alleine der heutigen Vielfalt und Bedeutung dieser neuen Organisationsformen jedoch nicht mehr gerecht werden. Netzwerke und ihre Entstehungsgeschichte ist mehr als die Betrachtung von intermediären Koordinationsformen zwischen Markt und Hierarchie. Daher muss diese Betrachtung um eine neue Dimension der evolutionären Theorie der Informationsgesellschaft erweitert werden. Insbesondere die neuen ökonomischen Prämissen in der Informationsgesellschaft erfordern verstärkt innovative Organisationsformen jenseits der klassischen Spannungsfelder Markt und Hierarchie. Während die Transaktionen auf Märkten durch einen hohen Grad von Unsicherheit durch eine

---

107 vgl. Sydow, Strategische Netzwerke - Evolution und Organisation, 1992, S. 98 f.
108 vgl. Struthoff, Führung und Organisation von Unternehmnetzwerken, 1999, S. 32 f.
109 vgl. Sydow, Strategische Netzwerke - Evolution und Organisation, 1992, S. 131 ff.
110 vgl. Bellmann / Hippe (Hrsg.), Management von Unternehmensnetzwerken - interorganisationale Konzepte und praktische Umsetzung, 1996, S. 91.

unbegrenzte Zahl anonymer Interaktionspartner gekennzeichnet sind, ist auch die hierarchiebasierte Möglichkeit die Wertschöpfungskette zu internalisieren und dabei kostengünstige und konkurrenzfähige Güter zu produzieren in einer globalisierten Weltwirtschaft begrenzt. Daher kann die Entstehung von Netzwerken für den effizienten Umgang mit neuen ökonomischen Gegebenheiten wie echter Unsicherheit, unvollkommener Information, Interdependenz der Akteure und der „bounded rationality" neue Möglichkeiten erschließen. Daher wird die klassischen Betrachtung von Netzwerken als transaktionskostenminimierende Organisationsform zwischen Markt und Hierarchie um eine neue Dimension der evolutionären Theorie der Informationsgesellschaft mit Netzwerken als institutionalisierte und gelernte Koordinationsformen erweitert. Dadurch wird die Betrachtung kooperativer, institutioneller Arrangements und ihrer Potentiale für den Umgang mit den neuen Gegebenheiten der Informationsgesellschaft möglich.

Die nachfolgende Abbildung verdeutlicht diesen Zusammenhang:

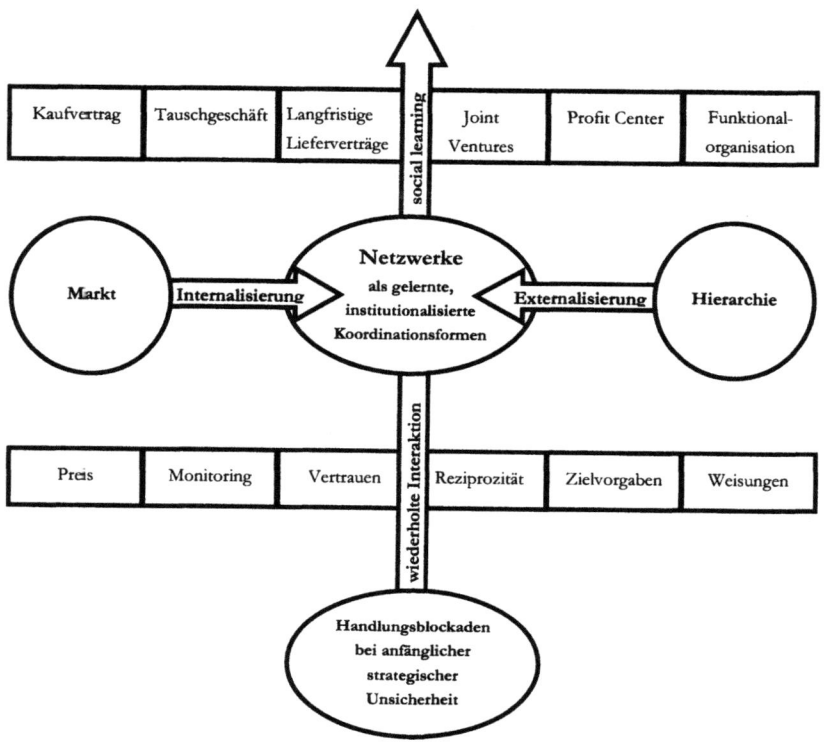

Abbildung 5: Koordinationsformen jenseits von Markt und Hierarchie

Quelle: in Anlehnung an Sydow, Strategische Netzwerke - Evolution und Organisation, 1992, S. 104 und Hacker, Unternehmensnetzwerke in der Multimediabranche, 2002, S. 107.

Die Vernachlässigung der Betrachtung institutioneller Interaktionsmodelle und des sozialen Kontextes für die individuellen Entscheidungen ist für den methodologischen Individualismus vieler ökonomischer Theorien charakteristisch, für die Analyse von Netzwerken jedoch besonders problematisch. Nicht nur die neuen Prämissen in der Informationsgesellschaft (wie oben bereits dargestellt) erfordern eine Erweiterung des Analyserahmens, sondern auch die inhärenten Charakteristika des Netzwerkes als Koordinationsmechanismus. Während die Annahme nur indirekter (d.h. rein preisvermittelter) Interaktion der Akteure bei einigen

Marktprozessen (wenngleich auch Märkte oftmals soziokulturell durchtränkt sind) noch zutreffen mag, sind im Falle von Netzwerken und Hierarchien direkte Interaktionen essentieller Bestandteil und zugleich Charakteristikum der Funktionsweise dieser Koordinationsmechanismen.[111] Dabei spielen komplexe institutionelle Arrangements als inter- und überindividuell gültige gesellschaftliche Verhaltensregeln wie beispielsweise Erwartungen, Regeln, Normen und Glaubenssätze eine zentrale Rolle sowohl für die Entstehung als auch für die Funktionsweise dieser Koordinationsformen.[112] Daher muss der Rahmen für die Analyse des „Konzeptes Netzwerk" hier deutlich weiter gefasst werden. Dazu soll nachfolgend zunächst eine kontextbezogene Definition des Netzwerkbegriffes vorgenommen werden. Anschließend werden die konstitutiven Merkmale von Netzwerkbeziehungen und die Ziele und Potentiale dieser Organisationsform als Grundlage eines Analyserahmens dargelegt.

3.1.1 Arbeitsdefinition des Netzwerkbegriffs

Das Konzept des Netzwerkes ist mittlerweile ein oft verwendeter Begriff. Dabei ist der Netzwerkbegriff zu einer organisatorischen Metapher geworden, die mittlerweile weit mehr darstellt als die ursprüngliche, eher mathematisch geprägte Definition einer endlichen Menge von Knoten, die durch eine Vielzahl von Kanten verbunden sind.[113]

Insbesondere die Begriffe des sozialen Netzwerkes oder auch des Unternehmensnetzwerkes werden oft zitiert und enthalten eine detaillierte Betrachtung der Beziehungen ("Kanten") ebenso wie der Akteure ("Knoten") des Netzwerkes im sozialen und ökonomischen Kontext. Darüber hinaus sind aus der Managementpraxis ebenfalls diverse Begriffe und Organisationsformen bekannt, die oft mit unternehmensübergreifender Kooperation assoziiert werden. Dazu gehören beispielsweise Joint Ventures, Value Added Partnerships, Spin Offs und Subcontracting, die als Basis der kooperativen Zusammenarbeit zweier oder mehrerer Unternehmen dienen können. Die Unterscheidung dieser Kooperationsformen ist zumeist durch die Wahl der entsprechenden Vertragsart gekennzeichnet und durch dementsprechende unterschiedliche formale Fixierung geprägt. Bei den Betrachtungen dieser Arbeit sollen jedoch nicht vertraglich fixierte Kooperationsarten im Vordergrund stehen, sondern die allgemeine Qualität einer vernetzten Zusammenarbeit im Hinblick auf externe und interne Vernetzungsmechanismen analysiert

---

111 vgl. Sydow, Strategische Netzwerke - Evolution und Organisation, 1992, S. 101 ff.
112 vgl. Elsner, Individuum und gesellschaftliches Handeln, 2000, S. 2 f.
113 Weyer, Technik, die Gesellschaft schafft - soziale Netzwerke als Ort der Technikgenese, 1997, S. 62.

werden. Dafür ist die formale Fixierung der Kooperationsbereitschaft weder ein Erfolgsgarant noch eine notwendige Voraussetzung.

Aus diesem Grunde soll an dieser Stelle, insbesondere auch im Hinblick auf die spätere Analyse der internen Vernetzung, ein allgemeiner und umfassenderer Begriff des Unternehmensnetzwerkes zu Grunde gelegt werden. Dabei liegt der Fokus auf den interaktiven Besonderheiten von Netzwerkbeziehungen und ihren Potentialen für den Umgang mit echter Unsicherheit, globalen Weltmärkten und fragmentierten Wertschöpfungsketten. Daher soll hier die nachfolgende Definition von W. Elsner (2004) erweitert werden. „*Networks are consciously contracted, project-based, multilateral and mid-term orientated cooperative co-ordination mechanisms.*"[114] Als Unternehmensnetzwerke sollen daher thematisch abgegrenzte, multilaterale Kooperation vertikal oder horizontal verbundener Unternehmen verstanden werden, die differenzierte Interaktionsbeziehungen aufweisen und sich durch das strategische und mittelfristige Interesse der Akteure (im Gegensatz zu rein funktionaler Zusammenarbeit) auszeichnen.

Diese strategischen Netzwerke entstehen häufig auf der Basis vorhandener lokaler Cluster. Dabei führt die funktionale Verbundenheit von Unternehmen (meist mit gewisser räumlicher Nähe) zu wiederkehrenden Interaktionen und dem Aufbau stabiler Beziehungen, die ein Cluster prägen und zu der Entstehung von gemeinsamen Erwartungen und wechselseitig koordinierten Handlungen führen können. Auf dieser Basis können dann einige Akteure eine weitergehende Zusammenarbeit in Form eines strategischen Netzwerkes wesentlich leichter initiieren. Dabei werden (im besten Falle basierend auf dem bereits in der funktionalen Zusammenarbeit entstandenen Vertrauen) gemeinsame Lernprozesse möglich und neue Verhaltensweisen institutionalisiert.[115] Zugunsten der gemeinsamen Zukunft der Akteure und einer mittelfristigen Ausrichtung des Netzwerkes wird auf die Mitnahme kurzfristiger Gewinne verzichtet und das gemeinsame Kooperationsinteresse verfolgt. Durch diese neue Form der gemeinsamen Koordination wird es möglich, Handlungsblockaden zu überwinden und selbst in Situationen mit hoher Komplexität und Unsicherheit die Handlungsfähigkeit der Akteure sicherzustellen.

Ein wesentlicher Aspekt dieser Arbeit ist es herauszustellen, dass es sich dabei nicht um Vereinbarungen für den reinen langfristigen Güteraustausch handelt, wie beispielsweise lange Zeit bei vielen Hersteller-Zulieferer-Netzwerken assoziiert wurde, sondern um geteilte Informationen, Werte, Normen, Einstellungen als Basis einer längerfristigen vertrauensvollen Bindung. Nicht der Güter- bzw. Leistungs-

---

114 Elsner, The 'New' Economy: Complexity, Coordination and a Hybrid Governance Approach, 2003, S. 7.
115 vgl. Elsner, The 'New' Economy: Complexity, Coordination and a Hybrid Governance Approach, 2003, S. 6 ff.

austausch ist prägend für das Netzwerk, sondern die Frage von gemeinsamen Informationsflüssen, geteilten Zielen und gemeinsamen Regeln. Ein Schwerpunkt von Netzwerken und Kooperation ist somit die Etablierung gemeinsamer (kollektiver) Lernprozesse und die Institutionalisierung neuer Verhaltensweisen. Diese Besonderheiten von Netzwerkbeziehungen sind Gegenstand des nachfolgenden Abschnittes.

3.1.2 Konstitutive Merkmale von Netzwerkbeziehungen

Ebenso wie Markt und Hierarchie verfügen auch Unternehmensnetzwerke als Koordinationsmechanismus über spezifische Charakteristika, die als grundlegende Funktionsprinzipien angesehen werden können. Diese charakteristischen Merkmale der einzelnen Koordinationsformen lassen sich wie folgt subsumieren:[116]

Form	Beziehung der Akteure	Leistungsaustausch	Reichweite
Markt	Independenz	Äquivalenz	global
Hierarchie	Dependenz	Weisung	intraorganisational
Netzwerk	Interdependenz	Reziprozität	räumliche / soziale Nähe

Abbildung 6: Funktionsmerkmale einzelner Koordinationsformen

Im Gegensatz zu Markt und Hierarchie basieren Netzwerke auf der bewusst eingegangenen und längerfristigen gegenseitigen Abhängigkeit der Akteure und auf der (wenngleich auch nicht sofortigen oder identischen) Wechselseitigkeit der Leistungserbringung aller Akteure. In diesem Sinne können Interdependenz und Reziprozität als konstitutive Merkmale der Netzwerkorganisation in Abgrenzung zu Markt und Hierarchie betrachtet werden. Darüber hinaus spielt jedoch auch die soziale und die räumliche Nähe der Akteure in diesem Kontext eine besondere Rolle.

Bei dem Beitritt in ein Unternehmensnetzwerk behält jedes Unternehmen seine eigene Rechtspersönlichkeit und ist damit weiterhin rechtlich völlig selbständig. In diesem Sinne unterscheiden sich Unternehmensnetzwerke grundlegend von Unternehmenszusammenschlüssen. Dennoch sind Unternehmen in funktionieren-

---

116 vgl. Schmid, Krömmelbein, Köck, Heinrich, Neue Steuerungsformen arbeitsmarktlicher Prozesse, http://www.uni-frankfurt.de/fb03/arbeitslehre/Steuerungsprozesse.html, 04.06.2002.

den Kooperationsbeziehungen selten wirtschaftlich völlig autonom. Die **Interdependenz** von Unternehmen spielt in mehrfacher Hinsicht eine wichtige Rolle:[117]

Die Interdependenz in Entscheidungssituationen ist oftmals ein ausschlaggebender konstitutiver Faktor für die Gründung von Unternehmensnetzwerken, wie das Beispiel der Entwicklung eines einheitlichen DVD-Formats zeigt. Die Durchsetzung dieser Technologie wurde lange verzögert, da sich Sony und Philips einerseits sowie Toshiba und Matsushita andererseits mit unterschiedlichen und inkompatiblen DVD-Standards gegenüberstanden. In dieser Situation waren die Abnehmer nicht bereit, die sehr einschränkende Entscheidung für eine der beiden unterschiedlichen Technologien zu treffen und die Unsicherheit über die längerfristige Durchsetzung beider Formate am Markt einzugehen. Nicht der technologische Fortschritt, sondern die Zusammenarbeit im Netzwerk und Einigung beider Parteien auf einen gemeinsamen Standard führten zur erfolgreichen Etablierung der DVD am Markt.[118]

Darüber hinaus ist auch die Zusammenarbeit im Netzwerk selbst durch Interdependenzen gekennzeichnet. Nicht die individuelle Nutzenmaximierung, sondern die gemeinsame Entscheidungsfindung und der wechselseitige Wissensaustausch prägen die Interaktionsbeziehungen im Netzwerk. Dabei variiert der Grad der wechselseitigen Abhängigkeit stark in unterschiedlichen Netzwerken. Insbesondere in Hub & Spoke Netzwerken kommt es aufgrund der asymmetrischen Machtverteilung häufig zu einer einseitigen Abhängigkeit, wohingegen idealtypische polyzentrische Netzwerke eher durch die wechselseitige Abhängigkeit und die gemeinsame Informationspreisgabe geprägt sind.

Neben der Interdependenz der Akteure prägt die Reziprozität des Leistungsaustausches die Beziehungen im Netzwerk. Im Gegensatz zur marktlichen Koordination kann die zeitliche und sachliche Äquivalenz des Leistungsaustausches dabei im Netzwerk wesentlich weniger stark ausgeprägt sein. Dennoch basiert ein Netzwerk auf der langfristigen Erwartung der Akteure, dass die eigene Leistungserbringung irgendwann erwidert wird. Diese **Reziprozität** kann als grundlegende soziale Norm des Einklangs zwischen Geben und Nehmen interpretiert werden, die jedoch anders als bei Transaktionen am Markt vorrangig moralisch und durch ein Interesse an der längerfristigen Zusammenarbeit und weniger vertraglich fixiert ist. Daher kann auch der Zeithorizont der Leistungserwiderung im Netzwerk stark variieren, solange das Gefühl der gegenseitigen Win-Win Situation erhalten bleibt.[119]

---

117 vgl. Sydow, Strategische Netzwerke - Evolution und Organisation, 1992, S. 90.
118 vgl. Wettengl, Initiierung technologischer Systeminnovationen, 1999, S.189.
119 vgl. Mayer-Ries (Hrsg.), Zwischen globalen und lokalen Interessen - Stand und Perspektiven nachhaltig gestalteter Wirtschaftskreisläufe und kooperativen Handelns, 1998, S.98 f.

Damit die Reziprozität als Funktionsmechanismus gewährleistet bleibt, ist die **räumliche** und/oder **soziale Nähe** der Akteure eine wesentliche Voraussetzung, da die Pflicht zur reziproken Gegenleistung neben den moralischen Werten auf der Einsatzmöglichkeit von Sanktionsmechanismen basiert. Der Verlust von Vertrauen und Reputation kann für die Akteure im Netzwerk nicht nur zum Ausschluss und damit zum Verlust der Vorteile der Partnerschaft führen, sondern auch für spätere potentielle Geschäftspartner abschreckend wirken. In diesem Sinne kann insbesondere in regionalen Handlungskontexten, in denen der Ruf und die gegenseitige Kenntnis der Akteure sich schnell verbreiten, die Ausnutzung eines einmaligen Vorteils ohne weitere Gegenleistungen sich langfristig negativ auswirken. Dieser Mechanismus trägt deutlich zur Abschreckung der Ausbeutung des Partners und zum Funktionieren reziproken Handelns bei.[120]

Eine weitere wichtige Rolle spielt dabei die gemeinsamen Zukunft, also das Interesse an weiterer Zusammenarbeit und der Möglichkeit sich wieder zu begegnen (siehe dazu Kapitel 3.2).[121] Es ist jedoch nicht nur der räumliche, sondern auch der soziale Aspekt von wesentlicher Bedeutung. Die soziale Nähe, im Sinne von gemeinsamen Werten und Normen ("shared values and believes"), trägt wesentlich zum Funktionieren der Kooperation bei, denn die Grundlage von Respekt und Vertrauen ist der gemeinsame Glaube an traditionelle Werte wie Ehrlichkeit und Loyalität. Darüber hinaus stellen diese gemeinsamen Wertesysteme auch die Grundlage für die Wahrnehmung und Kommunikation dar, die für eine gemeinsame Verständigung von essentieller Bedeutung sind. Auch auf dieser Ebene vermag eine gewisse soziale Nähe der Akteure die kooperative Zusammenarbeit zu erleichtern.[122]

Interdependenz und Reziprozität sind wesentliche konstitutive Merkmale jeder Netzwerkorganisation. Der teilweise Verzicht auf die alleinige Entscheidungsautonomie und die Lösung vom Fokus der rein individuellen und kurzfristigen Nutzenmaximierung sind für die Kooperationsbereitschaft entscheidend. Gleichzeitig setzt das jedoch die gemeinsame Bindung der Akteure auf Basis gewisser sozialer Nähe und des gemeinsamen Glaubens an reziproke Handlungsweisen voraus. Durch diese Synergien können dann im Netzwerk Zugewinne für alle Beteiligten entstehen, die individuell nicht erreichbar gewesen wären.

---

120 vgl. Casson, Entrepreneurial Networks - A theorectical Perspective, in: Discussion Papers in Economics and Management, Vol X (97/98), S.6.
121 vgl. Siebert, Ökonomische Analyse von Unternehmensnetzwerken, in: Sydow, Management von Netzwerkorganisationen, 2001, S.12 f.
122 vgl. Casson, Entrepreneurial Networks - A theorectical Perspective, in: Discussion Papers in Economics and Management, Vol X (97/98), S.10 f.

3.1.3 Ziele und Potentiale von Netzwerkorganisationen

"Netzwerke sind die flexibelste, anpassungsfähigste Organisationsform, weil sie sich gemeinsam mit ihrem Umfeld und ihren Bestandteilen entwickeln...[Dabei] sind es erst die neuen Informations- und Kommunikationstechnologien, die Netzwerke in die Lage versetzen, ihre Flexibilität und Anpassungsfähigkeit voll auszuschöpfen."[123]

Die Flexibilität und die fortwährende Entwicklungsfähigkeit in Netzwerken ist idealtypisch und sicherlich kein per Definition gegebenes Merkmal dieser Organisationsform. Auch Netzwerkstrukturen können versteinern, sich überleben und folglich jegliche Flexibilität entbehren. Wenn Netzwerkbeziehungen jedoch erfolgreich etabliert und im Sinne des Network Governance (vgl. Kapitel 3.3) erhalten werden, ermöglichen sie tatsächlich ein hohes Maß an Flexibilität und durch ihre schnelle Anpassungs- und Reaktionsfähigkeit die Umsetzung erheblicher Effizienzvorteile. Dabei ist der Aufbau von Netzwerken als innovationsfördernde und innovationsträchtige Entscheidungsstrukturen ein entscheidender zeitkritischer Wettbewerbfaktor in der Informationsgesellschaft und einer der wesentlichen Vorteile dieser Organisationsform. Oftmals werden Innovationen nur durch diese Form der Zusammenarbeit möglich.

Die gestiegene Interdisziplinarität und der Netzwerkcharakter vieler Innovationen in der Informationsgesellschaft machen die **flexible Kombination verschiedenster Ressourcen** im Rahmen der unternehmens- und oft auch branchenübergreifenden Zusammenarbeit im Netzwerk unverzichtbar. Dabei sorgt nicht nur der **Know-how- und Kompetenzgewinn** durch den gegenseitigen Austausch für Wettbewerbsvorteile und Innovationsvorsprünge gegenüber Konkurrenten, sondern auch die Nutzung von **Synergieeffekten**, besonders auch im Bereich Forschung und Entwicklung. Daher ermöglicht die Zusammenarbeit im Netzwerk erhebliche **Geschwindigkeitsvorteile** in den Innovationszyklen. Die Nutzung längerfristiger und gut funktionierender Netzwerkbeziehungen anstelle des Vertrauens auf die Geheimhaltung neuer Systemspezifika trägt dazu bei, Entwicklungszeiten deutlich zu verkürzen und Markteintritte zu beschleunigen. Dieses Vorgehen entspricht der Philosophie der **"Selbstkannibalisierung"** neuer Produktgenerationen anstelle des Vertrauens auf möglichst lange Geheimhaltung von technologischen Innovationen und Konzentration auf die Wettbewerbsvorteile durch eine einzige Produktgeneration.[124]

---

[123] vgl. Castells, Netzwerke im Informationszeitalter, www.corp.aventis.com/future/de/downloads/ PDF/fut0102/network_information_age.pdf , 26.07.2002.
[124] vgl. Pleschak, Erhöhung der Leistungsfähigkeit von Innovationssystemen durch Netzwerke, in: Barske / Gerybadze (Hrsg.), Das innovative Unternehmen, http://www.innovationaktuell.de/kv1108.htm, 04.06.2002.

Auch im Hinblick auf die **Erreichung der kritischen Masse** kann der Zusammenschluss der Partner eine wesentliche Rolle spielen. Insbesondere bei Netztechnologien kann die Einführung gemeinsamer technologischer Standards die Durchsetzung vieler dieser Technologien am Markt und damit die gesellschaftliche Akzeptanz einer Innovation wesentlich erleichtern. Auch die rasante Verbreitung und der Einsatz von Internettechnologien wären ohne diese freiwilligen Standards des World Wide Web unmöglich gewesen.[125]

Neben diesen direkten und wirtschaftlich greifbaren Vorteilen erklären jedoch auch die veränderten Rahmenbedingungen in der Informationsgesellschaft die steigende Bedeutung von Netzwerkorganisationen. Die **Reduzierung echter Unsicherheit** durch die gemeinsame Entscheidungsfindung und die längerfristige gemeinsame Zukunftsplanung ermöglichen auch in Situationen, die durch einen hohen Grad der Interdependenz oder den Kollektivgutcharakter der Entscheidungsfindung geprägt sind, eine neue Handlungsfähigkeit der Akteure. Der Aufbau einer **gemeinsamen Kommunikations- und Wertebasis** ("shared values and believes") im Netzwerk und die Entwicklung einer gemeinsamen **Netzwerkkultur** zwischen allen Gruppenmitgliedern ermöglichen die Institutionalisierung von Verhaltensweisen, die Beschleunigung und Effizienzsteigerung von Informationsflüssen und die Erleichterung der gemeinsamen Entscheidungsfindung.[126]

Diesen Vorteilen durch etablierte Netzwerkbeziehungen stehen auch eine Reihe damit verbundener Risiken gegenüber. Ein gut funktionierender Informationsfluss birgt sicherlich auch die Gefahr eines unerwünschten Wissenstransfers, d.h. der Kommunikation von Informationen in einem doch nicht erwünschten Ausmaße oder die Erweiterung auf andere Sachgebiete. Gleichzeitig erfordert die Zusammenarbeit im Netzwerk auch in bestimmten Fällen den Verzicht auf die Nutzung individuell attraktiver, der Kooperation jedoch wenig zuträglicher Handlungsoptionen. In diesem Sinne bedeutet jede erfolgreiche Kooperation auch eine Einschränkung der eigenen Entscheidungs- und Handlungsfreiheit. Die Kooperation birgt in diesem Sinne auch die Gefahr opportunistischer Verhaltensweisen der anderen Partner. Dieses Risiko geht jedes Unternehmen ein, das in die Kooperation investiert.[127] Wie Kooperationsbeziehungen trotz dieser Risiken jedoch entstehen und sich gesellschaftlich etablieren, ist Gegenstand der Betrachtungen im folgenden Kapitel.

---

125 vgl. Struthoff, Führung und Organisation von Unternehmnetzwerken, 1999, S. 43.
126 vgl. Casson, Entrepreneurial Networks - A theorectical Perspective, in: Discussion Papers in Economics and Management, Vol X (97/98), S.10 f.
127 vgl. Struthoff, Führung und Organisation von Unternehmnetzwerken, 1999, S. 43 f.

3.2 Gestaltung unternehmensübergreifender Lernprozesse zur Initiierung und Evolution von Kooperation als Grundlage des Netzwerkes

Die Entstehung von Kooperationen und Netzwerken ist ein fragiler und zumeist instabiler Prozess, der sich nicht nur aus der ökonomischen Notwendigkeit ergibt, sondern die Entwicklung gemeinsamer Institutionen, Normen und Erfahrungen erfordert. Daher ist die Initiierung gemeinsamer Lernprozesse oftmals eine elementare Voraussetzung für die Evolution und Überlebensfähigkeit von Netzwerken. Dies gilt auch im besonderen Maße für die unternehmensinterne Vernetzung, da die Entwicklung vernetzter und kooperativer Elemente in der Unternehmenshierarchie und -kultur besondere Veränderungs- und Lernprozesse erfordert.

In der ökonomischen Theorie wurde der Betrachtung von Lernprozessen als elementarer Bestandteil ökonomischer Verhaltensweisen, bzw. als wesentliche Grundlage ihrer Entwicklung und Veränderung, lange Zeit nur sehr wenig Beachtung geschenkt. Die grundlegende Annahme der Neoklassik, dass Individuen rational agieren und auf Basis vollkommener Information und umfassender Informationsverarbeitungskapazitäten die Maximierung des individuellen Nutzens anstreben, galt und gilt vielfach bis heute als wichtigste Determinante ökonomischer Verhaltensweisen.[128] In dieser Sichtweise ist Lernen kaum von Bedeutung, da diese Vorgehensweise die Optimierung und Erreichung bestmöglicher Ergebnisse für das Individuum sicherstellt und nur inhaltliche Veränderungen, d.h. geänderte individuelle Präferenzsysteme, abgebildet werden müssen.

Wenn Lernen als Konzept überhaupt einbezogen wird, dominiert in diesen Betrachtungen das „Bayesian Learnig". Hier bilden Individuen Hypothesen über jeden möglichen Zustand der Realität und versehen diese mit einer Eintrittswahrscheinlichkeit und mit einem durchschnittlich erwarteten Nutzen, den ihr Verhalten bei Eintreffen des jeweiligen Umweltzustandes mit sich bringt. Auf diese relativ abstrakte Weise „lernen" Individuen durch die Anpassung der Eintrittswahrscheinlichkeiten von verschiedenen Umweltzuständen und die Maximierung eines "erwarteten Nutzens". Diese normative Vorgehensweise reduziert Lernen auf einen Prozess der Informationssammlung und -aktualisierung. In der neoklassischen Sichtweise rational agierender Individuen, die immer die optimale Entscheidung treffen und alle verfügbaren Informationen besitzen und diese umgehend verstehen und beachten, vermag diese Betrachtung von Lernprozessen auszureichen.
Die Annahme umfassender Rationalität als einziges Motiv und Grundlage der Entwicklung ökonomischer Verhaltensweisen lässt sich jedoch nicht aufrechterhal-

---

128 vgl. Brenner, Modelling Learning in Economics, 1999, S. 2 ff.

ten. In verschiedenen experimentellen Untersuchungen (vgl. u.a. Hey 1991, Camerer 1995) ebenso wie in den Beobachtungen des täglichen Lebens (auch im ökonomischen Kontext) zeigt sich, dass sich dieses vereinfachende normative Konzept empirisch nicht stützen lässt. Das Spektrum menschlicher Verhaltensweisen und ihrer Entscheidungsmotive ist wesentlich vielfältiger und einer fortlaufenden Entwicklung und Veränderung unterworfen. Menschen verändern ihr Bild von der Realität ebenso wie ihre Handlungsweisen und Beweggründe, passen ihr Verhalten an neue Gegebenheiten an und wiederholen selbst bei konstanten Bedingungen und stabilen Präferenzen oftmals ihre Entscheidungen nicht in gleicher Form.[129]

Diese Betrachtungsweise impliziert notwendigerweise auch ein anderes Verständnis ökonomischer Verhaltensweisen. Sie stellen dynamische Prozesse dar, die durch den Einfluss verschiedener Faktoren geformt werden und sich fortlaufend verändern. Daher ist Lernen auch im ökonomischen Kontext ein wesentliches Instrument um dem Wandeln zu begegnen und Innovationen zu meistern.[130]
In einer sehr allgemeinen Form können diese notwendigen Lernprozesse als die Veränderung von Wissen, also die Zunahme oder die Neustrukturierung eines Wissenspools über die Zeit, verstanden werden.[131] Dieser weite Begriff lässt jedoch die Betrachtung fast aller mentalen Aktivitäten zu und ist darüber hinaus schwer zu operationalisieren, da eine Wissensveränderung zu keinerlei beobachtbaren Ergebnissen führen muss.[132] Daher definieren unterschiedliche Disziplinen den Lernbegriff mit verschiedenen Akzenten, um dieses weite Phänomen geistiger menschlicher Aktivität auf wesentliche Blickpunkte zu beschränken. Um die Bedeutung von Lernen im Kontext ökonomischer Verhaltensweisen untersuchen zu können, muss auch hier eine arbeitsbezogene Abgrenzung des Lernbegriffes vorgenommen werden, die den Blick für die in der Ökonomie wesentlichen Aspekte des Lernprozesses schärft. Darüber hinaus führt auch die zentrale Fragestellung der vorliegenden Arbeit zu einer weiteren Konkretisierung des benötigten Lernbegriffes. Lernprozesse sollen in dieser Betrachtung einen Beitrag zu der Entwicklung von Kooperation als institutionalisierte Verhaltensweisen und damit zu der Verbreitung von Netzwerken als neue ökonomische Koordinationsmodelle leisten. Eine ökonomisch relevante und arbeitsbezogene Definition des Lernbegriffes fokussiert daher das Ergebnis des Lernprozesses. Da das Lernen

---

129 vgl. Brenner, Modelling Learning in Economics, 1999, S. 55 ff.
130 vgl. Selten, Evolution, Learning and Economic Behavior, in: Games and Economic Behavior 3, 1991, S. 21 ff.
131 vgl. Stein, How Institutions Learn: A Socio-Cognitive Perspective, in: Journal of Economic Issues, Vol. XXXI, 1997, S. 734.
132 Foster / Metcalfe, Fomtiers of Evolutionary Economics – Competition, Self-Organization and Innovation Policy, 2001, S. 42 f.

selbst nur Mittel zum Zweck ist, dominiert das ökonomische Ergebnis. In diesem Sinne bietet die nachfolgende Definition gute Ansatzpunkte.

„[Learning means] any cognitive or non-cognitive processing of experience that leads to a direct or latent change in economic behavior, or to a change of cognitive pattern that influences future learnig processes."[133]

Diese Definition macht darüber hinaus deutlich, dass Lernen keinesfalls ein ausschließlich bewusst verlaufender Prozess ist. Auch unbewusste Lernprozesse und die Veränderung eines so genannten „tacit knowledge" spielen eine bedeutende Rolle. Dabei betreffen sowohl unbewusste als auch bewusste Lernprozesse nicht nur durch die Veränderung der individuellen Wissensbasis, sondern auch die Veränderung vielfältiger, institutioneller Arrangements (inter- und überindividuell gültiger Verhaltensregeln). Diese Institutionen dienen als kollektiver Wissensspeicher und helfen bei der kontextspezifischen Strukturierung eines breiten sozialen und instrumentellen Wissens.[134] Dabei formen diese Institutionen nicht nur die Wahrnehmung und Definition des Problems selbst, sondern auch die Suche nach Problemlösungen und Lösungsräumen.[135] In diesem Sinne haben Institutionen für Lernprozesse eine doppelte Bedeutung. Sie sind gleichzeitig Grundlage ebenso wie Gegenstand der Veränderung. *„Institutions, like individual experience, govern the gathering and processing of informations by virtue of routines. Routines encapsulate the institutional memory, which is manifested in interaction patterns...[These] routines represent order, which embodies a knowledge of how to act. Both ceremonial and/or instrumental knowledge must be routinized."*[136]

Da Institutionen überindividuell sind, d.h. von vielen Menschen bewusst oder unbewusst geteilt werden, ist direkte Interaktion mit anderen Individuen eine wichtige Basis für ihre Entstehung und Veränderung. Somit kommt dem gegenseitigen Austausch und dem Umgang miteinander eine wesentliche Rolle im Rahmen dieser Lernprozesse zu. Die direkte Interaktion ist ein wesentlicher Bestandteil von Lernprozessen.

Um die Bedeutung von Lernprozessen für die Entstehung von Kooperationen zu betrachten, erfolgt zunächst im nachfolgenden Kapitel eine Systematisierung verschiedener, in der Ökonomie relevanter Lernprozesse. Dazu gehören insbesondere unbewusstes Lernen, routinenbasiertes Lernen ebenso wie assoziatives

---

133 Brenner, Modelling Learning in Economics, 1999, S. 3.
134 vgl. Foster / Metcalfe, Forntiers of Evolutionary Economics – Competition, Self-Organization and Innovation Policy, 2001, S. 46 f.
135 vgl. Stein, How Institutions Learn: A Socio-Cognitive Perspective, in: Journal of Economic Issues, Vol. XXXI, 1997, S. 730 ff.
136 vgl. Stein, How Institutions Learn: A Socio-Cognitive Perspective, in: Journal of Economic Issues, Vol. XXXI, 1997, S. 732.

Lernen. Anschließend soll die Bedeutung dieser verschiedenen Lernprozesse für die Entstehung von Kooperationen untersucht werden.

In den vorangegangenen Kapiteln wurde gezeigt, dass Netzwerke und Kooperationen unter den neuen Prämissen der Informationsgesellschaft zunehmend attraktive Organisationsformen mit vielen Vorteilen darstellen. Diese Tatsache allein, ist jedoch keine ausreichende Erklärung dafür, dass ökonomische Akteure von der individuellen Nutzenmaximierung abweichen und neue, kooperative Verhaltensmuster anstreben. Daher soll im Kapitel 3.2.2 untersucht werden, wie Kooperation als institutionalisierte Verhaltensweise entstehen und sich ausweiten kann. Aufgrund der vorangegangen Ausführungen kann dabei festgehalten werden, dass Lernprozessen für diese Veränderung solcher Verhaltensmuster eine besondere Bedeutung zukommt. Daher lauten die Leitfragen für die weitere Betrachtung der Thematik: *Kann man Kooperation lernen? Und kann sich Kooperation durch Lernen stabilisieren und ausweiten?* Diese Betrachtungen sind Gegenstand der nachfolgenden zwei Kapitel.

3.2.1 Systematisierung ökonomisch relevanter Formen des Lernens

Ebenso vielfältig wie der Lernprozess selbst, sind auch die möglichen Wege diesen zu systematisieren und zu kategorisieren. Dementsprechend findet sich ein breites Spektrum verschiedener Vorgehensweisen und Differenzierungen in der Literatur.[137] Für die hier vorliegenden Betrachtungen sollen Lernprozesse anhand zweier Charakteristika unterschieden werden:

- Gewahrsein oder Nicht-Gewahrsein des Lernprozesses, d.h. das bewusste oder unbewusste Lernen des Individuums;
- Gegenstand des Lernprozesses, d.h. das Individuum verändert entweder das Verhalten selbst oder die kognitiven Modelle zur Steuerung zukünftiger Wahrnehmungs- und Lernprozesse;

---

137 vgl. Lazaric / Lorenz, Trust and Economic Learning, 1998, S. 249 f.

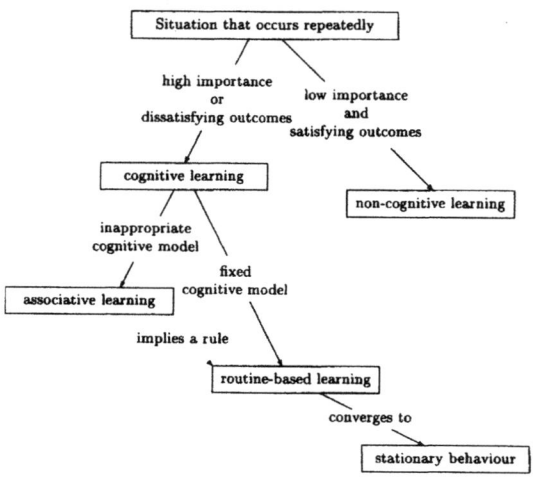

Abbildung 7: Categorisation of learning proesses
Quelle: Brenner, Modelling Learning in Economics, 1999, S.46.

Unbewusste Lernprozesse ("non-cognitive learning")
Eine Reihe von Lernprozessen im täglichen Leben laufen ohne das Gewahrsein des jeweiligen Individuums ab. Aufmerksamkeit ist, wie bereits im ersten Kapitel dargestellt, eine zunehmend knappe Ressource. Daher können unmöglich alle Situationen im Laufe eines Tages völlig bewusst wahrgenommen werden. In Abhängigkeit von dem Schwierigkeitsgrad und der Wichtigkeit werden bestimmte Entscheidungen und Verhaltensweisen automatisiert. In solchen Situationen ist sich der betroffene Akteur auch der Veränderung dieser automatisierten Verhaltensweisen, d.h. evtl. ablaufender Lernprozesse, nicht bewusst. Er widmet diesem Prozess keinerlei Aufmerksamkeit. [138] Aus der Psychologie sind die beiden Fälle der klassischen und instrumentellen Konditionierung als eindrucksvollste Beispiele für diese Art des Lernens bekannt. Konditionierung führt dazu, dass in der Vergangenheit erfolgreiches Verhalten häufiger wiederholt wird. Der Erfolg wirkt als Bestätigung und verstärkt die Ausprägung der jeweiligen Verhaltensweise, ohne

---

138 vgl. Brenner, Modelling Learning in Economics, 1999, S. 22.

dass dieser Zusammenhang dem Akteur bewusst ist. Eine Art unbewusstes Training führt zur Automatisierung von erfolgsversprechendem Verhalten.[139]

Unbewusste Lernprozesse sind keineswegs die Ausnahme, sondern vielmehr der Normalfall der Einübung vieler Verhaltensweisen. Dabei können entweder bewusst gelernte Verhaltensmuster durch unzählige Wiederholungen automatisiert werden und somit in den Zustand des Unbewussten übergehen, oder aber auch bestimmte Verhaltensweisen, die seit jeher unbewusst abgelaufen sind, sich verfestigen. Da unbewusste Lernprozesse nicht wahrgenommen werden, können sie auch nicht vom Individuum gesteuert werden. Nur eine positive Erfolgsbilanz in einen sehr engen zeitlichen Zusammenhang zu der ausgeübten Verhaltensweise vermag diese unbewussten Lernprozessen zu fossieren.[140]

Routinenbasierte Lernprozesse
Die in der Abbildung dargestellte Zuordnung routinenbasierter Lernprozesse zu den bewussten Lernformen ist strittig und nicht ganz mit dem Konzept von Routinen in der evolutionären Ökonomik übereinstimmend. Der Autor geht davon aus, dass der Lernende zumindest sich seiner Wahlmöglichkeit alternativer Verhaltensweisen bewusst ist. Um in diesen Situationen mit unterschiedlichen Möglichkeiten das optimale Verhalten zu identifizieren, wendet der jeweilige Akteur ein feststehendes Lernprinzip an. Diese Lernprinzipen, so genannte Routinen, sind jedoch oftmals automatisierte (und daher unbewusst ablaufende) Verhaltensregeln.[141] Das Spektrum dieser möglichen Lernprinzipien, denen Individuen folgen können, ist sehr vielfältig. Es reicht von sehr generellen und grundlegenden Regeln bis hin zu situationsspezifischen Vorgehensweisen. Imitation ist eines der bekanntesten Beispiele. Dabei werden die Verhaltensweisen und Ergebnisse anderer Akteure beobachtet und auf Basis dieser Erfahrungen erfolgreiche Strategien imitiert. Auch "Trial and Error" ist eine bekannte Vorgehensweise. Hier testet das Individuum wahllos verschiedene Verhaltensweisen aus und speichert in der Erfahrung die Ergebnisse dieser Alternativen. Diese Erfahrungswerte ermöglichen die Selektion erfolgversprechender Strategien.[142]

Die Grundlage für routinenbasierte Lernprozesse bilden vorhandene Erfahrungen und ein Verständnis der Situation, so dass bekannte Lernprin-zipien sinnvoll angewendet werden können. Dafür muss die jeweilige Situation in den Wahrnehmungs- und Interpretationsrahmen des Individuums passen, so dass bereits

---

139 vgl. Stangl, Arbeitsblätter behavioristische Ansätze, http://www.stangl-taller.at/ ARBEITSBLAETTER/LERNEN/KonditionierungOperant.shtml, am 12.08.2002.
140 vgl. Brenner, Modelling Learning in Economics, 1999, S. 18.
141 vgl. Brenner, Modelling Learning in Economics, 1999, S. 23.
142 vgl. Offermann / Sonnemanns, Learning by experience and learning by imitating successfull others, in: Journal of Economic Behavior and Organization, Vol. 34, 1998, S. 573.

bestehende Routinen für Lernprozesse übertragen und angewendet werden können. Ist dies nicht der Fall und müssen Routinen neu gebildet oder verändert werden oder grundlegende kognitive Modelle der Wahrnehmung oder Interpretation verändert werden, erfolgt assoziatives Lernen.[143]

Assoziative Lernprozesse
Die Unterscheidung von routinenbasiertem und assoziativem Lernen ist aus der Literatur häufig auch als „single-loop" und „double-loop" learning oder „linear" und „revolutionary" learning bekannt. Während routinenbasiertes Lernen bestehendes Wissen festigt oder zumindest darauf aufbaut, führt assoziatives Lernen zu dem Erwerb von neuem Wissen entweder durch die Entwicklung neuer Lernroutinen oder durch den Aufbau neuer Wahrnehmungs- und Interpretationsstrukturen als Grundlage weiterer Lernprozesse.[144]

Jeder Prozess der Selektion und Verarbeitung von Informationen ist durch grundlegende Schemata der eigenen Wahrnehmung und der eigenen Interpretation geprägt. Dieses grundlegende Weltbild eines jeden Individuums setzt sich aus einer Reihe unterschiedlicher Annahmen über die Realität und der Quintessenz verschiedenster Erfahrungen zusammen. Diese Modelle vereinfachen die oft komplexe Realität und ermöglichen daher auch in einer Welt der „bounded rationality" eine schnelle Orientierung und Entscheidungsfindung. Assoziative Lernprozesse ermöglichen es dem Individuum, Aspekte in diesem grundlegenden Weltbild zu verändern und in die vorhandene Gesamtstruktur neu zu integrieren. Dadurch stellen sich Probleme und mögliche Lösungsräume in einem neuen Licht dar. In der Folge können dann auch neue Lernroutinen gebildet werden, von denen ein Individuum annimmt, dass sie einen effizienteren Umgang mit neuen Bedingungen erlauben[145].

„Associative learning is important for individuals because it enables them to think in causal lines, identify relations, and think strategically. In associative learning processes individuals explore reasons and influences. In this way associative learning shapes learing rules [routines]."[146]
Jede dieser unterschiedlichen Formen von Lernprozessen ist eng mit sozialer Interaktion verbunden. Nur selten erfolgt der Erwerb von Wissen rein individuell und ohne den Einfluss des sozialen Umfeldes. Wie oben beschrieben, nehmen Menschen ihre Umwelt anhand vordefinierter Wahrnehmungs- und Interpretationsmodelle wahr. Diese Modelle werden in der Interaktion mit ihrer sozialen und

---

143 vgl. Brenner, Modelling Learning in Economics, 1999, S. 24.
144 vgl. Nooteboom, Learning and Innovation in Organizations and Economies, 2000, S. 8.
145 vgl. Stein, How Institutions Learn: A Socio-Cognitive Perspective, in: Journal of Economic Issues, Vol. XXXI, 1997, S. 735 ff.
146 Brenner, Modelling Learning in Economics, 1999, S. 26.

physischen Umwelt entwickelt und sind Grundlage aller Lernprozesse. Darüber hinaus wird erworbenes Wissen, insbesondere auch tacit knowledge, in institutionalisierten Verhaltenweisen gespeichert, die die Grundlage für weitere Interaktionsprozesse darstellen. Die zwischenmenschliche Interaktion ist die wichtigste Quelle und gleichzeitig Gegenstand vieler Veränderungsprozesse. Diese Betrachtung der interaktiven und sozialen Dimension der Wissensbildung erfordert eine neue Gewichtung direkter Interaktionen als Bestandteil auch ökonomischer Veränderungsprozesse.[147]

"...knowledge is internalized action, supported by the context of the action. Knowledge is jointly produced with others. That lends a dimension to interpersonal relations in and between firms that is absent in traditional transaction-cost theory and in convential treatments of spillovers." [148]

Die Betrachtung von interpersonellen Beziehungen im Kontext ökonomisch relevanter Lernprozesse kann als eine wesentliche Quelle für Neuerungen interpretiert werden. Interaktives Lernen ermöglicht es Individuen in Organisationen und Gemeinschaften neues Wissen zu erwerben und in den Arbeitsalltag zu integrieren. Im ökonomischen Kontext ist der Erwerb von neuem Wissen eine entscheidende Vorraussetzung für den Erhalt der Innovationsfähigkeit von Unternehmen. Die bedeutendste Zielsetzung von Lernen im ökonomischen Kontext ist somit die Anregung von Innovationen, sowohl im Sinne neuer Verhaltensweisen, Prozesse oder auch Produkte. Unternehmensübergreifende Netzwerke als eine mögliche Organisationsform firmenübergreifender Interaktionsbeziehungen sind dabei zunehmend in den Fokus der Betrachtungen gerückt. Durch ein ausgewogenes Verhältnis aus kognitiver Distanz und kognitiver Nähe und ihre hohe Flexibilität stellen Netzwerke besonders innovationsträchtige Organisationsstrukturen dar. Sie ermöglichen wechselseitige Lernprozesse zwischen den Partnern und sind damit Quelle für Innovationen.[149]

Gleichzeitig ist die Entstehung von Netzwerken jedoch auch ihrerseits eng mit einigen Lernprozessen verbunden. Kooperation statt individuelle Nutzenmaximierung und Wettbewerb erfordert die Entwicklung und Institutionalisierung von kooperativen Verhaltensweisen. Diese entstehen in einem längerfristigen Lernprozess, der durch die wiederkehrende Interaktion der Partner, durch die Bildung von Vertrauen und den Verzicht auf die Ausnutzung opportunistischer Möglichkeiten gekennzeichnet ist. Wie Kooperation jedoch auf diesem Wege entstehen und "gelernt" werden kann und welche Rolle dabei die einzelnen oben beschriebenen Lernprozesse spielen, ist Gegenstand des nachfolgenden Kapitels.

---

147 vgl. Foster / Metcalfe, Forntiers of Evolutionary Economics – Competition, Self-Organization and Innovation Policy, 2001, S. 42 f.
148 vgl. Nooteboom, Learning and Innovation in Organizations and Economies, 2000, S. 56 f.
149 vgl. Nooteboom, Learning and Innovation in Organizations and Economies, 2000, S. 290 f.

3.2.2 Die Entstehung von Kooperation im Prozess des "social learning"

In der Spieltheorie wird die Entstehung von Kooperation mittels des Gefangenen-Dilemmas modelliert. Das Gefangenen-Dilemma ist ein Spiel mit zwei Spielern, bei dem jeder der Spieler zwei Entscheidungs-Möglichkeiten, d.h. Kooperation oder Defektion (Nicht-Kooperation), besitzt. Jeder der Spieler muss nun seine eigene Entscheidung treffen, ohne zu wissen, wie sich der andere verhält.

Die Abhängigkeit der Entscheidungen voneinander wird durch die verschiedenen Ergebnisse in der Auszahlungsmatrix, d.h. in dem erreichten Nutzen der Entscheidungskombinationen, modelliert. Abstrahiert vom Verhalten des anderen ist die Auszahlung für Defektion höher als für Kooperation, beidseitige Defektion hat jedoch ein schlechteres Ergebnis als beidseitige Kooperation.

Spieler B \ Spieler A	Kooperation	Defektion
Kooperation	a,a	d,b
Defektion	b,d	c,c

mit $b>a>c>d$ und $(b+d)/2<a$

Abbildung 8: Auszahlungsmatrix Gefangenendilemma

Das endgültige, individuelle Ergebnis im Gefangenen-Dilemma ist also unmittelbar von dem zunächst unbekannten Verhalten des Gegenspielers abhängig. Hier wird bereits im Modell die Interdependenz der Akteure deutlich, wie sie auch bei der Informationspreisgabe und Zusammenarbeit in Netzwerken in der Praxis gegeben ist.

Obwohl die Annahme individueller Nutzenmaximierung nur ein einziges stabiles Ergebnis, das Nash-Gleichgewicht der beidseitigen Defektion, nahe legt, lässt sich empirisch zeigen, dass auch andere Verhaltensmuster entstehen und sich durchsetzen können. Die dafür entscheidende Voraussetzung ist die Wiederholung der Spielsituation, d.h. die Annahme einer gemeinsamen Zukunft der beteiligten Akteure. In diesen Situationen ist der Verzicht auf den Versuch der Ausbeutung eines einmaligen Gewinns durch erfolgreiche einseitige Defektion zugunsten einer längerfristigen, gemeinschaftlichen Kooperation attraktiv und die Möglichkeit von Sanktionen für Defektion gegeben. Diese modelltheoretischen Annahmen der

Spielwiederholung entsprechen in der Praxis der Netzwerkbildung einer gewissen Dauerhaftigkeit der Beziehung mit möglichst ungewissem Ende und des Gewahrseins einer gewissen Bedeutung der gemeinsamen Zukunft der Partner. Trotz der rational begründbaren Vorteile von Kooperation unter diesen Bedingungen, im Sinne des höheren Gewinns als bei beidseitiger Defektion, entstehen stabile Kooperationsbeziehungen nicht über Nacht und nicht nur aufgrund des Wissens um ihre Vorteile. Vielmehr ist dieser Prozess eng mit der Bildung einer gemeinsamen Interaktionsgeschichte und dem Ablaufen verschiedener Lernprozesse verbunden.

In Anlehnung an die Systematisierung von Lernprozessen im vorherigen Kapitel, spielen in diesem Zusammenhang insbesondere bewusste Lernprozesse eine wichtige Rolle, da sich das Individuum seinen unterschiedlichen Wahlmöglichkeiten der Kooperation oder Defektion gewahr ist. Dabei sind jedoch sowohl routinenbasierte als auch assoziative Lernprozesse im Gefangenen-Dilemma möglich bzw. greifen oft sogar ineinander.

Solange der einzelne Akteur seinen Mitspieler nicht wahrnimmt, sondern sich nur seiner zwei Entscheidungsmöglichkeiten bewusst ist, sind routinen-basierte Lernprozesse von Bedeutung. Oftmals können die einzelnen Auszahlungen, d.h. der Erfolg und Nutzen einer Entscheidung nicht klar antizipiert werden. In diesen Fällen testen Akteure mit Strategien wie „Trial and Error" mögliche Ergebnisse. In Abhängigkeit von einem mehr oder minder zufälligen Zusammentreffen mit der Strategie des Mitspielers können so ganz unterschiedliche Lernergebnisse gebildet werden und dieses Lernprinzip zu verschiedenen Verhaltensmuster führen. Eine besondere Rolle für die Entstehung von Kooperation spielt jedoch auch Imitation als routinenbasierter Lernprozess. Durch die Nachahmung erfolgreicher Nachbarn, die mit beidseitiger Kooperation ein deutlich besseres Ergebnis erzielen, kann sich Kooperation ausbreiten. Ein verhältnismäßig kleiner Anteil kooperierender Akteure kann daher in einer Population ausreichen, um die anderen zur Suche nach diesen überlegenen Ergebnissen zu inspirieren und die Ausbreitung von Kooperation zu fördern. Daher ermöglichen lokale Strukturen und „Nachbarschaften" eine Förderung von Kooperation via Imitation.[150] In einem ähnlichen Kontext kann auf den Erfolg der Strategie „Tit for Tat" in den von Robert Axelrod durchgeführten Computerturnieren verwiesen werden. Diese Strategie, die freundlich mit Kooperation beginnt und danach immer das Verhalten des Mitspielers aus dem vorherigen Zug imitiert, basiert auch auf Lernprozessen der Imitation und verfeinert diese um die dynamische und ständigen Modifikationen unterliegende Einbeziehung der Reaktion des Gegenübers.[151]

---

150 vgl. Brenner, Modelling Learning in Economics, 1999, S. 269 f.
151 vgl. Lazaric / Lorenz, Trust and Economic Learning, 1998, S. 11.

Wenn sich die Akteure jedoch der Person bzw. der Persönlichkeit der Mitspieler bewusst sind, steigt die Bedeutung assoziativer Lernprozesse. Der Handlungsrahmen genereller Lernprinzipien wird dann zugunsten einer differenzierten Betrachtung der jeweiligen Situation und des jeweiligen Partners verlassen. In diesem Falle neigen Akteure durch assoziative Lernprozesse zur Modellierung eines Bildes über die Situation, den Mitspieler und den eigenen Einfluss auf das Verhalten des anderen. Hier entsteht eine persönliche Interaktionsgeschichte zweier Akteure, die in einen allgemeinen Wahrnehmungsrahmen und Annahmen über den weiteren Verlauf eingebettet ist. Auf einer vereinfachten Ebene der Betrachtung können Mitspieler als ständige Defektoren oder als ständig kooperativ agierende Akteure wahrgenommen und eingeschätzt werden. Es kann natürlich aber auch in einem solchen Lernprozess das Bild der Abhängigkeit des Verhaltens des anderen von der eigenen Handlungsweise entstehen, wenn der Mitspieler sich einer „tit for tat" Strategie bedient.[152] Die in diesen assoziativen Lernprozessen entstehenden Wahrnehmungen des anderen Akteurs ebenso wie die Erfahrungen miteinander aufgrund der gemeinsamen Interaktionsgeschichte bilden die Basis für die Reputation der Akteure. Diese Reputation hat wesentlichen Einfluss auf die Wahl der eigenen Strategie und wird darüber hinaus auch an andere Akteure weiter getragen, insbesondere in überschaubaren sozialen Gruppen.

Neben den verschiedenen Beiträgen unterschiedlicher Lernprozesse zur Evolution von Kooperation wird ein weiterer wesentlicher Faktor deutlich. Das „Lernen von Kooperation" ist kein individueller Prozess. Kooperation entsteht in einem Prozess des „social learning", d.h. im Rahmen kollektiver, interindividueller Lernprozesse. Diese Form des Lernens findet in multipersonellen Situationen und zwischen den Akteuren statt. Denn Kooperation wird in direkter Interaktion und im „Zug um Zug" Dialog mit dem Partner entwickelt. Dabei zählt das Bild, das man sich vom Partner aufbaut und die Erfahrungen, die man mit ihm erwirbt. Reputation, Vertrauen und Face-to-Face Kontakt und nicht die anonyme, preisvermittelte Optimierung dominieren die Evolution von Kooperation. Dabei spielen routinenbasierte und assoziative Lernprozesse eine besondere Rolle. Dennoch umfasst insbesondere das social learning auch viele unbewusste Grundlagen, das so genannte „tacit knowledge" und institutionalisierte Verhaltensregeln und geteilte Werte und Normen.[153] Diese Erfolgsfaktoren für die Netzwerkarbeit sollen nachfolgend näher betrachtet werden.

---

152 vgl. Brenner, Modelling Learning in Economics, 1999, S. 270 ff.
153 vgl. Capello, Spatial Transfer of Knowledge in High Technology Milieux – Learning versus Collective Learning Processes, in: Regional Studies, Vol. 33.4, 1998, S. 354 ff.

3.3 Network Governance - Erfolgsfaktoren und Management von Unternehmensnetzwerken

Selbst die erfolgreiche Etablierung von gemeinsamen Lernprozessen und von Kooperation als neue Verhaltensweise ist kein längerfristiger Erfolgsgarant für die Netzwerkarbeit. Oftmals erstarren früher oder später die vorher so flexiblen Netzwerkstrukturen und die Innovationstätigkeit und -fähigkeit auch im Netzwerk lässt rapide nach. Netzwerkbeziehungen lassen sich daher nicht per se als organisatorische Lösung für Handlungsblockaden und systemische Innovationen charakterisieren. Vielmehr hängt die mittelfristige Performanz des Netzwerkes wesentlich von der Art und Weise der Netzwerkstrukturen und dem Netzwerkmanagement („governance") ab. Insbesondere die neuartigen Netzwerke in der digitalen Wirtschaft, wie beispielsweise die Entwicklung und Weiterentwicklung des Betriebssystems Linux, zeigen den Erfolg von selbstregulierenden, open-source Netzwerken. Offenbar scheint diese neue Form der freien Netzwerkarbeit besonders innovationsträchtig zu sein. „Indeed, a core finding of „hackerdom" is that structures of low levels of power and hierarchy and corresponding governance rules aiming at open information flows and non-exclusion are network properties favourable to a culture of effective learning of coordnination and, subsequently, to fast and sustainable innovation in the broadest sense."[154] Sowohl die Förderung bestimmter Netzwerkstrukturen mit flachen Hierarchien und möglichst ausgewogenen Machtverteilungen ist ebenso entscheidend für die erfolgreiche Netzwerkarbeit wie die fortlaufende Gestaltung, Lenkung und Weiterentwicklung dieser Kooperationsprozesse. Dabei umfasst dieses Management nicht nur die fachlich-sachliche Dimension der gemeinsamen Geschäftsausübung, sondern ebenso die prozessuale und emotionale Dimension wie beispielsweise die generelle Kooperationsbereitschaft, die gemeinsame Kommunikations- und Handlungsbasis, das Kooperationsklima und die Konfliktbewältigung.[155]

Während der Markt als Koordinationsmechanismus den Leistungsaustausch über den Preis regelt und in der Hierarchie der Unternehmensorganisation die Leistungssteuerung über formale Regelungen und auf Autorität basierende Arbeitsanweisungen erfolgt, ist die Steuerung im Netzwerk aufgrund der spezifischen Charakteristika dieser Koordinationsform (vgl. dazu Kapitel 3.1) auf viele „weiche", soziale Einflussfaktoren angewiesen. Netzwerke basieren auf Reziprozitäts- und Solidaritätsnormen, die nicht nur wirtschaftliche Handlungsmotive, sondern auch moralische Verpflichtungen einschließen.[156] Daher erfordern Netzwerke als multipersonelle, oftmals informelle, auf freiwilliger Kooperation

---

154 Elsner, The 'New' Economy: Complexity, Coordination and a Hybrid Governance Approach, 2003, S. 8.
155 vgl. Schertler (Hrsg.), Management von Unternehmenskooperationen, 1995, S.23 f.
156 vgl. Sydow / Windeler (Hrsg.), Steuerung von Netzwerken, 2000, 65 f.

beruhende Beziehungsgeflechte ein beständiges Management dieser Beziehungen, um das Gleichgewicht und das Fortbestehen dieser Koordinationsform zu gewährleisten.[157] Dabei kann sich die Steuerung von Netzwerken keinesfalls auf eine plandeterminierte, ex-ante Festlegung aller Ziele und der geeigneten Maßnahmen zur Zielerreichung beziehen, sondern muss vielmehr als eine kontextspezifische positive Beeinflussung der Netzwerkbeziehungen verstanden werden, um die generelle, gemeinsame Handlungsfähigkeit und den Erhalt der Kooperationsneigung der Akteure sicherzustellen.[158] Dabei kann dieses Management von Netzwerkbeziehungen aus zwei verschiedenen Teilaspekten bestehen. Dazu gehören Prozesse des „Self-Governance", die als dezentrale Prozesse zwischen den Netzwerkteilnehmern ablaufen wie beispielsweise die Entwicklung einer Netzwerkkultur der gemeinsamen, geteilten Informationsflüsse ebenso wie die Schaffung geeigneter Rahmenbedingungen durch Dritte. Dabei kann es in Analogie zur Theorie interaktiver Wirtschaftspolitik (vergleiche Elsner, Interactive Ecnomic Policy: Toward a Cooperative Policy Approach for a Negotiated Economy, 2001) um die Schaffung Rahmenbedingungen durch staatliche Akteure handeln, die beispielsweise gemeinsame Zukunft der Akteure in den Vordergrund rücken und regelmäßige Treffen in der Region fördern. Im Falle von unternehmensinternen Netzwerken werden diese Rahmenbedingungen hingegen durch die Unternehmensleitung, d.h. bestimmte hierarchische Funktionen, geprägt. Dabei kann es sich z.B. um die Förderung bestimmter Qualifikationen für die Netzwerkzugang (Internetkompetenz) oder auch um die Ermöglichung von Arbeitszeitfenstern für die Netzwerknutzung handeln. Eine vertiefte Betrachtung dazu erfolgt im Kapitel 6.2.2.

An dieser Stelle sollen zunächst einige generelle Erfolgsfaktoren für Netzwerkarbeit und Möglichkeiten des Managements von Netzwerkbeziehungen untersucht werden. Dazu werden zunächst bestimmte Netzwerkstrukturen als Voraussetzungen für den Kooperationserfolg im nachfolgenden Kapitel 3.3.1 untersucht und aus der langen Liste der in der Literatur untersuchten Einflussfaktoren für ein mögliches Netzwerk-Governance, die im Hinblick auf die Steuerung unternehmensinterner Netzwerkbeziehungen relevante Faktoren, systematisiert.

Eine der wichtigsten Zielsetzungen von Netzwerkorganisationen liegt in ihrer Innovationsfähigkeit bzw. bei der intraorganisationalen Vernetzung im Aufbau innovationsträchtiger Entscheidungsstrukturen. Daher spielt der Erhalt dieser Innovationsfähigkeit des Netzwerkes (der weit mehr darstellt als das bloße bestehen bleiben des Netzwerkes) eine weitere wichtige Rolle bei dem Management von Netzwerkbeziehungen und dem Aufbau bestimmter Netzwerkstrukturen. Die

---

157 vgl. Elsner / Groenewegen, Industrial Policies After 2000, 2000, S.451 f.
158 vgl. Sydow / Windeler (Hrsg.), Steuerung von Netzwerken, 2000, 1 ff.

Versteinerung von Netzwerkstrukturen oder asymmetrische Machtverteilung im Netzwerk sind beispielsweise Faktoren, die zu Netzwerkversagen und zum Verlust der Innovationsfähigkeit führen können. Auch die Kenntnis und das aktive Management von Netzwerkzyklen sind wesentlich, um den Erhalt innovationsträchtiger Netzwerkbeziehungen sicherzustellen.[159] Daher sollen diese Betrachtungen im Kapitel 3.3.3 vertieft werden.

3.3.1 Netzwerk-Strukturen - Voraussetzungen für den Kooperations-Erfolg

Eine **asymmetrische, sehr einseitige Machtverteilung** innerhalb des Netzwerkes ist einer der Faktoren, der längerfristig die Innovationsfähigkeit des Netzwerks erheblich zu schwächen vermag. Macht als *„jede Chance innerhalb einer sozialen Beziehung den eigenen Willen auch gegen Widerstreben anderer durchzusetzen"*[160] impliziert, dass eine solche Kooperation weder auf Gleichheit der Akteure noch auf der uneingeschränkten Freiwilligkeit in der Entscheidungsfindung beruht. Bei der Übertragbarkeit des Machtbegriffes auf Netzwerkbeziehungen muss es sich dabei nicht um eine direkte Befehlsgewalt oder eine absolute Dominanz durch einen Akteur handeln. Dennoch können innerhalb des Netzwerkes Handlungsoptionen sehr ungleich verteilt sein und die Basis für Machtungleichgewichte darstellen. Machtungleichgewichte und Abhängigkeiten basieren dabei beispielsweise auf Ressourcenbesitz oder auf Definitionsmacht, d.h. der Möglichkeit aufgrund der eigenen Schlüsselrolle im Netzwerk die Ziele und Entscheidungsfindung im eigenen Sinne zu manipulieren.[161] Diese so genannten „hub & spoke"-Netzwerke, in denen ein oder mehrere Großunternehmen die kleinen Unternehmen dominieren, ermöglichen manchmal kurzfristige Innovationsschübe, sind längerfristig jedoch durch hohe Anfälligkeit und mangelnde Anpassungsfähigkeit in Krisensituationen und durch funktionale lock-ins gekennzeichnet.[162] Das klassische Beispiel für diese Organisation stellen die traditionellen Hersteller-Zulieferer-Netzwerke in der Automobilindustrie dar. Solche Ausgangssituationen erschweren einen freien Informationsfluss im Netzwerk und fördern oftmals unterschwellig ein Konkurrenzdenken zwischen den weniger mächtigeren Netzwerkpartner, die von der Gunst des dominierenden Unternehmens abhängig sind. Für innovationsträchtige und sich mittelfristig weiterentwickelnde Netzwerkstrukturen sollte hingegen eine Kooperation unter Gleichgestellten angestrebt werden, die die notwendige Flexibilität und die freie, gemeinsame Entwicklung sicherstellt. Dabei haben sich Netzwerkstrukturen mit flachen Hierarchien und möglichst geringen Machtunter-

---

159 vgl. Elsner / Groenewegen, Industrial Policies After 2000, 2000, S.433.
160 Weber, Soziologische Grundbegriffe, 1960, S. 42.
161 vgl. Messner, Die Netzwerkgesellschaft – wirtschaftliche Entwicklung und internationale Wettbewerbsfähigkeit als Probleme gesellschaftlicher Steuerung, 1995, S. 234 ff.
162 vgl. Elsner / Groenewegen, Industrial Policies After 2000, 2000, S.434.

schieden zwischen den Akteuren als innovationsträchtigste Modelle erwiesen (vergleiche das Linux Paradigma).[163]

Darüber hinaus gehört das Gefühl einer Win-Win-Situation, d.h. ein **positiver Kooperationssaldo für alle Beteiligten,** zu den wesentlichen Erfolgsvoraussetzungen einer Kooperation. Eine erfolgreiche Kooperation kann nicht für den Kooperationsverbund insgesamt positiv sein, für einige der Mitglieder jedoch ein Nullsummenspiel darstellen.[164] Es ist daher wesentlich zu beachten, dass entsprechend der im Kapitel 3.2.2 dargestellten Auszahlungsmatrix alle Akteure langfristig eine höhere Auszahlung erhalten als bei beidseitiger Defektion bzw. Nicht-Kooperation. Nur durch diesen allseitigen Zugewinn wird die Reziprozität als zentraler Funktionsmechanismus langfristig erhalten bleiben.

Um diese Win-Win-Situationen herzustellen, erfordern Netzwerk-Organisationen mehr als pauschale Absichts- und Freundschaftserklärungen. Die Netzwerkorganisation muss einer definierten Zielerreichung dienen und sich an diesen Erfolgsmaßstäben messen lassen. Daher ist eine **klare Limitierung der Kooperationsinhalte** erforderlich, die auch die Angst vor dem unkontrollierten Informationsabfluss und der Aushöhlung der eigenen Kernkompetenzen entgegenwirkt.[165]

Neben dem freiwilligen kooperativen Engagement der Akteure zeichnen sich Netzwerke als Koordinationsmechanismus durch einen hohen Grad der Flexibilität und Anpassungsfähigkeit an neue Umweltsituationen aus. In dieser Fähigkeit liegt vor dem Hintergrund dynamischer Märkte und neuer Herausforderungen ihre Stärke. Gleichzeitig erfordern Netzwerke jedoch auch einen Gewissen Grad der Verbindlichkeit, d.h. der gewachsenen, kulturellen und strukturellen Organisiertheit und der Verlässlichkeit der Partner. In dem Management dieser Trade-Off Beziehung, d.h. in der Schaffung eines **Gleichgewichts zwischen Flexibilität und Verbindlichkeit** liegt daher eine weitere wesentliche Erfolgsvoraussetzung.

Die aufgezählten Faktoren stellen einige ausgewählte, zentrale Aspekte für die Entstehung eines positiven Kooperationsklimas dar. Sie ermöglichen es den Akteuren, eine gemeinsame Basis zu entwickeln und sich im Netzwerk wieder zu finden. Dennoch sind diese recht trivial erscheinenden Voraussetzungen in der realen Netzwerkarbeit nicht immer leicht umzusetzen. Dennoch haben sich Netzwerke mit flachen Hierarchien und einer möglichst gleichen Machtverteilung

---

163 vgl. Cohendet / Creplet / Dupouet, Organisational Innovation, Communities of Practice and Epistemic Communities - the Case of Linux, in: Kirman / Zimmermann, Economics with Heterogeneous Interacting Agents, 2001, S. 303 ff.
164 vgl. Balling, Kooperation, 1997, S.106 f.
165 vgl. ebenda, S. 108.

im Zusammenspiel mit geeigneten Maßnahmen des Netzwerkmanagements (governance). Einige Beispiele für diese Möglichkeiten des Netzwerkmanagements sollen daher nachfolgend dargestellt werden.

3.3.2 Netzwerk-Governance - Steuerungsmechanismen in der Netzwerkarbeit

Um Netzwerkbeziehungen am Leben zu erhalten und ihre Produktivität und Innovationsfähigkeit sicherzustellen, ist es von grundlegender Bedeutung möglichst **freie Informationsflüsse** innerhalb des Netzwerkes zu ermöglichen und **den kontinuierlichen Informationsinput** (auch durch Interaktionen mit Partnern außerhalb des Netzwerkes) zu fördern. Dabei kann die Schaffung redundanter, paralleler Informationswege zwischen den Netzwerkmitgliedern helfen ebenso wie eine grundsätzliche Offenheit gegenüber einer gewissen Fluktuation bzw. dem Eintritt neuer Netzwerkpartner.[166]

Diese jederzeitige **Ein- und Austrittsmöglichkeit (exit, entry)** unterstreicht den Charakter des freiwilligen und gemeinschaftlichen Engagements der Kooperation und ist daher für alle Beteiligten ein wichtiges Signal, wenngleich es auch die Potentiale für viele Konflikte birgt. Neben dieser Verhinderung einer mittelfristig lähmenden „closed shop" Mentalität muss es auch im Netzwerkmanagement eine wichtige Zielsetzung sein, eine gleichberechtigte Partnerschaft zu etablieren. Daher ist die Einräumung von **Stimmrechten für jedes Mitglied (voice)** in der Kooperation wünschenswert.[167]

Neben der Schaffung dieser grundlegenden Voraussetzungen spielen drei weitere Faktoren eine besondere Rolle für die Steuerung der fortlaufenden Zusammenarbeit im Netzwerk. Diese Steuerungsmechanismen sind überwiegend „soft facts", die die Zusammenarbeit der Netzwerkakteure auf einen höheren Grad der Verbindlichkeit stellen und kooperatives Engagement belohnen bzw. Defektion sanktionieren.

Einer der sozialen Steuerungsmechanismen in der Netzwerkorganisation ist die **Reputation** der beteiligten Organisationen. Diese Reputation ermöglicht eine erste Einschätzung der Fairness, Glaubwürdigkeit und der Zuverlässigkeit der zukünftige Kooperationspartner, oftmals auf Basis der Erfahrungen anderer ohne im ersten Schritt eine eigene Kenntnis des Partners zu erfordern. Insbesondere in interdependenten, auf echter Unsicherheit beruhenden Situationen ist die Reputation eine wichtige heuristische Entscheidungshilfe. Im späteren Verlauf der

---

166 vgl. Elsner, The 'New' Economy: Complexity, Coordination and a Hybrid Governance Approach, 2003, S. 8.
167 vgl. Elsner / Groenewegen, Industrial Policies After 2000, 2000, S.453 f.

Kooperationsbeziehung kann die Gefahr des Erwerbs einer schlechten Reputation als möglicher Sanktionsmechanismus gesehen werden, der sich sowohl auf die eigene Stellung im Netzwerk als auch auf die Möglichkeiten anderer Geschäftsbeziehungen auswirken kann. Daher kann der Reputationsmechanismus als wesentlicher Aspekt der Netzwerksteuerung gesehen werden, der defektionistisches Handeln sanktioniert und ein gemeinsames Verständnis und eine gemeinsame Wertbasis definiert. [168]

Während die Reputation sich oftmals auf das beteiligte Unternehmen als ganzes erstreckt, ist der **Aufbau von Vertrauen** an direkte Interaktionen zwischen spezifischen Akteuren gebunden. Vertrauen entsteht durch die wiederholte direkte Interaktion der Akteure, die zu einer gemeinsamen positiven Erfahrungsbasis beiträgt. Dabei können verschiedene Formen des Vertrauens in den Partner unterschieden werden: „'Competence trust' refers to the belief that our trading partners are *capable* of living up to their commitments, while ‚intentions trust' refers to the belief that they *intend* to uphold their promises."[169] Dieses Vertrauen ermöglicht eine Steuerung in Netzwerken auf einer impliziten, informellen, Basis und im beidseitigen, oft unausgesprochen Glauben an den gemeinsamen Willen der Zielerreichung.[170]

Die Vertrauensbildung ebenso wie viele weitere Interaktionen im Netzwerk orientieren sich an einer gemeinsamen Wertebasis der Akteure. Dieses Set von Institutionen, das zu den anerkannten und geteilten Werten aller Akteure im Netzwerk geworden ist, bezeichnet die **Netzwerkkultur**.[171] Die Herausbildung einer Netzwerkkultur kann die Koordination im Netzwerk auf verschiedene Weise erleichtern und steuern. Sie führt zur Bildung einer kollektiven Identität und erleichtert durch eine gemeinsame Sprach- und Verständigungsbasis die Entscheidungsfindung.[172] Gleichzeitig setzt die Netzwerkkultur Maßstäbe für die Bewältigung von Krisen und Konflikten und gibt den Akteuren einen Orientierungsrahmen für die Bewertung ihrer Handlungen.

Reputation, Vertrauen und Netzwerkkultur sind drei zentrale Faktoren in der Netzwerkarbeit, die in einem fortlaufenden Prozess der Interaktion der Akteure entstehen und sich ständig wandeln können. Anders als die grundsätzlichen Voraussetzungen für den Kooperationserfolg (vgl. vorhergehendes Kapitel) werden sie nicht einmalig eingerichtet, sondern müssen täglich neu auf ihre Gültigkeit und

---

168 vgl. Sydow / Windeler (Hrsg.), Steuerung von Netzwerken, 2000, 69 f.
169 Lazaric / Lorenz, Trust and Economic Learning,1998, S.2.
170 vgl. ebenda, S. 3 ff.
171 vgl. Casson, Entrepreneurial Networks - A theorectical Perspective, in: Discussion Papers in Economics and Management, Vol X (97/98), S.10 ff.
172 vgl. Sydow / Windeler (Hrsg.), Steuerung von Netzwerken, 2000, 66 f.

Aussage überprüft werden. Daher steuern diese Faktoren den beidseitigen Prozess der Kooperation für eine erfolgreiche Netzwerkarbeit.

Im Rahmen der Steuerungsmechanismen in der Netzwerkarbeit und der Möglichkeiten der Netzwerk-Governance ist es notwendig sich über die Existenz von Lebenszyklen von Netzwerken bewusst zu werden. Nur das erfolgreiche und an die jeweilige Phase angepasste **Management dieser Netzwerklebenszyklen** vermag die dauerhafte Versteinerung und Erstarrung des Netzwerkes zu verhindern und seine Innovationskraft längerfristig zu erhalten.[173] Während dieser Lebenszyklen findet zunächst eine Phase der Strukturierung und anschließenden Konsolidierung der Netzwerkbeziehungen statt. Dabei entwickeln die Akteure eine möglichst breite, tragfähige Koalition und ein gemeinsames institutionelles setting für die Etablierung gemeinsamer Orientierung und Lernprozesse in der direkten Interaktion der Akteure. Dabei erarbeiten sich die Akteure einen gemeinsamen Erwartungshorizont und stimmen ihre strategischen Interessen aufeinander ab, so dass die Netzwerkinteressen in das individuelle Zielsystem aufgenommen werden können. Daran schließt sich eine Phase der Konservierung an, die bis zur Versteinerung dieser neu etablierten Netzwerkstrukturen führen kann. Die Wahrnehmung der Akteure verengt sich durch Vereinheitlichung von Sichtweisen und den Aufbau symbiotischer Beziehungen. Eine Abweichung von dem gefundenen Konsens und den akzeptierten Erfolgsmustern wird deutlich schwieriger, der Aufwand für die Umsetzung von Veränderung steigt aufgrund der „vested interests" enorm an.[174] Nur die Öffnung des Netzwerkes für neue Mitglieder, der Aufbau paralleler Strukturen und Prozesse und eine veränderungsbereite, nicht dogmatische Netzwerkideologie vermögen in dieser Phase des Netzwerklebenszyklus die Krise zu verhindern und eine aktive Anpassung der Netzwerkbeziehungen an die neuen Gegebenheiten zu ermöglichen. Aus dieser Perspektive erhält das Management von Netzwerkbeziehungen ein neue Relevanz.

---

173 vgl. Messner, Die Netzwerkgesellschaft – wirtschaftliche Entwicklung und internationale Wettbewerbsfähigkeit als Probleme gesellschaftlicher Steuerung, 1995, S. 325.
174 vgl. Messner, Die Netzwerkgesellschaft – wirtschaftliche Entwicklung und internationale Wettbewerbsfähigkeit als Probleme gesellschaftlicher Steuerung, 1995, S. 326 ff.

3.3.3 Netzwerk-Performance - Erhalt der Eigendynamik und Innovationsfähigkeit im Netzwerk

In den vorangegangenen Kapiteln wurden die Potentiale und positiven, Möglichkeiten von Netzwerken in den Situationen der echten Unsicherheit, der direkten Interdependenz der Akteure, der Komplexität und der hohen Externalitäten dargestellt. Netzwerke können nicht nur Synergieeffekte ermöglichen, sondern auch Such- und Lernprozesse und insbesondere Innovationsprozesse beschleunigen. In dieser Fähigkeit Innovationen hervorzubringen (und insbesondere auch systemische Innovationen zu ermöglichen) ebenso wie eine neue Handlungsfähigkeit von Akteuren in diesen komplexen Situationen zu ermöglichen, zeigt sich die Performanz von Netzwerken. Neben den Stärken der Netzwerkorganisation kann es jedoch auch in verschiedenen Situationen zu „Netzwerkversagen" kommen, d.h. entsprechend der bekannten Phänomene des Markt- und Hierarchiesversagens, kann auch bei Netzwerken der Verlust der Funktionsfähigkeit, insbesondere der Innovationsfähigkeit, eintreten. Daher ist es von grundlegender Bedeutung, einige zentrale Instrumente der Gegensteuerung zu identifizieren (siehe Kapitel Netzwerk-Governance).[175]

Darüber hinaus ist es jedoch auch wichtig, sich von dem oft dichotomen Verständnis von Netzwerken zu lösen. Häufig werden diese entweder pauschal als lähmende, starre Muster eingefahrener Beziehungen oder generell als höhere, durch inhärente Flexibilität und Anpassungsfähigkeit gekennzeichnete Mechanismen der sozialen Koordination gesehen. Dabei lassen sich Netzwerke in dieser Ausschließlichkeit weder der einen noch der anderen Kategorie zuordnen. Es gibt kein endgültiges Gleichgewicht in Netzwerken, das die dauerhafte Balance zwischen Organisiertheit und Offenheit, Konsens- und Konfliktfähigkeit oder verbindlicher Zieldefinition und Flexibilität gewährleistet. Vielmehr unterliegen auch Netzwerke einem Entwicklungszyklus (ähnlich der Dynamik von Wirtschafts- oder Produktlebenszyklen), der Lebensweg und den Erfolg von Netzwerkstrukturen prägt.

Darüber hinaus müssen auch die Anwendungsfelder für Netzwerkorganisationen genau geprüft werden. Für den mittelfristigen Erhalt der Performanz des Netzwerkes ist ein hohes Maß an Offenheit und Konfliktfähigkeit eine wichtige Voraussetzung.[176] Auch die Vermeidung gravierender Machtungleichgewichte zwischen den Partnern und die Entstehung einer „closed shop" Mentalität im Netzwerk sind wesentliche Faktoren für den Erhalt der Eigendynamik und Innovationsfähigkeit dieser Organisationsform.

---

175 vgl. Messner, Die Netzwerkgesellschaft – wirtschaftliche Entwicklung und internationale Wettbewerbsfähigkeit als Probleme gesellschaftlicher Steuerung, 1995, S. 214 f.
176 vgl. Elsner / Groenewegen, Industrial Policies After 2000, 2000, S.452.

In den vorangegangen Abschnitten wurden einige dieser zentralen Entstehungsbedingungen und Erfolgsfaktoren für Netzwerkstrukturen und Prozesse des Netzwerkmanagements im Rahmen der besser dokumentierten externen Vernetzungsprozesse dargestellt. Nachfolgend sollen diese Ansätze auf ihre Aussagefähigkeit und Übertragbarkeit auf intraorganisationale Vernetzungsprozesse überprüft werden bzw. die Unterschiede und Besonderheiten von Netzwerkstrukturen in der Hierarchie herausgearbeitet werden.

4 Unternehmensinterne Vernetzung – nach B2C und B2B neue interne Netzwerke durch workforce connect (B2E)

Vorangehend wurden die ökonomischen Herausforderungen in der Informationsgesellschaft dargestellt und die Potentiale von Netzwerk-organisationen im Kontext dieser sich verändernden Rahmenbedingungen hervorgehoben. Dabei dominiert in der Diskussion um die steigende Bedeutung von Netzwerken in den vergangenen Jahren die Betrachtung unternehmensübergreifender Netzwerkbeziehungen.[177] Der Fokus liegt dabei auf der ungenügenden Koordination zwischenbetrieblicher Transaktionen über den preisgesteuerten Marktmechanismus im Zeitalter der Informationsökonomie. Hier suchen viele Unternehmen nach neuen Koordinationsformen, die insbesondere im Zeitalter des Internets in Form von „Business to Business (B2B)" und „Business to Customer (B2C)" als neue Geschäftsmodelle des Electronic Commerce bekannt geworden sind. Die neue, web-basierte Gestaltung von Kooperationsbeziehungen zu Lieferanten und Kunden führt zu völlig neuen Kommunikations- und Interaktionsformen, effizienteren und schlankeren Geschäftsprozesse und ermöglicht neue Formen der Vernetzung auf verschiedenen Stufen der Wertschöpfungskette.

„Business to Business (B2B)" ermöglicht die Vernetzung zwischen Unternehmen, um die Zulieferbeziehungen in möglichst enger Koordination entlang komplexer Wertschöpfungsprozesse zu organisieren. Auf technologischer Ebene sind diese Vernetzungsprozesse zunehmend durch die Einführung gemeinsamer Extranets für den Austausch von Bestellungen, Rechnungen, Vertriebsinformationen, Lieferdaten etc. oder Kollaborations-anwendungen für die gemeinsame Produktentwicklung bzw. –Verbesserung geprägt. Im Gegensatz zu den frühen Anfängen in den 70er Jahren basieren diese Anwendungen nicht mehr vorrangig auf Electronic Data Interchange (EDI), sondern nutzen webbasierte Internettechnologie. Die wesentlich kostengünstigere und einfachere Handhabung von Browser-basierten Online-Anwendungen, die enormen Geschwindigkeitsvorteile und die Möglichkeiten intensiverer, umfassender Kommunikation (z.B.: via integrierter eMail-Funktionalitäten) haben B2B zu einem attraktiven Geschäftsmodell werden lassen. Durch diese neuen technologischen Möglichkeiten wurde aber auch auf einer ganz pragmatischen und organisatorischen Ebene die Gestaltung unternehmensübergreifender Kooperationsbeziehungen deutlich erleichtert und die passgenaue, „just in time" Integration von Zulieferern in unterschiedliche Stellen der eigenen Wertschöpfungsprozesse gefördert. Dabei zielt B2B i.d.R. nicht mehr auf die Knebelung

---

177 vgl. Nooteboom, Learning and Innovation in Organizations and Economies, 2000, S. 290 f.

der Zulieferunternehmen, sondern auf eine optimierte partnerschaftliche Zusammenarbeit und Koordination ab.[178]

Im Gegensatz zu B2B ist die Zielgruppe bei „Business to Consumer (B2C)" die Interaktion mit dem Kunden. Dabei sind verschiedene Ausprägungen und Zielsetzungen von B2C zu beobachten. Vielfach dominiert die Abwicklung von Bestell- und Verkaufsprozessen über das Internet. Dadurch erhalten Kunden die Möglichkeit, zeit- und ortsunabhängig im Online-Shop weltweite Angebote unterschiedlicher Unternehmen zu vergleichen und sich die gewünschte Ware auszuwählen. Für das einzelne Unternehmen erweitert sich mit B2C nicht nur der Kreis möglicher Kunden, sondern ebenso die Anzahl potentieller Konkurrenten auf den vergleichsweise transparenten Märkten des Internets. Aus diesem Grunde beschränken sich viele Unternehmen nicht mehr auf die Darstellung eines allgemeinen Leistungsspektrums und die Abwicklung des Verkaufsprozesses. Stattdessen versuchen sie, ihr Informations- und Leistungsangebot zu individualisieren und auf die Bedürfnisse des einzelnen Kunden zuzuschneiden. Dabei kann es sich um die Konstruktion eines kundenindividuellen Marketing- und Produktangebotes durch die Präferenzermittlung mittels Web-Tracking oder aber um die Individualisierung des Leistungsangebotes durch ergänzende, auf die Bedürfnisse des Kunden zugeschnittene Dienstleistungen handeln. So sind beispielsweise die Produkteigenschaften und der Preis im Bereich von professioneller PC-Hardware nicht mehr allein ausschlaggebend für die Kaufentscheidung, sondern ebenso die Verfügbarkeit von Updates und Support via Internet. Eine weitere Möglichkeit der internetbasierten Kommunikation ist die Einbindung des Kunden in einen Erfahrungs- und Produktverbesserungsdialog für die Entwicklung der nächsten Produktgeneration. Damit nutzen viele Unternehmen die Möglichkeit, mit ihren Kunden in einen vernetzten Dialog und eine neue Form der Zusammenarbeit einzutreten.[179]

Doch die Konzentration der Betrachtungen auf B2B oder B2C als dominierende Formen der internetbasierten, technologischen und organisatorischen Vernetzung greift, insbesondere seit den neuesten zu beobachtenden Trends und Entwicklungen, zu kurz. In vielen Unternehmen zeigt sich eine informationelle Durchdringung aller Strukturen und Prozesse, die über die Vernetzungsschnittstellen zum Kunden oder zum Lieferanten hinausgeht. Im Zuge dieser Entwicklung wird es notwendig, die Definition von Electronic Commerce (eCommerce) als Synonym für die voranschreitende, internetgetriebene technologische und organisatorische

---

178 vgl. Merz, E-Commerce und E-Business – Marktmodelle, Anwendungen und Technologien, 2002, S. 24 f.
179 vgl. Cohendet / Creplet / Dupouet, Organisational Innovation, Communities of Practice and Epistemic Communities - the Case of Linux, in: Kirman / Zimmermann, Economics with Heterogeneous Interacting Agents, 2001, S. 303 ff.

Vernetzung zu erweitern und damit ihr Anwendungsfeld um eine wesentliche, neue Komponente zu ergänzen. *„Electronic commerce denotes the seamless application of information and communication technology from its point of origin to its endpoint along the entire value chain of business processes conducted electronically and designed to enable the accomplishment of a business goal."* [180] Diese erweiterte und allgemeinere Definition bezieht eCommerce nicht nur auf die Schnittstelle zum Kunden (via Internetauftritt) oder zum Lieferanten (via Extranet), sondern auch auf die Kommunikation und Prozessgestaltung innerhalb der Unternehmung (via Intranet).[181] Die unternehmensinterne Vernetzung stellt die innovative und treibende Kraft für die Entwicklung der nächsten Stufe der Informationsgesellschaft dar. In Analogie zu den beiden anderen Formen des eCommerce und aufgrund der neuen Fokussierung von Mitarbeiterbeziehungen und internen Prozessen wird diese Entwicklung auch als „Business to Employee (B2E)" bezeichnet. Da sie sich jedoch nicht nur auf die elektronische Kommunikation zwischen Unternehmen und Mitarbeiter bezieht, sondern insbesondere auch die neuen Kommunikationsmöglichkeiten der Mitarbeiter untereinander einbezieht, wird auch der Begriff „Workforce Connect" verwendet.

"The B2E portal is truly the freeway for all employee functions. It is the central place for employee information and transactions. Employees have unlimited, seamless access to everything they need to do their jobs and run their personal lives."[182]

Business to Employee, hier im folgenden synonym mit dem "Workforce Connect" verwendet, bezeichnet die elektronische, intranetbasierte Kommunikation und Interaktion zwischen dem Unternehmen und seinen Mitarbeitern sowie den Mitarbeitern untereinander. B2E ermöglicht den unternehmensweiten Zugang zu neuen, aktuellen Informationen für alle Mitarbeiter und einen direkten Informationsfluss im Sinne transparenter Unternehmensprozesse jenseits der Unternehmenshierarchien. Durch die Einführung personalisierter Intranetportale werden eine adressatenspezifische Kommunikation und ein individualisierter Informationsabruf im B2E möglich. Gleichzeitig ermöglicht die Einrichtung entsprechender Diskussionsforen, Mailing-Funktionen und Videokonferenzen die Interaktion und den unternehmensweiten Erfahrungsaustausch von Mitarbeitern. Dieses geschieht beispielsweise in speziellen Facharbeiter- oder Entwicklernetzwerken.

---

180 Wigand, Electronic Commerce – Definition, Theory and Context, in: the Information Society, 1997, Nr.1, S. 5.
181 vgl. Frese / Stöber (Hrsg.), E-Organisation- Strategische und Organisatorische Herausforderungen des Internet, 2002, S. 2 f.
182 Cap Gemini / Ernst & Young, Neue Möglichkeiten durch Mitarbeiterportale, http://www.competence-site.de/personalmanagement.nsf, 23.01.2003, S. 2.

Damit eröffnet Workforce Connect neue Möglichkeiten der Gestaltung unternehmensinterner Informations-, Kommunikations- und Interaktions-prozesse. Diese neue Gestaltung interner Leistungs- und Interaktionsprozesse auf Basis zeit-, orts- und funktionsunabhängiger online Kommunikation trägt jedoch nicht nur die Potentiale technologischer Vernetzung in sich, sondern kann auch als möglicher Ausgangspunkt für neue organisatorische Ansätze gesehen werden. So werden organisatorische Veränderungen notwendig und möglich, die in ergänzender Weise den Prozess der umfassenden unternehmensinternen Vernetzung begleiten. Dazu gehört insbesondere die Frage nach der Realisierbarkeit und den Potentialen einer Netzwerkorganisation in (bzw. parallel zu) der traditionellen Hierarchie der Unternehmensorganisation. Damit tritt in der Theorie erstmalig auch Hierarchie als maßgebliche Entstehungsbedingung für Netzwerkansätze neben dem Markt als klassische Rahmenbedingung für die Entstehung externer Netzwerke. Nach dem Internet verändert nun das Intranet die organisatorische und strategische Landschaft in vielen Unternehmen und für andere Unternehmen werden diese Veränderungen die zentrale Perspektive der kommenden Jahre darstellen.

Im Gegensatz zu unternehmensübergreifenden Netzwerken bestehen interne Netzwerke innerhalb einer Unternehmung als ein netzwerkartiges Beziehungsgefüge zwischen einzelnen Mitarbeitern bzw. Gruppen des Unternehmens. Dabei entstehen durch ständige und intensivierte Interaktion neue horizontale und vertikale Beziehungen und persönliche Bindungen, welche die formelle Organisationsstruktur überlagern bzw. ergänzen können.[183] Folgendes Zitat verdeutlicht die neue Dimension der unternehmensinternen Vernetzung im Zuge von B2E-Initiativen: "*Netzwerke existierten bereits, bevor es Computer gab: so genannte "old-boys-networks", Seilschaften und Kontakte, die ihnen zu ihrer Arbeitsstelle verholfen haben oder das verworrene Geflecht von Beziehungen und Kanälen informeller Art innerhalb eines Unternehmens, mit denen der Dienstweg umgangen wird. So wichtig diese Netzwerke auch sind, sie sind inoffiziell. Das eigentlich neue ist die bewusste und [für jeden zugängliche] Vernetzung innerhalb eines Unternehmens. Ermöglicht wird sie durch die Tatsache, dass PCs mittlerweile so preisgünstig sind, dass jeder Arbeitsplatz damit ausgerüstet werden kann. Das elektronische Netzwerk revolutioniert die sozialen Netzwerke.*"[184]

Diese unternehmensinternen Netzwerke haben entscheidende Vorteile in der Entwicklung und dem Abruf von Wissen in der Unternehmung. Sie sind deutlich flexibler und umfassender als die traditionelle organisatorische Unterstellung von

---

183 vgl. Kompetenzzentrum für Nachhaltiges Wirtschaften (DKNW) der privaten Universität Witten/Herde0cke und dem Lehrstuhl für Umweltmanagement der Universität Hohenheim, Netzwerkmodelle, http://oeko-live.bwl.uni-hohenheim.de/de/umweltorganisation/artikel/01826, 08.01.2003, S. 1.
184 Hoechst Internet Forum, Neue Technologien haben alte Hierarchien zerstört, http://www.archiv.hoechst.de/deutsch/life_sciences/wissen_forum/artikel5, 14.01.2003.

Mitarbeitern, d.h. ihre ausschließliche Bindung an eine Abteilung und einen Vorgesetzten. Die unternehmensinterne Vernetzung durch B2E leistet einen wesentlichen Beitrag zu einem angewandten Wissensmanagement in der Unternehmung und hat damit Einfluss auf die Innovationsfähigkeit und den Unternehmenserfolg. Darüber hinaus wird die enge, interessengeleitete Filterung von Informationen bei der kaskadenförmigen Kommunikation über die Unternehmenshierarchie um eine wirkungsvolle Alternative ergänzt. Durch B2E sind Mitarbeiter nicht mehr auf die verspätete, interpretierte, manchmal sogar verfälschte Informationsweitergabe eines einzelnen Vorgesetzten angewiesen, sondern können sich eigenständig Zugang zu aktuellen Informationen besorgen.[185]

Folgende Thesen können dabei erste Ansatzpunkte für die Betrachtung dieser organisatorischen Potentiale und Herausforderungen durch Workforce Connect liefern:

- B2E führt zu einem Abbau physischer und emotionaler Kommunikationsbarrieren und damit zu einem offenen, von Statusunterschieden deutlich befreiten Kommunikationsverhalten.[186]

- Bereichs- und Standortgrenzen, insbesondere in Großunternehmen und Konzernen, werden immer durchlässiger und können im Sinne von mehr Transparenz, Zusammenarbeit und Erfahrungsaustausch leichter überschritten werden.[187]

- Die Qualität dieser Kommunikations- und Interaktionsprozesse hängt nicht zuletzt von der Bereitschaft und der Fähigkeit auf Seiten des Senders ebenso wie des Empfängers ab. Daher müssen gleichzeitig zwei Entwicklungen stattfinden: die Unternehmenskommunikation muss häufiger, schneller und zielgruppenspezifischer erfolgen (und erhält damit eine neue Relevanz) und die Mitarbeiter müssen diese neuen Kommunikationsformen akzeptieren und Bestandteil ihres gelebten Arbeitsalltages werden lassen.[188]

---

185 vgl. Lobnig, Netzwerke - was Sie wirklich investieren sollten!, http://www.lemon.at, 14.10.2003, S. 2 ff.
186 vgl. Frese / Stöber (Hrsg.), E-Organisation- Strategische und Organisatorische Herausforderungen des Internet, 2002, S. V.
187 vgl. ebenda, S. 12.
188 vgl. ebenda, S. 15 f.

- Es verändern sich defizile Machtstrukturen und eingespielte Informationsfunktionen, da der erweiterte Zugang zu Informationen und Wissen für alle Mitarbeiter auch immer Fragen von "Funktionsmacht" und Positionen in der Hierarchie berührt.[189]

Umfassende B2E-Offensiven und der Aufbau unternehmensinterner Netzwerke erfordern jedoch eine Reihe von Investitionen. Dazu gehören sicherlich die Schaffung der technologischen Voraussetzung und die Bereitstellung der entsprechenden Medien wie Internet, Intranet und Mitarbeiterportale. Diese Betrachtungen der aktuellen technologischen Trends werden im Kapitel 4.1 dargestellt. Das Intranet mit seiner Vielzahl unterschiedlicher Dienste und der Integration verschiedener Übertragungsmedien, die in den letzten Jahren an Vielfalt und Leistungsfähigkeit enorm zugenommen haben und gleichzeitig mittlerweile preisgünstig einzusetzen sind, stellt sicherlich einen zentralen Ausgangspunkt für B2E-Initiativen dar. Insofern ist es nicht erstaunlich, dass viele Betrachtungen den Fokus auf die technologischen Möglichkeiten und Anwendungen der intranetbasierten Unternehmenskommunikation legen. Dabei ist es aber insbesondere die organisatorische Dimension (und die damit verbundenen Potentiale) die den besonderen Reiz und die neuen Möglichkeiten einer B2E-Initiative darstellen. Dabei sind insbesondere der Aufbau entsprechender Kompetenzen, die Etablierung neuer Arbeitsbeziehungen, die Entwicklung gemeinsamer Ziele und Visionen sowie die Schaffung einer Netzwerkkultur in der traditionell hierarchischen Unternehmung wesentliche Erfolgsfaktoren für die Entstehung von organisatorischen Vernetzungsprozessen. Daher müssen die Strategen und Initiatoren von B2E im Unternehmen über eine sehr klare Vorstellung bezüglich des Konzeptes einer Workforce Connect Initiative verfügen, wenn sich dies nicht nur auf die technologische Dimension vernetzter PC-Arbeitsplätze und Intranetanwendungen beschränken soll. Dazu werden im Kapitel 4.2 die besonderen "weichen" Faktoren für die Evolution und Gestaltung unternehmensinterner Netzwerke betrachtet. Insbesondere tacit knowledge und die Bedeutung von Routinen im Sinne von Nelson / Winter sind hier hervorzuheben, um die Veränderung von Prozessen, Strukturen und defizilen Machtgleichgewichten im Unternehmensalltag der Mitarbeiter in die Betrachtungen zu integrieren.

---

189 vgl. Nelson/ Winter, An Evolutionary Theory of Economic Change, 1982, S. 107 ff.

4.1 Unternehmensinternen Netzwerkgestaltung – neue Möglichkeiten durch Internet und Intranet

Wenngleich die ausschließliche Reduzierung der unternehmensinternen Vernetzung auf das Internet bzw. Intranet nicht ausreichend ist, so sind die neuen Technologien und ihre Möglichkeiten jedoch wichtige Triebkräfte dieser Entwicklung. Die besonderen Merkmale der Internettechnologie bei gleichzeitiger Elektronisierung vieler interner Prozesse schaffen wichtige Voraussetzungen für den Aufbau unternehmensinterner Netzwerke. So sind Interaktivität, Offenheit, Integration vielfältiger Dienste und die kostengünstige Verfügbarkeit wesentliche technologische Merkmale des Internets, die neue Möglichkeiten in der Kommunikation, dem Informationsaustausch und der Interaktionsdichte eröffnen. Obwohl bei den Betrachtungen dieser Technologien häufig das Internet fokussiert wird, gelten analoge technologische Merkmale für das Intranet als "verwandtes" Netzwerk. Beide Netzwerkformen basieren auf den gleichen Technologien und Anwendungen. Der einzige Unterschied beider Formen besteht in der Abgrenzung des potentiellen Nutzerkreises. Während das Internet ein öffentliches Netzwerk ist, zu dem sich jeder einen Zugang verschaffen kann (beispielsweise über einen kommerzielle Provider), so ist das Intranet ein geschlossenes Netzwerk. Obwohl manche Intranets einen Zugang zum Internet besitzen, so ist umgekehrt der Zugang vom Internet ins Intranet nicht ohne spezielle Authentifizierung oder ggf. auch gar nicht möglich. Denn Intranets dienen der unternehmensinternen Informationsversorgung und sind daher exklusiv den Mitarbeitern eines Unternehmens vorbehalten.[190] In den nachfolgenden Kapiteln werden daher die technologischen Möglichkeiten von Internet bzw. Intranet ebenso wie die zunehmende online Abwicklung interner Prozesse als Voraussetzungen der unternehmensinternen Vernetzung analysiert.

4.1.1 Internet und Intranet als neue Dimensionen technologischer Vernetzung

Im Gegensatz zu den klassischen Großrechnersystemen war die Einführung des PCs, wie der Name Personal Computer bereits zum Ausdruck bringt, durch eine Personalisierung, und damit der Beschränkung auf die lokalen Ressourcen wie Hard- und Software und auf die lokalen Datenbestände, gekennzeichnet. Daher war und ist die Vernetzung von PC-Arbeitsplätzen schon seit den 70er und 80er Jahren ein zentrales Anliegen, um diesen Nachteil zu kompensieren. Im Bereich der lokal begrenzten Netzwerke (LANs= Local Area Networks) waren die Entwicklung von Ethernet und Token-Ring die zentralen Meilensteine einer beginnenden

---

190 vgl. Höller, Pils, Zlabinger (Hrsg.), Internet und Intranet, 1999, S. 17 ff.

Vernetzung. Im Bereich der übergreifenden Netzwerke (WANs= Wide Area Networks) bestand jeher die Schwierigkeit zur Vereinbarung gemeinsamer Standards, bei gleichzeitigem Wunsch nach der Sicherung von Exklusivitätsrechten und kommerziellen Interessenkonflikten. Die Kommunikationsmöglichkeiten blieben daher auf teure und proprietäre Standards wie EDI (Electronic Data Interchange) zum automatisierten Datenaustausch zwischen verschiedenen Anwendungssystemen beschränkt.[191]

Erst die Offenheit und Plattformunabhängigkeit in der Internettechnologie eröffneten hier völlig neue Horizonte. Diese umfassende und freiwillige Standardisierung der elektronischen Kommunikation ermöglichte erstmalig die herstellerunabhängige Integration verschiedener Hard- und Softwaresysteme. Gleichzeitig steht mit dem Internet erstmalig eine kostengünstige und leistungsfähige Informations- und Kommunikationstechnologie zur Verfügung, die sich auch unter wirtschaftlichen Gesichtspunkten in vielen neuen Prozessen einsetzen lässt.[192]

Darüber hinaus verleihen einige technologische Merkmale dem Internet bzw. Intranet als neues Kommunikationsmedium einen besonderen Reiz:

- Unabhängigkeit von Übertragungsmedien (Computer, Handy etc.) und Plattformen;
- Keine lokale Installation von Software, sondern offene Browser-technologie und einfache Bedienbarkeit;
- Interaktivität (E-Mails, Diskussionsforen, benutzerdefinierte Informations-Suche) und Medienintegration (beispielsweise Audio, Video etc.);
- Systematisierung und Verbindung von Informationen durch Hyperlinks und Querverweise;[193]

Diese Systemspezifika der Internettechnologie basieren im Wesentlichen auf freiwilligen Standards und der Einigung auf offene (d.h. für alle Nutzer, Hersteller und potentiellen Entwickler zugängliche) Technologien. Dazu gehört TCP/IP als das zentrale Protokoll für die Kommunikation zwischen verschiedenen Hardware- und Betriebssystemarchitekturen. Neben der Paketweisen Vermittlung der Informationen und dem richtigen Zusammenbau dieser Informationspakete sorgt TCP/IP auch für die Identifizierung aller weltweiten Rechner im Netzwerk über die sogenannten IP-Adressen. Diese IP-Adressen, die aus eindeutigen Zahlenketten

---

191 Kowalk, Universität Oldenburg, Rechnernetze, http://einstein.informatik.uni-oldenburg.de/rechnernetze/rechnern.htm, 20.01.2003.
192 vgl. Frese / Stöber (Hrsg.), E-Organisation- Strategische und Organisatorische Herausforderungen des Internet, 2002, S. 5 f..
193 vgl. Block, Internet, Intranet, Extranet für Manager, 1999, S. 216

bestehen, werden dann von einem Domain Name Server (DNS) in die uns vertrauten Web-Adressen umgesetzt. [194]

Für die eigentliche Gestaltung der Informationsseiten und Anwendungen ist die Hypertext MarkUp Language (HTML) und die damit verbundene Definition von Hyperlinks in und zwischen Dokumenten der zentrale Standard. Unabhängig von verschiedener Anwendungssoftware können hier dynamische und interaktive Dokumente generiert und im Internet bzw. Intranet veröffentlicht werden. Darüber hinaus ist HTML technisch sehr übersichtlich und leicht zu beherrschen, so dass die Veröffentlichung von Informationen leicht fällt. In dieser günstigen Möglichkeit zur Veröffentlichung von Informationen und seiner Offenheit für alle Nutzer und Informationsanbieter liegt ein wesentlicher Reiz und die Quelle der Informationsvielfalt im Internet, durch die sich dieses Medium auszeichnet. Darüber hinaus ist das Internet durch diese Hypertextstruktur mit den Querbezügen und Verlinkungen zwischen Dokumenten zu einem vernetzten Informationspool mit einer reichen Themenbreite geworden. Diese Eigenschaften grenzen das Internet und Intranet deutlich von traditionellen Medien wie Presse, TV und Radio ab. [195]

Aus diesen Gründen wird das Internet auch häufig als "Netz der Netz" bezeichnet, da es weltweite, unabhängige Rechner und Netzwerke miteinander unter dem Dach gemeinsamer technologischer Standards verbindet. Dadurch werden nicht nur die Veröffentlichung und der Zugang zu neuen Informationen möglich, sondern wie oben beschrieben ergibt sich auch die Möglichkeit einer Vernetzung, Verbindung und Integration von Informationen. In einer Welt voll von detailliertem Spezialwissen wird Internettechnologie eine wesentliche technologische Voraussetzung für die Wissensaufbereitung und -speicherung. Analoge Merkmale und Eigenschaften gelten, wie bereits dargelegt, auch für das Intranet.

Für den Einsatz des Intranets ist dabei insbesondere die Elektronisierung vieler interner Prozesse eines der neuen Anwendungsfelder. Insbesondere im Bereich Business-to-Employee bilden diese onlinebasierten Geschäftsprozesse einen Schwerpunkt und sind ein wesentliches Motiv für viele Unternehmen die interne Vernetzung zu fossieren. Diese Entwicklung soll nachfolgend am Beispiel elektronischer Personalprozesse verdeutlicht werden.

---

194 vgl. Höller, Pils, Zlabinger (Hrsg.), Internet und Intranet, 1999, S. S. 14 f.
195 vgl. Höller, Pils, Zlabinger (Hrsg.), Internet und Intranet, 1999, S. S. 23 f.

4.1.2 Elektronisierung interner Prozesse - eBusiness verändert die Personalarbeit

Business to Employee bedeutet nicht nur den Einsatz neuer technologischer Plattformen, sondern es ist gleichbedeutend mit einem wesentlich bewussteren Management von Mitarbeiterbeziehungen (sogenanntem ERM = Employee-Relationship-Management). Diese Pflege interner Kunden-beziehungen ist eine Kernfunktion des Personalmanagements und der Personalbereiche. Daher ist die Elektronisierung vieler Personalprozesse ein wesentlicher Baustein jeder B2E-Initiative. Neben der prinzipiellen Einrichtung von Intranetzugängen in Unternehmen ist daher gleichzeitig auch die Entwicklung elektronischer HR-Marktplätze für den gemeinsamen Einkauf und Austausch von HR-Dienstleistungen verstärkt zu beobachten. Internes und externes e-Recruting, eLearning, betriebliches Vorschlagswesen online, elektronische Self-Services sind nur einige der Beispiele für die Potentiale des eBusiness in der Personalarbeit. In diesem Sinne stellt die Umstellung vieler Personalprozesse auf Online-Systeme und ihre elektronische Abwicklung einen zusätzlichen Anreiz und einen wichtigen Aspekt für die inhaltliche Gestaltung der Vernetzung im Unternehmen dar.[196]

Die Einführung von elektronischen Personalprozessen ermöglicht eine Verkürzung von Reaktionszeiten zwischen Mitarbeitern, Vorgesetzten und den Personalabteilungen und bietet gleichzeitig deutlich mehr Flexibilität durch die Möglichkeit zeit- und ortsunabhängiger Inanspruchnahme von Dienstleistungen. Manager- und Employee-Self-Services sind die Schlagworte, die diese aktive Einbeziehung aller Mitarbeiter in die HR-Prozesse anstreben. Dabei erhalten sowohl Mitarbeiter als auch Vorgesetzte entsprechend ihrer Rollen Zugriffe auf die relevanten Personalprozesse und -daten mit der Möglichkeit diese einzusehen, zu verändern oder ggf. Anträge für weitere Bearbeitungen zu stellen, d.h. so genannte Workflow-Prozesse, anzustoßen.[197] Die Realisierung dieser webbasierten Abwicklung von Personalprozessen erfolgt vielfach über Standardsoftware im Bereich Human Resource Management wie beispielsweise SAP-HR, PeopleSoft oder Baan, die bereits standardmäßig über die Abbildung gewisser Prozesse durch Intranetoberflächen und entsprechende Eingabemasken verfügen. Dabei wird die Personalmanagementsoftware um eine Applikationsdatenbank ergänzt, die dynamisch die Struktur für die Webmasken generieren kann.

Der Einsatz solcher webbasierten Personalmanagementsysteme wird auch in den kommenden Jahren noch an Bedeutung gewinnen. So zeigt eine Studie der ADP

---

196 vgl. Jäger, E-Business im Personalmanagement, in: Sonderheft Personalwirtschaft 9/2001, S. 6 ff.
197 vgl. Hoynigg, Selbstbedienung an der virtuellen Personaltheke, in: Sonderheft Personalwirtschaft 9/2001, S. 33.

Employer Services bei über 100 großen und mittleren Unternehmen folgendes Bild der Trendentwicklung auf die Frage welche neuen Softwarelösungen in den nächsten drei bis fünf Jahren eingesetzt werden sollen:

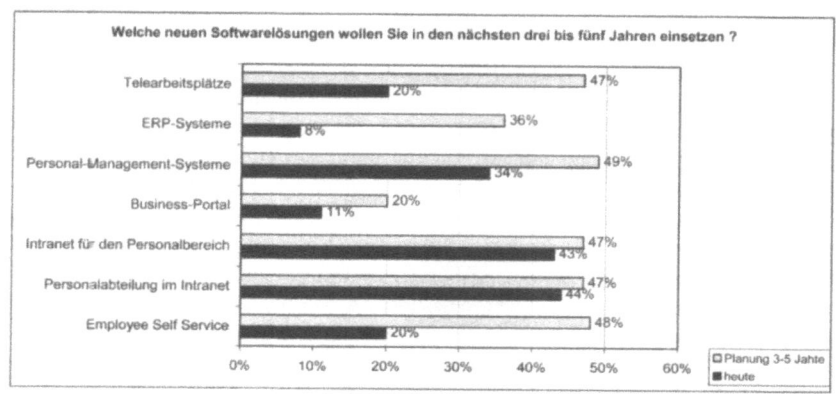

Abbildung 9: Einsatz verschiedener Softwarelösungen

Quelle: Hornigg, Selbstbedienung an der virtuellen Personaltheke, in: Sonderheft Personalwirtschaft 9/2001, S. 36.

Die Einführung der virtuellen Personalabteilung ebenso wie die entsprechenden Personalmanagement-Systeme und Employee Self Services zeigen sich hier als die Spitzenreiter für die kommenden Jahre. Daher sollten diese Möglichkeiten als technologische Bausteine einer unternehmens-internen Vernetzung mit zukunftsträchtiger Perspektive einer näheren Betrachtung unterzogen werden (vergleiche dazu Kapitel 6.1.2).Die Schaffung von Intranetzugängen und die Einrichtung von HR-Portalen sind jedoch nur einige der Voraussetzung für die unternehmensinterne Vernetzung. Um diese neuen Netzwerkformen zum Leben zu erwecken, sind jedoch darüber hinaus eine Reihe weiterer Faktoren für die Evolution und Gestaltung interner Vernetzungsprozesse zu beachten. Insbesondere die Bedeutung von Routinen und Capabilities als zentraler Bestandteil einer organisatorischen und gelebten internen Vernetzung soll nachfolgend betrachtet werden.

4.2 Organisation der unternehmensinterner Netzwerke – die besondere Bedeutung von Routinen und Tacit Knowledge

Sicherlich ist die Etablierung von Netzwerken im Unternehmen stark durch die heutigen technologischen Möglichkeiten und Entwicklungen auf dem Sektor der Computer- und Internettechnologie getrieben. Dennoch kann die unternehmensinterne Vernetzung mehr als diesen Einsatz moderner Technologien darstellen. Unternehmensinterne Netzwerke im Sinne der Gestaltung neuer Wege der Koordination und der Etablierung kooperativer Elemente in der hierarchischen Unternehmensstruktur können innovative Ausgangspunkte für den Erhalt und die Steigerung der Innovationsfähigkeit und Wettbewerbsfähigkeit im Unternehmen aufzeigen. Wenn diese unternehmensinternen Vernetzungsprozesse als neue Perspektive und als Impuls für eine Veränderung der organisatorischen Landschaft verstanden werden (und sich nicht auf die Bereitstellung technologischer Netzwerke und vernetzter Infrastruktur beschränken), müssen jedoch eine Reihe zusätzlicher Faktoren in die Betrachtungen integriert werden.

Die Bereitstellung und Nutzung von informationstechnologischen Systemen, wie beispielsweise dem Intranet, kann dann nicht auf ausgewählte Verwaltungsbereiche oder das mittlere Management beschränkt bleiben. Sie kann sich auch nicht ausschließlich auf die Vernetzung weniger hochspezialisierter Experten beziehen. Vielmehr muss bereits das technologische Netzwerk ein grundlegendes und allen Mitarbeitern zugängliches neues Kommunikationsmedium werden. Diese Entwicklung stellt insbesondere für Unternehmen z.B. aus dem produzierenden Gewerbe eine Herausforderung dar, die traditionell einen hohen Anteil von Beschäftigten aufweisen, die weder mit dem PC arbeiten noch mit diesem Medium vertraut sind. Diese geringe Vertrautheit mit diesem neuen Medium zeigt sich auch in der privat erheblich geringeren Internetnutzung in diesen Berufsgruppen.

Folgende Graphik verdeutlicht diesen Sachverhalt:

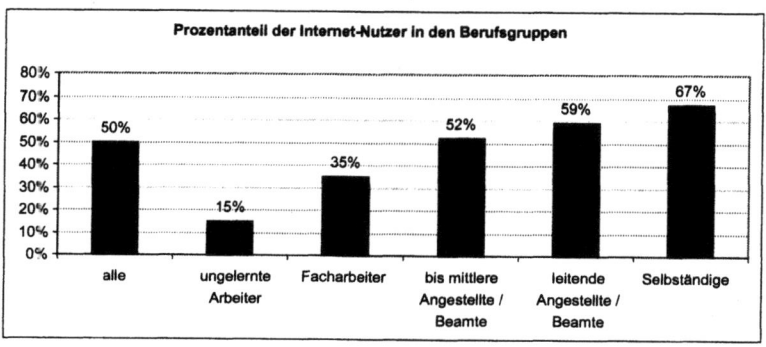

Abbildung 10: Internet-Nutzer nach Berufsgruppen

Quelle: Forschungsgruppe Wahlen, Internet-Strukturdaten IV. Quartal 2002, http://www.fgw-online.de/Ergebnisse/Strukturdaten_Internet, 03.02.2003.

Insbesondere in Branchen mit einem hohen Anteil ungelernter Arbeiter oder Facharbeiter spielt die Gestaltung von Rahmenbedingungen und Qualifizierungsmaßnahmen für die **Akzeptanz und Nutzung dieser Systeme** eine wichtige Rolle bei der Etablierung innovativer interner Netzwerke. Dazu gehört beispielsweise die **Zugänglichkeit von PC-Infrastruktur** für alle Mitarbeiter. Eine Tatsache, die insbesondere für gewerbliche Mitarbeiter keine Selbstverständlichkeit darstellt. Darüber hinaus spielen auch die **Kenntnisse und Qualifikationsstände aller Mitarbeiter** eine wesentliche Rolle und gehören damit zu den Zugangsvoraussetzungen. Hier müssen grundlegende Kenntnisse der Computerbedienung und der Internetnutzung als zukunftsfähige, strategische Kompetenzen aufgebaut werden.

Dennoch ist der Aufbau entsprechender Rahmenbedingungen und Kompetenzen nur ein Bestandteil der Etablierung interner Vernetzungs-Prozesse. Während die notwendige Veränderung von Rahmenbedingungen und Qualifikationserwartungen vertieft im Kapitel 6 anhand des Fallbeispiels DC eLife bei DaimlerChrysler betrachtet werden, soll an dieser Stelle ein anderer konstitutiver Faktor für die Etablierung interner Vernetzungsprozesse betrachtet werden, die besondere Bedeutung von Routinen und implizitem Wissen (sog. "tacit knowledge").

Die Etablierung von Netzwerken im Sinne des Aufbaus neuer Kommunikations- und Interaktionsprozesse in bzw. parallel zu der kaskadenförmigen Hierarchiestruktur erfordert eine **Reihe evolutionärer, direkt interaktiver Prozesse zwischen den Mitarbeitern im Arbeitsalltag.** Die neuen elektronischen Wege der Kommunikation und Interaktion müssen von den Mitarbeitern akzeptiert, angenommen und mit Leben erfüllt werden. Sie müssen Teil einer **neuen Unternehmenskultur** werden, die diese neuen Kommunikations- und Interaktionsformen in den Arbeitsalltag und die Arbeitsabläufe integriert.

Gleichzeitig steigt die Attraktivität dieser Netzwerke mit der Anzahl der interessierten Nutzer und damit der Anzahl potentieller Interaktionspartner für alle Beteiligten. Das implizite Wissen um den reibungslosen Ablauf von Kommunikations- und Interaktionsprozessen im Unternehmen muss daher nicht nur die traditionellen persönlichen Wege, sondern auch die neuen Formen des elektronischen Informationsaustausches und der damit verbundenen Möglichkeiten einschließen. In diesem Sinne ist die **Veränderung bestehender Routinen,** die das "how to do" und "how we do things" in jedem Unternehmen (und damit die Unternehmenskultur) charakterisieren ein wesentlicher Erfolgsfaktor für interne Netzwerke. Dabei muss dieses implizite Wissen sowohl **die Nutzungsmöglichkeiten und -bereitschaften der Mitarbeiter** repräsentieren als auch eine **grundsätzliche Toleranz dieser neuen Prozesse durch die Vorgesetzten** umfassen

Während die Unternehmensleitung durch geeignete Rahmenbedingungen und Qualifizierungsmaßnahmen die Voraussetzungen für die interne Vernetzung schaffen und beeinflussen kann, müssen in einem evolutionären Prozess des "social learning" neue Verhaltensweisen und eine veränderte Unternehmenskultur in der direkten Interaktion der Mitarbeiter geprägt werden. Diese Prozesse beeinflussen weniger das explizite, vielleicht sogar kodifizierte Wissen, sondern vielmehr das in Institutionen und Routinen kondensierte "tacit knowledge". Die Besonderheiten dieser komplexen und weniger greifbaren Wissensprozesse im Rahmen unternehmensinterner Vernetzungsprozesse sind Gegenstand des nachfolgenden Kapitels.

4.2.1 Capabilities, Routinen, Skills - Konzepte und Abgrenzungen nach Nelson / Winter / Dosi

Der Begriff des "organisationalen Wissens" ist zu einem Schlagwort für die Wissensspeicherung und den interindividuellen Wissensaustausch in der Unternehmung geworden. Nicht mehr nur der einzelne Mitarbeiter mit seinen Wissensständen und Fähigkeiten, sondern das wissensbasierte Funktionieren der Organisation in ihrer Gesamtheit, die Rückbindung des individuellen Wissens an die organisationale Basis und das Zusammenspiel verschiedener Organisationseinheiten sind zum Fokus der Betrachtungen geworden. Wenn man die Existenz von organisationalem Wissen als reales Phänomen akzeptiert, sind zwei logische Schlüsse nahe liegend. Das Ganze ist mehr als die Summe seiner Teile, d.h. jede Organisation verfügt über ein spezifisches Know How, dass über das addierte

Wissen einzelner Mitarbeiter hinausgeht und eine interindividuelle, kollektive Dimension enthält. Zweitens lässt sich eine besondere Dimension des Wissens in jeder Organisation identifizieren, die "organisational capabilities", die den organisationsspezifischen Weg und die Aktivitäten zur Erzeugung des jeweiligen Outputs (Produkt oder Serviceleistung) ebenso wie die Suche nach innovativen Outputleistungen in dieser Organisation charakterisieren.[198]

Diese "organisational capabilities" werden von den Autoren Dosi, Nelson, Winter, deren Ansatz hier weiter betrachtet werden soll, wie folgt beschrieben:
"To be capable of things is to have a generally reliable capacity to bring that thing out as a result of an intended action. Capabilities fill the gap between intention and outcome...[The capability is] a fairly large-scale unit of analysis, one that has a recognizable purpose expressed in terms of the significant outcomes it is supposed to enable, and that is significant shaped by conscious decision both in its development and deployment".[199] Organisational capabilities sind die grundlegenden Fähigkeiten in einer Unternehmung, die die Leistungserstellung durch zielgerichtete Handlungs- und Entscheidungsprozesse ermöglichen. Dabei trifft diese Zielausrichtung und Bewusstheit bei der Entwicklung und Anwendung dieser "organisational capabilities" für die strategischen Entscheidungen des höheren und mittleren Managements zu. Sie spiegeln die Fähigkeit wieder, strategische Intentionen und Visionen in den konkreten Leistungserstellungsprozess der Organisation umzuwandeln und eine Erfolgskontrolle durchzuführen.[200] Für eine Analyse der alltäglichen Abläufe sowie der operationalen Gestaltung der Wissens- und Interaktionsbeziehungen zwischen den Mitarbeitern reicht diese sehr aggregierte Betrachtungsweise des organisationalen Wissens bzw. der organisationalen Fähigkeiten jedoch nicht aus. Nicht alle Handlungen in der Organisation lassen ihre klare Intention oder eine eindeutige Zweck- und Zielbindung erkennen noch sind sie bewusst ablaufende Handlungsweisen. Viele Abläufe erfolgen automatisiert, viele Interaktionen und Prozessschritte sind einfach da, ohne dass jemand ihre genaue Bedeutung, Zielsetzung oder Herkunft erklären kann. Insbesondere im Umgang der Mitarbeiter miteinander und in der organisationsspezifischen Unternehmenskultur spielen diese Faktoren eine wichtige Rolle. Daher muss auch die Bedeutung dieser gelernten, oftmals in das tacit knowledge übergegangenen Verhaltensschemata für das organisationale Wissen und die Wissensspeicherung in die Betrachtungen integriert werden, insbesondere da der Fokus dieser Arbeit nicht auf einer Veränderung der Produkt- bzw. Outputpalette, sondern auf der Art und Weise der Leistungserstellung liegt. Es tritt neben den Begriff der "organisational

---

198 vgl. Drepper, Differenzierung, Entscheidung und Integration - Dilemmata der Steuerung und Intervention in Organisationen, 2000, S.196 ff.
199 Dosi, Nelson, Winter (Hrsg.), The Nature and Dynamics of Organisational Capabilities, 2002, S. 2 f.
200 vgl. Dosi, Nelson, Winter (Hrsg.), The Nature and Dynamics of Organisational Capabilities, 2002, S. 4 f.

capabilities" daher noch das Konzept der „Routine". Nelson und Winter haben im organisationalen Umfeld diesen Begriff der "Routine" für diese regelmäßigen und wiederholbaren Programme zur Verhaltenssteuerung geprägt Routinen bilden die innerbetriebliche Analogie zu dem Begriff der Institutionen aus der evolutionären und sozialen Ökonomie. *"Our general term for all regular und predictable behavioural pattern of the firm is "routine". We use this term to include characteristics of the firm that range from well-specified technical routines for producing things, through procedures for hiring and firing, ordering new inventory, or stepping up production, ... to policies regarding investment, research and development (R&D) or advertising. In our evolutionary theory, these routines play the role that genes play in biological evolutionary theory. They are a persistent feature of the organism and determine its possible behaviour... and they are heritable in the sense that tomorrows organism is generated from today's."*[201]

Routinen sind durch Sozialisation und „learning by doing" geprägte Verhaltensweisen, die der Komplexitätsreduzierung in der Wahrnehmung, der eingespielten Kommunikation und der geregelten Interaktion der Mitglieder einer Organisation dienen. Dabei bilden diese konkreten Routinen nicht nur die sachliche Problemlösungsfunktionen ab, sondern sie integrieren auch die herrschenden Machtverhältnisse („truce") in die Arbeitsausführung (vergleiche Kapitel 4.2.2). Insbesondere in großen Organisationen leisten diese stillschweigenden Übereinkünfte und diese lautlosen, oft selbstverständlich gewordenen Verhaltensmuster einen wesentlichen Beitrag in der Bewältigung von Koordinationsproblemen und Reduzierung von Koordinationsaufwand. Gerade wenn ein großer Teil der Interaktionen des Arbeitsalltages zwischen den Mitglieder einer Organisation abläuft, sind diese Vereinbarungen über standardisierte Abläufe bzw. Art und Weisen der Leistungserbringung sozusagen das Öl auf den Zahnrädern des organisationalen Getriebes. Dabei erfordern Routinen weder die bewusste Entwicklung noch die bewusste Ausführung und Anwendung dieser Verhaltensmuster. Auch eine eindeutige Zielbindung ist bei vielen Routinen nicht mehr erkennbar, sondern sie existieren ohne Hinterfragung im Arbeitsalltag, vielleicht auch einfach nur aus Gewohnheitsrecht. In diesem Sinne unterscheidet sich der Begriff Routine eindeutig von den "organisational capabilities"[202]. Gleichzeitig sind Routinen jedoch Bestandteil der "organisational capabilities" und leisten einen wesentlichen Beitrag zu der Erfüllung und Umsetzung der organisationsspezifischen Fähigkeiten. Sie sind ein wichtiger Bestandteil des Wissensspeichers im Hinblick auf den organisationsspezifischen Dialekt in der jeweiligen Unternehmung, also das „how we do things".

Neben diesen beiden Konzepten wird häufig in diesem Kontext der Begriff "skills" gebraucht. Skillmanagement ist zu einem Schlagwort der Organisationstheorie

---

201 Nelson / Winter, An Evolutionary Theory of Economic Change, 1982, S. 14.
202 vgl. ebenda, S. 97 f.

avanciert. Skills sollen hier jedoch als individuelle Fähigkeiten der Mitarbeiter verstanden werden, die losgelöst von einem organisationsspezifischen Kontext existieren. Der Mitarbeiter, der seinen Job beherrscht und die dafür notwendigen Kenntnisse besitzt, verfügt über ein individuelles Skillprofil. Damit kann er seine Tätigkeit prinzipiell (beispielsweise das Fahren eines Gabelstaplers) in jeder beliebigen Unternehmung ausüben. Er verfügt damit jedoch noch nicht über die organisationsspezifischen Kenntnisse, wann beispielsweise welcher Gabelstapler Vorfahrt hat und wie die zu bewegenden Paletten gekennzeichnet sind. Dennoch stellen Skills auf der individuellen Ebene einen Bestandteil und oftmals auch Voraussetzung für die organisationsspezifischen Routinen dar.[203]

Während die Notwendigkeit der Veränderung von Skills als individuellen Fähigkeiten wie beispielsweise der Nutzung von Computern und Intranetapplikationen im Rahmen unternehmensinterner Vernetzungs-prozesse Gegenstand des Kapitels 6 ist, sollen nachfolgend die notwendigen Veränderungen von Routinen und ihre Funktionen und Bedeutung für die Etablierung interner Netzwerke näher betrachtet werden. Es steht hier die kollektive Wissensbildung und -veränderung in der Unternehmung im Vordergrund.

4.2.2 Funktionen von Routinen und Tacit Knowledge

Insbesondere in großen und komplexen Unternehmen, in denen eine Vielzahl der Interaktionen zwischen den Mitarbeitern des Unternehmens selbst und nur sekundär mit dem Unternehmensumfeld ablaufen, haben betriebliche Routinen eine besondere Bedeutung. Dabei erfüllen Routinen und das implizit darin gespeicherte Wissen sowie die Möglichkeit diese Verhaltensprogramme bei Bedarf wortlos abzurufen in der Gestaltung des Unternehmensalltages verschiedene Funktionen:

Routinen als organisationales Gedächtnis / Wissensspeicher
Routinen fungieren in jeder Organisation als Speicher des organisationsspezifischen Wissens und als "enabler" für die Ausführung der notwendigen Aktivitäten der Outputerstellung. Dabei umfasst dieser routinenbasierte Wissensspeicher mehr als das operationale Fachwissen, das auch in einer Vielzahl von Arbeitsanweisungen, Prozessbeschreibungen und Organisationsanweisungen zumindest teilweise kodifiziert werden kann. Insbesondere auch der organisationsspezifische "Dialekt" und das organisationsspezifische "how we do things" sowie die Verhaltensweisen für eine möglichst reibungslose Koordination der Arbeitsabläufe und Mitarbeiterin-

---

[203] vgl. Dosi, Nelson, Winter (Hrsg.), The Nature and Dynamics of Organisational Capabilities, 2002, S. 4 ff.

teraktionen werden in Routinen verankert. Routinen ermöglichen eine aktive Wissensspeicherung und Sicherstellung des Know-hows in der Organisation durch "remembering by doing", d.h. durch die permanente Anwendung und Erweiterung von Erfahrung und Tätigkeiten wird dieses oftmals latente, implizite Wissen beibehalten und weitergegeben. Das routinenbasierte organisationale Gedächtnis beinhaltet daher, dass die Mitarbeiter über entsprechende Routinen zur Ausführung ihres Jobs und einer Reihe von Routinen zur Interpretation der Nachrichten für das wann und wo der Ausführung von Routinen verfügen. Die Unternehmensorganisation kann in dieser Sichtweise als ein System aus externen Informationsinputs aus der Umwelt verstanden werden, die die Ausführung diverser Routinen durch die Mitarbeiter anstoßen, die wiederum eine Kette von neuen Informationsanstößen generieren und zur Outputerstellung führen.[204]

Routinen als defizile Basis von Motivations- und Machtstrukturen und der Verminderung von Konfliktpotentialen ("routines as truce")
Neben der aktiven und passiven Speicherung von organisationsspezifischem Wissen dienen Routinen zur Gestaltung sozialer Interaktionen. In jeder Organisation gibt es Routinen, die insbesondere im Hinblick auf motivationale Aspekte und intraorganisationales Konfliktpotential, zusätzliches Wissen enthalten. Hier wird beispielsweise die Frage beantwortet, warum Mitarbeiter entsprechend der erhaltenen und richtig interpretierten Botschaften handeln. Dabei spielen Kontrollmechanismen, die Bestandteil der routinenbasierte Arbeitsausführung anderer Mitarbeiter (insbesondere Vorgesetzter) ebenso eine Rolle wie die individuellen Motivationsfaktoren wie beispielsweise Belohnungen, Beförderungen, Angewiesenheit auf den Arbeitsplatz etc. Viele dieser Übereinkünfte sind stillschweigend und selbstverständlich und werden nirgendwo als Kriterium für die gute Bewertung der Zusammenarbeit ausgewiesen, sondern werden von allen Mitarbeitern der Organisation als "tacit knowledge" in bestimmten Routinen gelernt, akzeptiert und weitergegeben. Dieses implizite Wissen steuert auf einer subtilen Ebene die Koordination zwischen den Mitarbeitern und ihre gemeinsame Zielerreichung. Es entsteht ein gemeinsamer Wertungs- und Erwartungsrahmen für die Mitglieder der Organisation, der gleichzeitig auch eine fragile Basis für die Vermeidung von essentiellen, für den Fortgang der Organisation bedrohlichen Konfliktpotentialen darstellt. Trotz oftmals divergierender individueller Interessen sichern diese grundlegenden, in Routinen verankerten Spielregeln eine geteilte Kultur und sorgen damit auch für eine gewisse Verlässlichkeit im Umgang mit diesen Konfliktpotentialen.[205]

---

204 vgl. Nelson / Winter, An Evolutionary Theory of Economic Change, 1982, S. 99 ff.
205 vgl. Nelson / Winter, An Evolutionary Theory of Economic Change, 1982, S. 107 ff.

Routinen für die Bewältigung des Wandels und der Suche nach Innovationen ("routines as target")

Neben den oben erwähnten Funktionen leisten Routinen im Unternehmens-alltag noch einen wesentlichen Beitrag zur Bewältigung des fortlaufenden organisatorischen Wandels und für die Anpassung an neue Umweltzustände. Im einfachsten Fall erfolgen durch Replizierung und Imitation bestehender Routinen in neuen Kontexten und Anwendungsbezügen mögliche Wege für den Umgang mit Veränderungen. Oftmals unbewusst steuern so Routinen Lernprozesse und stellen Templates aus kondensierten Erfahrungen der Vergangenheit als Leitbild für die Umsetzung von Veränderungen dar. Gleichzeitig können Routinen, wie beispielsweise die routinenbasierte Personalauswahl, eine Selektion und ein Monitoring neuer Inputfaktoren bewirken und den Wandel der Organisation beeinflussen bzw. kontrollieren. Neben diesen vorrangig unbewusst verlaufenden Einflussnahmen auf Veränderungsprozesse, definieren Nelson / Winter jedoch noch eine weitere Kategorie spezieller Routinen für die bewusste Suche nach Innovationen und neuen Problemlösungsräumen. Diese Routinen fungieren als Orientierungs-rahmen für die Suche nach Problemlösungen in unbefriedigenden Situationen bzw. stellen die Basis für die Definition von Handlungsnotwendigkeiten dar. Dabei ist die Suche nach Innovationen durch die besondere Unsicherheit gekennzeichnet, dass das Ergebnis des Innovationsprozesses vorher meist nur unzureichend oder auch gar nicht bekannt ist. Daher ist die Strukturierung der Suche nach Innovationen innerhalb eines vertrauten, routinenbasierten Wahrnehmungs- und Organisationsrahmens häufig der einzige Weg zur Reduzierung dieser Komplexität und Unsicherheit und zur Ermöglichung der Innovation.[206]

Aufbauend auf den dargestellten Funktionen von Routinen soll nachfolgend die Konkretisierung der Rolle von Routinen bei intraorganisationalen Vernetzungsprozessen im nächsten Kapitel vorgenommen werden.

4.2.3 Die Rolle von Routinen bei internen Vernetzungsprozessen

Organisationale Vernetzungsprozesse im Rahmen der Einführung von Intranetsystemen und e-Applikationen erfolgen in den meisten Fällen zunächst parallel zu der traditionellen, klassischen Unternehmensorganisation. Dieses gilt im besonderen Maße für produktionsbezogene bzw. produktionsnahe Unternehmensorganisationen, wie sie auch im nachfolgenden Fallbeispiel DC eLife in der DaimlerChrysler AG betrachtet werden. Das bedeutet, dass die vorher eingespielten Leistungserstellungs- und Kernprozesse in vielen Bereichen zunächst von einer Systemeinführung

---

206 vgl. Pavitt, Innovating routines in the business firm - what corporate tasks should they be accomplishing ?, in: Industrial and Corporate Change, 2002, S. 117 ff.

und technologischen Vernetzung unberührt bleiben. Es entsteht jedoch parallel zu den traditionellen Arbeitsabläufen und Strukturen ein neuer Möglichkeits- und Anreizraum des virtuellen "e", d.h. eine neue Welt des eBusiness oder Workforce Connect. Hier stehen den Mitarbeitern neue Informationsangebote, neue Interaktionsmöglichkeiten (Mail, Foren, Netzwerke), eine neue Corporate Identity und neue Wege der Abwicklung bekannter Funktionen (vgl. dazu Kapitel 4.1.2) zur Verfügung. Diese neue eBusiness-Welt muss in den Arbeitsalltag integriert werden und durch die Bildung von Routinen für die Nutzung mit Leben erfüllt werden.

Durch die Akzeptanz und Nutzung dieser neuen Angebote entstehen jedoch vermehrt Wechselwirkungen und Interdependenzen zwischen den beiden "Organisationen". Es kommt zu Veränderungen in der Kultur und dem Rollenverständnis, die sich auch auf die Leistungserstellungs- und Kernprozesse auswirken. "It is commonplace today to argue that technologies and organizational practices co-evolve. It is less common to expose oneself to accusations of 'technological determinism' by arguing that, on the whole, corporate organizational practices adapt, in order to exploit emerging technological opportunities....But technical advances normally precede organizational advances, because of their firmer knowledge base and the lower costs of experimentation. This does not mean that technology imposes one organizational best way: variety in the characteristics of technologies, their continuous change and uncertain applications lead to variety and experimentation in organizational practices. [207]"

Viele der Veränderungen durch die unternehmensinterne Vernetzung sind gleichbedeutend mit einer Veränderung der bestehenden Routinen und auch des darin gespeicherten "tacit knowledge". Dieses gilt für ganz verschiedene Funktionen von Routinen und ihren Anwendungsfeldern. Die neuen elektronischen Wege der Prozessabwicklung verändern beispielsweise das in Routinen gespeicherte "how we do things", die **organisationsspezifische Art und Weise der Leistungserstellung** ebenso wie die **gewohnten Kommunikations- und Interaktionsabläufe**.

Gleichzeitig verändert sich das **Rollenverständnis des Mitarbeiters insbesondere in Produktionsbereichen**, der jetzt mehr Autonomie, neue Möglichkeiten und auch neue Qualifikationen erwirbt. Nicht nur der Mitarbeiter, sondern auch die Vorgesetzten in der traditionellen Hierarchie müssen dieses neue Rollenverständnis akzeptieren und in den Arbeitsalltag integrieren. Dabei verändern sich routinenbasierte Motivations- und Machtstrukturen bzw. die vorher eingespielten Gleichgewichte zur Vermeidung von Konfliktpotentialen.

---

207 Pavitt, Innovating routines in the business firm - what corporate tasks should they be accomplishing ?, in: Industrial and Corporate Change, 2002, S. 125.

Eine weitere Neuerung, die auch routinenbasiert im Arbeitsalltag der Mitarbeiter integriert wird, sind die **ungeschriebenen Spielregeln zur Nutzung dieser neuen Medien**. Diebstahl und Vandalismus der technischen Infrastruktur kann beispielsweise am effektivsten durch die Mitarbeiter selbst verhindert und kontrolliert werden. Diese Faktoren stellen einige Beispiele für die Rolle von Routinen bei der organisatorischen Etablierung unternehmensinterner Vernetzungsprozesse dar. Eine vertiefte Betrachtung erfolgt im Kapitel 0 im Rahmen der Evaluierung des Fallbeispiels DC eLife.

5 Zwischenfazit - Netzwerke in der Hierarchie und die Potentiale des Netzwerkansatzes für intraorganisationale Prozesse

Netzwerke in der Hierarchie der Unternehmensorganisation kennzeichnen eine neue Qualität der Gestaltung von Beziehungen im Unternehmen. Während die Hierarchie der Unternehmensorganisation durch die Dependenz der Akteure, eine formale Weisungsgewalt und eine starke Fixierung und Begrenzung auf Bereiche bzw. Abteilungen des Unternehmens gekennzeichnet ist, entstehen unternehmensinterne Netzwerke als neuartige, kooperative Beziehungsgefüge parallel bzw. überlappend zu der hierarchischen Unternehmensorganisation. Diese neuen vernetzten Strukturen ermöglichen eine Erweiterung des Kreises von Interaktions- und Kommunikationspartnern und fördern einen breiteren, schnelleren Informationsfluss und unterstützen somit einen effektiveren Leistungsaustausch.

Aus diesem Grunde sind interne Netzwerke ebenso wie unternehmensübergreifende Netzwerke durch die Interdependenz des Leistungsaustausches und die Reziprozität der Akteure gekennzeichnet. Trotz dieser grundlegenden Merkmale von Netzwerkorganisationen im Hinblick auf die Art und Weise des Leistungsaustausches und die Beziehung der Akteure, unterscheiden sich interne Netzwerke von unternehmens-übergreifenden Vernetzungsprozessen in einigen Punkten. Dazu gehören sowohl ihre Reichweite als auch die Rahmenbedingungen ihrer Entstehung. Während unternehmensübergreifende Netzwerke die Nähe von Unternehmen beispielsweise in einer Region voraussetzen, sind interne Vernetzungsprozesse intraorganisational auf das einzelne Unternehmen beschränkt. Sie sind jedoch im Gegensatz zu der Hierarchie nicht an formale Bereichs- und Abteilungsgrenzen gebunden, sondern können sich nach fachlichen oder interessengeleiteten Kriterien innerhalb des gesamten Unternehmens bzw. Konzerns formieren. Im Gegensatz zu unternehmensübergreifenden Netzwerken, die eine Alternative zu den Interaktionen auf anonymen Märkten darstellen, ist die Hierarchie die prägende Rahmenbedingung für interne Vernetzungsprozesse. Hierarchische Prinzipien wie Weisungsbefugnis und klare organisatorische Zuordnungen bleiben als prägende Rahmenbedingung für die Entstehung interner Netzwerke erhalten und werden jedoch um neue Beziehungsgefüge und kooperative Elemente erweitert. Es entsteht somit eine neue Qualität zusätzlicher Beziehungen im Unternehmen.

Form	Beziehung der Akteure	Leistungs-Austausch	Reichweite
Hierarchie	Dependenz	Weisung	intraorganisational bereichs- bzw. abteilungsbezogen
Netzwerk	Interdependenz	Reziprozität	Nähe
Internes Netzwerk	Interdependenz	Reziprozität	intraorganisational, aber bereichs- bzw. abteilungs- übergreifend

Abbildung 11: Funktionsmerkmale von Hierarchie und Netzwerk

Bei einer weiterführenden Betrachtung interner Netzwerke lassen sich zwei Formen der intraorganisationalen Vernetzung unterscheiden. Die Vernetzung durch onlinebasierte Geschäftsprozesse wie sie exemplarisch im Kapitel 4.1.2) dargestellt wurde, ist oftmals der Ausgangspunkt für interne Vernetzungsoffensiven. Hier werden von Seiten der Unternehmensleitung oftmals die schnellsten und größten Rationalisierungspotentiale gesehen. Diese Form der internen Vernetzung gehört in den Bereich Business-to-Employee, bei dem vorrangig unternehmensseitig versucht wird, den Mitarbeiter über neue elektronische Wege zu erreichen und Arbeitsabläufe auf dieses Medium umzustellen. Bei der genaueren Betrachtung der unternehmensinternen Vernetzung muss diese Form jedoch von einer weiteren Art der internen Vernetzung unterschieden werden. Im Zuge der dargestellten Einführung (vergleiche Kapitel 4) von Employee-Portalen entstehen zunehmend Möglichkeiten der Vernetzung innerhalb der Belegschaft, d.h. für die Mitarbeiter untereinander. Diese Netzwerke basieren auf der freiwilligen Teilnahme und dem Engagement der Mitarbeiter, die sich dadurch neue Möglichkeiten der Interaktion und Kommunikation erschließen. Während bei der Initiierung von Vernetzungsoffensiven (meist aufgrund strategischer Entscheidungen durch das Management) wirtschaftliche Interessen wie die Einsparung von Arbeitszeit und Arbeitskraft durch standardisierte online Prozesse dominieren, streben die Mitarbeiternetzwerke die Erschließung neuer kollegialer Wissensbestände und neuer Problemlösungsmuster an. Durch die neuen elektronischen Möglichkeiten können Experten für viele Themen identifiziert und leicht kontaktiert werden bzw. eigene Themen wie berufliche Veränderungswüsche kommuniziert werden. Diese freiwilligen Mitarbeiternetzwerke gehören in den Bereich Employee-to-Employee und stellen das Kernstück einer workforce connect Initiative dar, da sie wirklich die Belegschaft („workforce") miteinander verbinden. Dies geschieht jenseits klarer Prozessvorgaben der Unternehmensleistung in freiwilligen Kompetenz- und Diskussionsforen sowie elektronischen Facharbeiternetzwerken. Da es sich bei diesen Netzwerken um wirklich neue Möglichkeiten und die Entstehung neuer, parallel zu der Hierarchie verlaufender Prozesse handelt (und nicht nur um die

Umstellung vorhandener Geschäftsprozesse auf ein neues Medium) sind hier die wirklichen Netzwerkpotentiale zu erwarten. In diesem Sinne müssen die zunächst Synonym verwendeten Begriffe Business-to-Employee und Workforce Connect (entspricht im eigentlichen Sinn dem Begriff Employee-to-Employee) bei einer nähren Betrachtung interner Vernetzungsprozesse differenziert werden. Eine vertiefte Betrachtung dieser Form der internen Vernetzung erfolgt im Rahmen des Fallbeispiels DC eLife im Kapitel 6).

Die vorangegangenen Kapitel dieser Arbeit haben gezeigt, dass die neuen ökonomischen Rahmenbedingungen in der Informationsgesellschaft wie der Umgang mit echter Unsicherheit, Komplexität und Netzexternalitäten neue Herausforderungen für viele Unternehmen darstellen. Um auf deregulierten Weltmärkten und in fragmentierten Wertschöpfungsprozessen weiterhin handlungsfähig zu bleiben, ist die Suche neuen Koordinationsmechanismen von zentraler Bedeutung. Hier zeigt die Organisation von Akteuren in unternehmensübergreifenden Netzwerken neue Perspektiven für die Überwindung von Handlungsblockaden und für die interdependente Entscheidungsfindung in sozialen Dilemmata. Für den Erhalt der Wettbewerbs- und Handlungsfähigkeit unter den neuen Prämissen der Informationsgesellschaft ist es jedoch nicht nur notwendig, sich auf externen Märkten neu zu positionieren und zu organisieren, sondern ebenso erfolgt die Suche nach neuen innerbetrieblichen organisatorischen Lösungen. Es müssen die vorhandenen internen Wissensbestände in neuem Maße erschlossen werden und der Informationsfluss auch bei räumlicher Trennung bzw. räumlicher Flexibilität der Mitarbeiter sichergestellt werden. Zusätzlich steigt der Druck für die Suche nach Innovationen und nach Rationalisierungspotentialen, um auch unter diesen neuen, schwierigen Bedingungen und schlechten konjunkturellen Voraussetzungen am Markt bestehen zu können. Hier zeigt ein Trend zur unternehmensinternen Vernetzung, der analog zu der externen Vernetzung zwischen Unternehmen, neue Möglichkeiten der Koordination der Akteure aufweist. Diese neuen, vernetzten Beziehungsgefüge und Kommunikationsstrukturen parallel zu der hierarchischen Unternehmensorganisation sollen eine Flexibilisierung und Rationalisierung der Informations- und Leistungsprozesse, eine Förderung des Wissensaustausches und der Transparenz im Unternehmen sowie einen positiven Einfluss auf das Innovationsklima und -verhalten ermöglichen.

Um diese Potentiale jedoch realisieren zu können ist es notwendig, kooperative Elemente und Netzwerkcharakteristika in die hierarchische Unternehmensorganisation zu integrieren. Diese bleibt als maßgebliche Determinante betrieblichen Handelns bestehen. Sie soll jedoch an einigen Stellen um neue kooperative und parallele Wege ergänzt werden. Dazu sind eine Reihe von Veränderungen in der Unternehmensorganisation und –kultur notwendig. Von besonderer Bedeutung für die Entwicklung der vernetzten Kommunikations- und Interaktionsmodelle im

Workforce Connect ist die Veränderung des in Routinen gespeicherten Wissens über die organisationsspezifische Art und Weise der Leistungsabwicklung und Interaktion ("how we do things"). Dieses (meist implizite) tacit knowledge ist eine wesentliche Voraussetzung für die Akzeptanz und Nutzung der internen Vernetzung. Das gute Verhältnis aus kognitiver Nähe und Distanz durch die Mitgliedschaft in der gleichen Organisation bei gleichzeitiger Überschreitung von Bereichs- und Abteilungsgrenzen sollte dabei einen positiven Einfluss auf diese Lern- und Veränderungsprozesse ausüben. In einem Prozess des "social learning" kann zwischen den betrieblichen Akteuren ein kooperatives Vertrauensverhältnis als Basis für den Informations- und Wissensaustausch entstehen.

Während bislang Hierarchie und Kooperation vorrangig als gegensätzliche Koordinationsmechanismen betrachtet wurden, ist es die spannende Fragestellung dieser Arbeit festzustellen, ob die Integration von Elementen des einen (Kooperation) in die Rahmengebung des anderen (Hierarchie) möglich ist. Dabei haben die vorangegangenen Kapitel dargestellt, wie solche intraorganisationalen Netzwerke in der Hierarchie aussehen können (vgl. Kapitel 4) und welche Potentiale sich aus der Theorie für diese Organisationsform ableiten lassen.

Da es bislang jedoch nur wenige Erkenntnisse zu dieser innovativen Form der Erweiterung traditioneller Unternehmensorganisationen gibt, ist es notwendig die Plausibilität und Machbarkeit dieser Annahmen anhand von praktischen und empirischen Erkenntnissen zu überprüfen bzw. diese zu erweitern. Dazu wird im Folgenden das Fallbeispiel DC eLife in der DaimlerChrysler AG als eines der ersten und umfassendsten Beispiele für die unternehmensinterne Vernetzung untersucht. Dabei handelt es sich erstmalig um eine umfassende B2E-Vernetzungsoffensive, die nicht nur im Verwaltungs- und Dienstleistungsbereich umgesetzt wird, sondern im produzierenden Gewerbe der neuen Bedeutung aller Mitarbeitergruppen Rechnung trägt.

Folgende Leitfragen leiten sich aus den bisherigen Erkenntnissen ab und sollen den Fokus für die Analyse des Fallbeispiels DC eLife darstellen:

- Welche Möglichkeiten existieren, um eine unternehmensinterne Vernetzung zu realisieren und diese neue Dimension der Informationsgesellschaft im Unternehmen abzubilden? (siehe dazu Kapitel 6.1)
- Sind diese intraorganisationalen Vernetzungsoffensiven erfolgreich und werden sie von den Mitarbeitern in den Arbeitsalltag integriert? (siehe dazu Kapitel 6.2.1)
- Ist es tatsächlich möglich, an einigen Stellen Koordination durch Kooperation zwischen den Mitarbeitern zu erreichen, auch wenn die Hierarchie als maßgebliches Koordinationskonzept bestehen bleibt? Welche Kriterien lassen sich für

diese organisatorische Vernetzung im Unternehmen identifizieren? (siehe dazu Kapitel 6.2.2)
- Welche Rolle spielen evolutionäre und direkt interaktive Prozesse für die Evolution dieser intraorganisationalen Netzwerke? (siehe dazu Kapitel 6.2.3)

DC eLife als eBusiness-Offensive für alle Mitarbeiter der DaimlerChrysler AG eröffnet nicht nur neue technologische Möglichkeiten der unternehmens-internen Vernetzung, sondern stellt auch erstmalig eine konzernweite und für alle Mitarbeiter zugängliche Kommunikations- und Interaktionsplattform zur Verfügung. Durch die innovative Einbeziehung auch der Mitarbeiter in den Produktionsbereichen werden dabei sowohl völlig neue Potentiale und Anwendungsfälle erschlossen als auch eine neue Zielgruppe mit individuellem Qualifizierungsbedarf und neuen Herausforderung zur Etablierung dieses Medium einbezogen. Wenn man die Entwicklung zur Informationsgesellschaft nicht nur als ein akademisches und auf das Management bezogenes Phänomen betrachtet, so entsteht hier eine Möglichkeit, die Informationsgesellschaft als breiten gesellschaftlichen Trend zu etablieren.

B. Analyse der Möglichkeiten und Konsequenzen intraorganisationaler Vernetzung anhand des Beispiels DC eLife in der DaimlerChrysler AG

6 DC eLife – unternehmensinterne Vernetzung am Beispiel der Einführung von Mitarbeiter-Portal und ePeople in der DaimlerChrysler AG

„Stuttgart – Als erstes Automobilunternehmen in Deutschland fasst DaimlerChrysler alle mitarbeiterbezogenen e-Business-Aktivitäten unter dem Dach von DC eLife zusammen. Im Rahmen dieser Business-to-Employee (B2E) – Offensive haben alle Mitarbeiter die Möglichkeit ihre IT-Kompetenz auf- und auszubauen."[208]

Das konzernweit angelegte Projekt DC eLife geht auf einen Beschluss des Vorstandes der DaimlerChrysler AG zurück, der am 20.03.2001 im Rahmen des eBusiness Councils gefasst wurde. Wie das obige Zitat verdeutlicht ist die anspruchsvolle Zielsetzung eine eBusiness-Offensive für alle Mitarbeiter im gesamten Konzern der DaimlerChrysler AG zu starten, um die Vernetzung der Mitarbeiter, die umfassende, bedarfsgerechte und einheitliche Informationsversorgung sowie die Abwicklung elektronischer Geschäftsprozesse zu ermöglichen. Damit soll DC eLife den Grundstein für ein zukunftsweisendes Informations- und Wissensmanagement legen und gleichzeitig durch beschleunigte Prozesse und gesteigerte Effizienz einen wesentlichen Beitrag zu der positiven Unternehmensentwicklung im Zeitalter der Informationsgesellschaft leisten. Die Realisierung des Projektes erfolgt in enger Zusammenarbeit verschiedener Unternehmensbereiche wie Kommunikation, Personal, Informationstechnologie, Finanzen und Corporate eBusiness. Dabei steht das Projekt DC eLife nicht isoliert dar, sondern ist einer der Bestandteile der „DCX Net Initiative", die neben den mitarbeiterbezogenen Aktivitäten auch alle eBusiness-Strategien und -Investitionen im Konzern bündelt. Dazu hat DaimlerChrysler eigens eine neue Tochtergesellschaft, die DCX Net Holding, gegründet. Diese Holding wurde mit einem Startkapital von 550 Millionen Euro ausgestattet und steuert die "DCX Net Initiative", die für operatives Projektmanagement zuständig ist[209]. Neben dem Bereich *workforce connect* gehören dazu auch die Bereiche *vehicle connect* (Vernetzung in den Fahrzeugen wie beispielsweise durch Telematik-Systeme), *business connect* (Vernetzung im Bereich Business-

---

208 DaimlerChrysler Communications, Presse-Information, Stuttgart, 5.07.2001.
209 vgl. GULP - Das Portal für IT-Projekte, Artikel „E-Business bei DaimlerChrysler -Ziel ist das voll vernetzte Unternehmen", http://www.gulp.de/kb/mk/itbranche/daimlerchr.html, 01.12.2003.

to-Business wie beispielsweise durch die weltweite Internet-Plattform COVISINT für die Vernetzung zwischen Automobilindustrie und Zuliefern) und *customer connect* (Vernetzung mit dem Endkunden z.B. durch den virtuellen Autosalon)[210].

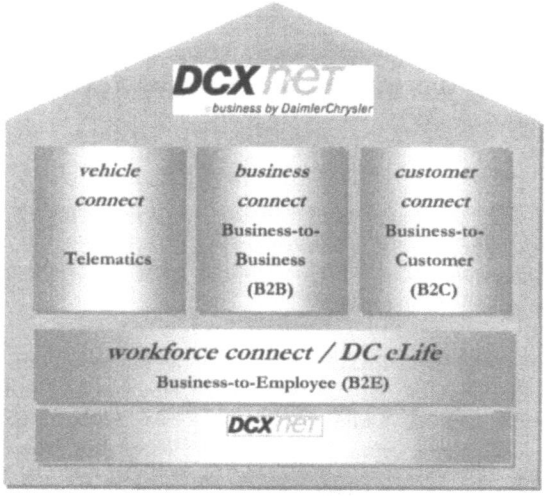

Abbildung 12: DCX Net – eBusiness by DaimlerChrysler

Quelle: interne Präsentation zum Projektleitermeeting DC eLife, Walter Scheel, 20.09.2001.

Das nachfolgend vorgestellte Projekt DC eLife widmet sich dabei ausschließlich dem Bereich Workforce Connect, bzw. der in Anlehnung an die Bezeichnung der anderen Vernetzungsformen auch Business-to-Employee genannten, Vernetzung der Mitarbeiter und der internen Geschäftsprozesse des Konzerns. Denn in der Fähigkeit des Umgangs mit Intranet bzw. Internet erkannte man eine notwendige strategische und zukunftsweisende Kompetenz aller Mitarbeiter für das berufliche und private Leben in den kommenden Jahren. Der Aufbau dieser Kompetenzen soll nicht nur einen hohen Grad der Vernetzung ermöglichen, sondern dadurch zur Beschleunigung interner Prozesse, zur Vereinfachung von Arbeitsabläufen und zu einer an individuelle Bedürfnisse angepassten Informationsbereitstellung und -nutzung beitragen. Daher wendet sich DC eLife erstmalig nicht nur an Angestellte, sondern auch an alle gewerblichen Mitarbeiter in den Produktionsbereichen, die bislang keinen Zugang zu Rechnerarbeitsplätzen und ggf. auch keine entsprechen-

---

210 vgl. GULP - Das Portal für IT-Projekte, Artikel „E-Business bei DaimlerChrysler -Ziel ist das voll vernetzte Unternehmen", http://www.gulp.de/kb/mk/itbranche/daimlerchr.html, 01.12.2003.

den Kenntnisse besitzen. In diesem Sinn ist DC eLife das erste Beispiel für die umfassende unternehmensinterne Vernetzung, die sich nicht nur auf Büro- und Verwaltungsbereiche bezieht, sondern die Mitarbeiter aller Beschäftigungsgruppen einbezieht und so auch die völlig neue Zielgruppe der Produktionsmitarbeiter involviert.

Aus diesen Gründen sieht sich DC eLife mit einer Reihe neuer Herausforderungen und innovativer Gestaltungsräume konfrontiert. Unter anderem muss das Intranet als eines der zentralen Medien der intraorganisationalen Vernetzung an völlig neue Anforderungen angepasst werden und in ein neues Arbeitsumfeld integriert werden. Dabei trifft die traditionelle, tayloristische und streng getaktete Fließbandarbeit auf den Ansatz der steigenden internen Vernetzung mit erhöhter Flexibilität, neuen Verantwortungsbereichen und veränderten Qualifikationsanforderungen.

Das nachfolgende Kapitel 6.1 vermittelt einige grundlegende Eindrücke über das Projekt DC eLife und stellt die Visionen und Zielsetzungen des Projektes sowie seine wesentlichen Bestandteile, das Mitarbeiter-Portal und das Personalmanagementsystem ePeople, näher dar. Das Kapitel 6.2 hingegen widmet sich einer ersten empirisch gestützten Evaluierung des Projektes DC eLife anhand der Ergebnisse der Pilotprojekte DC eLife, insbesondere auch im Werk Bremen. Dadurch soll eine kritische Überprüfung der Nutzung und der Akzeptanz von DC eLife sowie der Zielerreichung im Hinblick auf die unternehmensinterne Vernetzung ermöglicht werden.

6.1 DC eLife - Visionen, Ziele und Maßnahmen zur Umsetzung Informationsgesellschaft im Betrieb

Eine mit DC eLife verbundene, zukunftsweisende Vision wurde von Jürgen Schrempp wie folgt formuliert:

„DaimlerChrysler has to be the e-leader in the automotive industry."[211]

Diese Aussage zeigt den strategischen Stellenwert von eBusiness für DaimlerChrysler und gewichtet die Bedeutung der Ausschöpfung der enormen Wettbewerbsvorteile eines professionellen eBusiness als strategische Zielsetzung. Daher ist die Umwandlung von DaimlerChrysler in ein umfassend vernetztes Unternehmen eines der wichtigsten Ziele der kommenden Jahre. Nach der Fokussierung auf die Bereiche Business-to-Business und Business-to-Customer in den vergangenen Jahren kommt dem innerbetrieblichen Einsatz von IuK-Technologien in den nächsten Jahren eine Schlüsselrolle auf diesem Weg zu. Aus diesem Grund wurde DC eLife mit der Vision ins Leben gerufen, dass jeder Mitarbeiter jederzeit und überall die Möglichkeit haben soll, über das Mitarbeiterportal mit dem Unternehmen in Kontakt zu treten und zu kommunizieren. Die damit verbundene zeit- und ortsunabhängige Elektronisierung vieler interner Geschäftsprozesse dient dabei aus unternehmerischer Sicht vorrangig der Realisierung wirtschaftlicher Interessen, d.h. der Umsetzung von Rationalisierungspotentialen und dem Erhalt der Wettbewerbsfähigkeit.[212] Gleichzeitig leistet DC eLife auch einen gesellschaftlichen Beitrag zur Entwicklung einer Informationsgesellschaft. Mit dem Projekt DC eLife baut DaimlerChrysler erstmalig umfassende IT-Kompetenz bei allen seinen Mitarbeiter auf, insbesondere auch in den Produktionsbereichen. Dabei profitiert DC eLife von bereits vorhandenen und privat erworbenen Vorkenntnissen, die aufgrund der allgemeinen Gegenwart von IuK-Technologie nicht bei allen, aber bei etlichen Mitarbeitern bereits vorhandenen sind.

Eine konsequente Umsetzung der Vision von DC eLife kann in letzter Konsequenz nur die weltweite Vernetzung aller Mitarbeiter bei DaimlerChrysler bedeuten. Dazu wurden bereits erste Machbarkeitsstudien an 15 repräsentativen Konzernstandorten in Nord- und Südamerika bis hin zu Australien und Japan durchgeführt. Erste Pilotkonzepte werden in Deutschland, Österreich und Brasilien bereits erprobt.[213] Dieser weltweite Ausblick kann zunächst jedoch nur eine Vision sein. In einem ersten Schritt muss sich DC eLife jedoch zunächst an seinem Erfolg

---

211 interne Präsentation Projektleitermeeting DC eLife, Walter Scheel, 20.09.2001.
212 vgl. interne Präsentation von Wolfgang Schröer / René Fahrenwald, Lenkungsausschuss DC eLife, 27.09.2001.
213 vgl.: interne Präsentation DaimlerChrysler zum 14. DC eLife Projektleiter-Meeting, 16.09.2003.

im Hinblick auf die Vernetzung der ca. 170.000 Mitarbeiter in den deutschen Standorten des Konzerns messen lassen. Dazu wurde DC eLife seit Juli 2002 in 21 Standorten eingeführt und ermöglicht an ca. 77.700 PCs den Zugang zum konzernweiten Intranet und seinen Applikationen.

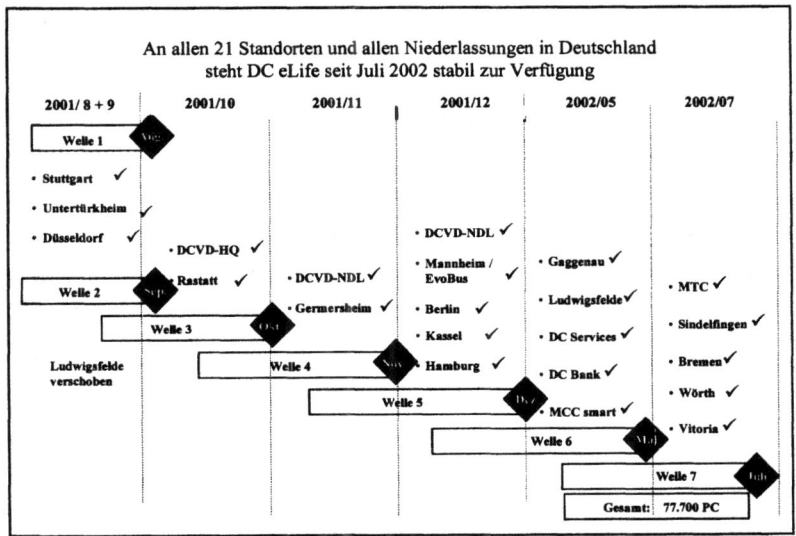

Abbildung 13: Statusbericht Rollout DC eLife in Deutschland

Quelle: interne Präsentation zum 14. DC eLife Projektleiter-Meeting, 16.09.2003.

Um diese konzernweite Vernetzung via Intranet zu ermöglichen, ist DC eLife auf der technologischen Ebene mit der Einführung zweier Innovationen verbunden. Das Mitarbeiter-Portal stellt das virtuelle Tor der Unternehmenskommunikation dar und eröffnet neue Möglichkeiten übersichtlich und benutzerfreundlich Informationen auszutauschen. Das neue Personalmanagementsystem ePeople fördert die Vernetzung interner Geschäftsprozesse und ermöglicht einen transparenten, konzernweit standardisierten und nachvollziehbaren Workflow in der Personalarbeit. Nachfolgend sollen diese beiden zentralen Bausteine von DC eLife näher vorgestellt werden.

131

6.1.1 Das Mitarbeiter-Portal - Zugang zu DC eLife und virtuelles Tor zu DaimlerChrysler

Einer der beiden tragenden Bausteine für die Realisierung des Projektes DC eLife ist die Entwicklung und Einführung eines Mitarbeiter-Portals, das als virtuelles Tor zu DaimlerChrysler und als Schnittstelle für die Unternehmenskommunikation dient. Das DC Mitarbeiter-Portal stellt eine auf neuesten Webtechnologien basierende, zukunftsweisende Weiterentwicklung des Intranets dar, um Informationen auszuwählen, zu bündeln und neue Dienste zur Verfügung zu stellen. Die konstitutiven Merkmale des Portals und seine Vorteile gegenüber bisherigen Intranetanwendungen liegen dabei in der Aggregation, der Personalisierung und dem Single-Sign-On[214].

Aggregation bedeutet in diesem Kontext eine Bündelung der vorhandenen Informationen in einer einheitlichen und übersichtlichen Gliederungsstruktur. Damit löst das Mitarbeiter-Portal eine Vielzahl dezentraler Intranets an den einzelnen Standorten des DaimlerChrysler Konzerns ab und macht diese werksübergreifend in einer einheitlichen Navigationsstruktur für alle Mitarbeiter transparent und zugänglich. Die *Personalisierung* wird durch eine mögliche Anmeldung der Mitarbeiter im Portal realisiert. Durch die Identifizierung des Mitarbeiters mit User-ID und Passwort wird es möglich, individuelle und bedarfsorientierte Informationen zur Verfügung zu stellen. So erhalten beispielsweise Führungskräfte gezielte Hintergrundinformationen für ihre Führungsfunktionen oder Mitarbeiter bestimmter Unternehmensbereiche die jeweiligen Werkzeuge für ihre Arbeitsausübung. Darüber hinaus ermöglicht es die Personalisierung, dass jeder Mitarbeiter sich die Inhalte seines Portals eigenständig zusammenstellen und speichern kann. Dazu können bestimmte Inhaltsmodule sowohl aktiviert als auch deaktiviert werden oder auch in der Priorität (d.h. der Reihenfolge der Anzeige) selektiert werden. Auf diesem Wege konfiguriert sich jeder Mitarbeiter sein Portal als individuelles, übersichtliches Arbeitswerkzeug. Darüber hinaus schafft *Single-Sign-On* die Möglichkeit im Mitarbeiter-Portal verschiedenste Applikationen bereitzustellen, bei denen sich der Mitarbeiter durch einen persönlichen Zugang identifizieren muss, ohne für jede dieser Anwendungen ein neues Passwort und eine neue User-ID vergeben zu müssen. Dadurch wird ein komfortabler Multifunktionszugang möglich, der die mehrmalige Passworteingabe und die Gefahr des Passwortverlustes reduziert.

Folgende Abbildungen geben einen kurzen Eindruck des DC Mitarbeiter-Portals.

---

[214] vgl. Anleitungen und häufig gestellte Fragen zum neuen DaimlerChrysler Mitarbeiter-Portal, http://intra1.bremen.daimlerchrysler.com/hilfe, 18.11.2003.

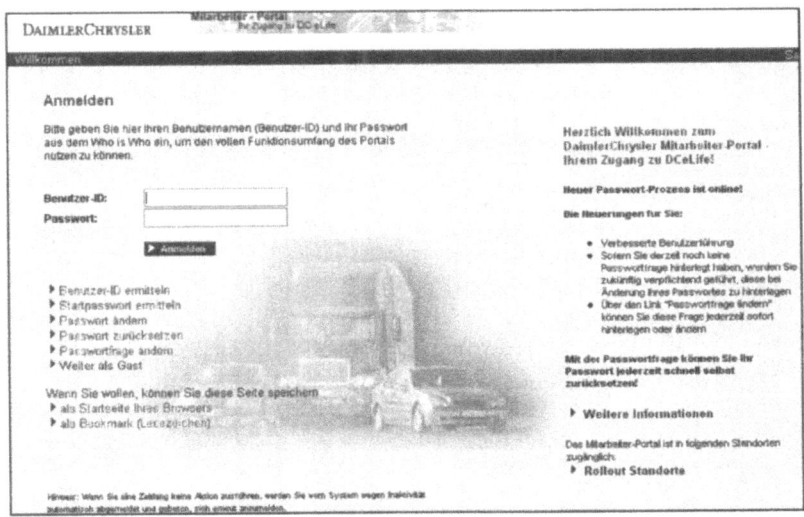

Abbildung 14: Anmeldemaske des DaimlerChrysler Mitarbeiter-Portals

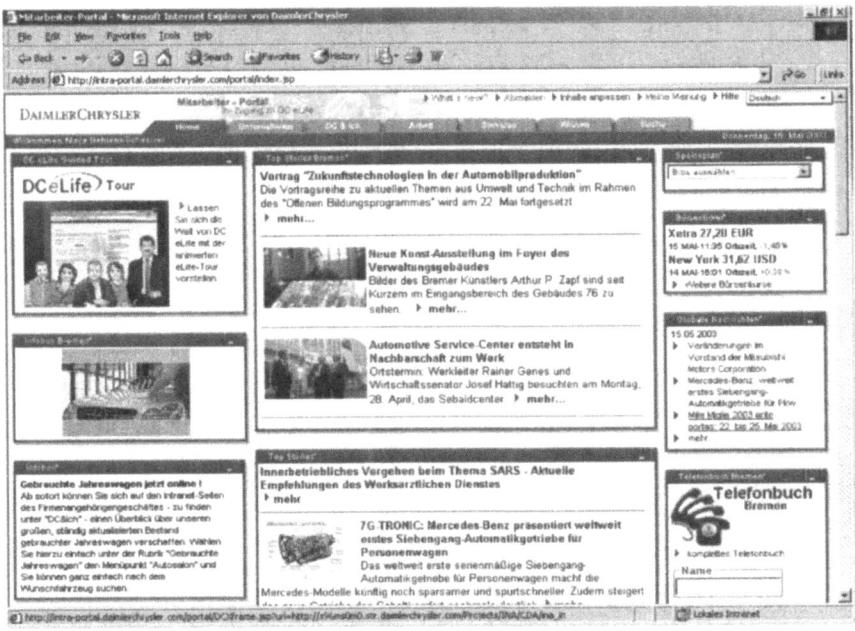

Abbildung 15: Startseite des DaimlerChrysler Mitarbeiter-Portals

Für die thematische Gliederung ist das Mitarbeiter-Portal in sieben Rubriken unterteilt, die wie bei Karteikarten, als Reiter im Seitenkopf die Informationssuche erleichtern:[215]

- "Home": enthält alle Nachrichten und aktuelle Informationen.
- "Unternehmen": fasst die Informationen über das Unternehmen und seine Bereiche zusammen.
- "DC&Ich": bietet Zugriff auf die persönlichen Angebote des Konzerns - vom Firmenangehörigengeschäft, über Belegschaftsaktien bis hin zur Mitarbeiterbörse.
- "Arbeit": ist der zentrale Reiter, unter dem jeder Mitarbeiter alle Werkzeuge und Informationen für seine tägliche Arbeit anordnen kann.
- "Services": sammelt vielfältige Dienste, die online angeboten werden.
- "Wissen": ist der Einstieg zu allen Nachschlagefunktionen bis hin zum Wissensmanagement.
- "Suche": schließlich ermöglicht den Zugriff auf alle Webdienste des Konzerns, auch auf nicht in der persönlichen Auswahl enthaltende Dienste.

Das DC Mitarbeiter-Portal ist typisch für die nächste Generation von Intranet- und Internetanwendungen, die bereits deutlich intelligentere Verfahren für ein verfeinertes Informationsangebot nutzen. Sie stellen nicht mehr statische, für alle Besucher identische Inhalte bereit, sondern sind durch eine dynamische, auf den einzelnen Benutzer zugeschnittene Konfiguration und einen individuellen Seitenaufbau geprägt. Diese Differenzierung und die Individualisierung ist eine wesentliche Voraussetzung für eine gelebte unternehmensinterne Vernetzung, insbesondere in Unternehmen mit vielen verschiedenen Mitarbeitergruppen. Das DC Mitarbeiter-Portal ermöglicht ein deutlich effizienteres Wissensmanagement und die Integration vieler verschiedener Anforderungen durch diverse Benutzergruppen. So dient das DC Mitarbeiter-Portal als virtuelles Tor zu DaimlerChrysler und schafft damit eine technische und organisatorische Voraussetzung für diese Qualifizierungsoffensive im Bereich workforce connect.

Die Bereitstellung des Mitarbeiter-Portals als neue technologische Generation des Intranets war nur eine wesentliche Voraussetzung für die unternehmensinterne Vernetzung. Während in den Verwaltungsbereichen und in den indirekten Abteilungen bereits vorhandene PCs für den Zugang zum Portal genutzt werden konnten, musste darüber hinaus großflächig durch den Aufbau einer neuen Infrastruktur in den Produktionsbereichen diese Möglichkeit für viele gewerbliche Mitarbeiter erst geschaffen werden. Dazu wurden in den Produktionshallen in

---

215 vgl. Hilfe zum DC Mitarbeiter-Portal, Die Portal-Rbriken, http://intra.daimlerchrysler.com /intra, 02.12.2003.

möglichst zentraler Lage zu den Fertigungsbändern so genannte „DC eLife Kiosksysteme" installiert. Dabei handelt es sich um frei zugängliche, fest verankerte PC-Arbeitsplätze mit Netzanschluss, Druckmöglichkeit und Telefonanschluss für den Kontakt mit der Hotline. Die Realisierung dieser Kiosksysteme erfolgte an den verschiedenen Standorten mit leichten Modifikationen durch die einzelnen Werke. Nachfolgend soll anhand des Pilotprojektes DC eLife im Werk Bremen ein grundlegender Eindruck dieser Kiosksysteme vermittelt werden. Im Werk Bremen wurden dabei zwei verschiedene Systeme eingesetzt. Eine Variante, die von der Firma Wincor-Nixdorf gefertigte wurde und eine zweite Variante, die durch die Auszubildenden in der betrieblichen Bildung selbst hergestellt wurde.

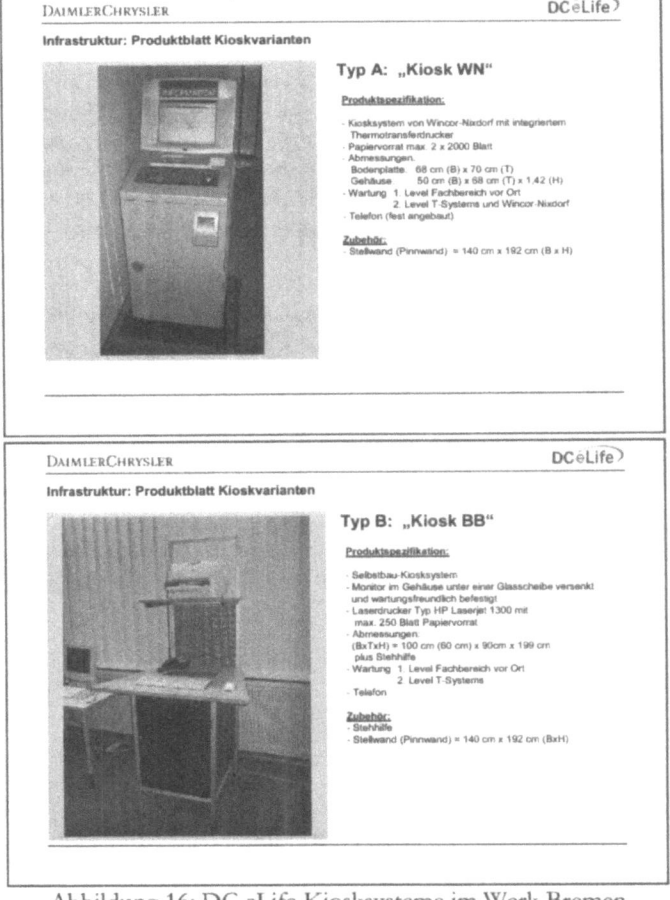

Abbildung 16: DC eLife Kiosksysteme im Werk Bremen

Die Installation dieser Kiosksysteme und die Einführung des Mitarbeiter-Portals schaffen die grundsätzlichen Voraussetzungen für den Zugang zum Intranet. Mit Leben erfüllt wird dieses jedoch erst durch diverse Inhaltsmodule und Anwendungen. Nachfolgend wird das System ePeople als ein zentrales Beispiel für solche Anwendungen mit neuem Vernetzungscharakter vorgestellt.

6.1.2 ePeople - Vernetzung durch elektronische Personalprozesse und Self Services für Manager und Mitarbeiter

ePeople ist eine der neuen, zukunftsweisenden Applikationen im Mitarbeiter-Portal. Das System ermöglicht es, interne Geschäftsprozesse zu vernetzen und die Mitarbeiter im Bereich workforce connect mit dem Unternehmen ebenso wie miteinander durch neue Wege der elektronischen Kommunikation zu verbinden. Durch die Realisierung dieser neuen Wege und Möglichkeiten der elektronischen Kommunikation leistet ePeople einen wichtigen Beitrag für die unternehmensinterne Vernetzung. Daher steht das Projekt und System ePeople an dieser Stelle exemplarisch für die möglichen Inhalte und die systemtechnische Unterstützung einer konzernweiten Vernetzung, die die unterschiedlichsten Mitarbeitergruppen involviert.[216]

Das Projekt ePeople wurde im Juli 2000 gestartet, um bis Mitte 2004 ein neues, webgestütztes Personalmanagementsystem einzuführen und somit die HR-Systemwelt des Konzerns den aktuellen und zukünftigen Anforderungen sowie dem neuesten Stand der Technik anzupassen. Das auf der Standardsoftware PeopleSoft HRMS (=Human Ressource Management System) 8.0 und IPW (=Integrierte Personalwirtschaft) basierende Softwarepaket soll durch den Einsatz moderner Technologien ein zukunftsweisendes Informations- und Wissensmanagement ermöglichen, interne Geschäftsprozesse beschleunigen und die Effizienz steigern. Das Projekt ePeople ist ein wichtiger Baustein der konzernweiten IT-, e-Business- und HR-Strategie für die Zukunftsfähigkeit in den kommenden Jahren:[217]

---

216 vgl. Lamping, Michael, IT-HR Systems und Global Processes, in: Profil DaimlerChrysler, www.peoplesoft.com/go/hrms/, 18.11.2003.
217 vgl. Abteilung Personal- und Arbeitspolitik, Präsentation Projekt ePeople – Handlungsbedarf, http://intra-personal.daimlerchrysler.com/Projects, 08.03.2002.

Abbildung 17: Handlungsbedarf für die Einführung des Projektes ePeople

Quelle: Intranetdarstellung des Projektes ePeople, http://intra.daimlerchrysler.com/intra, 02.12.2003.

Angestrebt werden durch ePeople neben einer globalen Integration durch den Aufbau weltweit identischer Systemplattformen auch Effizienz-steigerungen aufgrund standardisierter und transparenter Personalprozesse ebenso wie Kostenreduktionen aufgrund der Vermeidung von Parallel- und Einzelentwicklungen an den einzelnen Standorten.[218]

Die Realisierung dieser Strategie ermöglicht die gesteigerte Transparenz im Unternehmen durch die Vernetzung von Mitarbeitern und Prozessen. Deshalb ist das System ePeople erstmalig nicht auf einen lokalen Standort beschränkt, sondern verbindet viele Werke und Niederlassungen (zunächst nur in Deutschland) mit einer einheitlichen Datenbasis. Folgende Darstellung illustriert die Größenordnungen, die sich auf insgesamt ca. 170.00 zugangsberechtigte Mitarbeiter addieren:

---

218 vgl. Abteilung Personal- und Arbeitspolitik, Präsentation Projekt ePeople –Zielsetzungen-, http://intra-personal.daimlerchrysler.com/Projects, 08.03.2002.

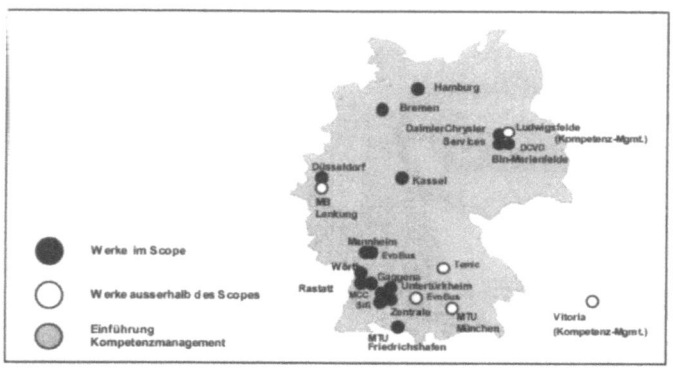

Abbildung 18: Regionaler und quantitativer Scope des Projektes ePeople

Quelle: Mitarbeiterzahlen in der DaimlerChrysler AG, Stand 30.09.2000.

Die Verbindung dieser Werke erfolgt durch eine gemeinsame Datenbasis und die Nutzung gleicher, standardisierter und transparenter Prozesse über alle Werke hinweg ebenso wie durch neue integrierte und prozessbegleitende Kommunikationsmöglichkeiten (sog. eWorkflow). Dazu gehören insbesondere die Kernprozesse Personalbeschaffung, Eintritt und Stammdatenverwaltung, Personaleinsatz, Vergütung, Personalentwicklung, Entgeltabrechnung ebenso wie die übergreifenden Prozesse Unternehmensorganisation und Reporting.[219] Da die Systemunterstützung und –ablösung so vieler verschiedener Unternehmensprozesse jedoch ein komplexes Vorhaben darstellt, erfolgt die Einführung von ePeople stufenweise. Um die Implikationen dieses Systems auf die unternmehmensinterne Vernetzung darzustellen, soll daher der Fokus an dieser Stelle exemplarisch auf die drei vorab eingeführten ePeople Module Kompetenzmanagement, Mitarbeiterbörse und Bewerbermanagement gelegt werden.

Das Kompetenzmanagement gibt allen Mitarbeitern die Chance, ihre Fähigkeiten und Kenntnisse anhand eines Kompetenzkataloges zu erfassen und zu bewerten. Damit kann der Mitarbeiter sein Qualifikationsprofil konzernweit für Führungskräfte und Personalberater zugänglich machen und so als Experte für Projekteinsätze, Produktanläufe oder weitergehende Qualifizierungsmaßnahmen identifiziert werden. Durch das Kompetenzmanagement wird es im Konzern möglich, vorhandenes Wissen transparenter darzustellen, einen Wissens- und Erfahrungs-

---

[219] vgl. DaimlerChrysler internes Handbuch „Das Projekt ePeople", S. 1.1-2, 09.04.2003, Version1.

austausch anzuregen und vorhandene Wissensträger konzernweit und somit deutlich effizienter einzusetzen.[220]

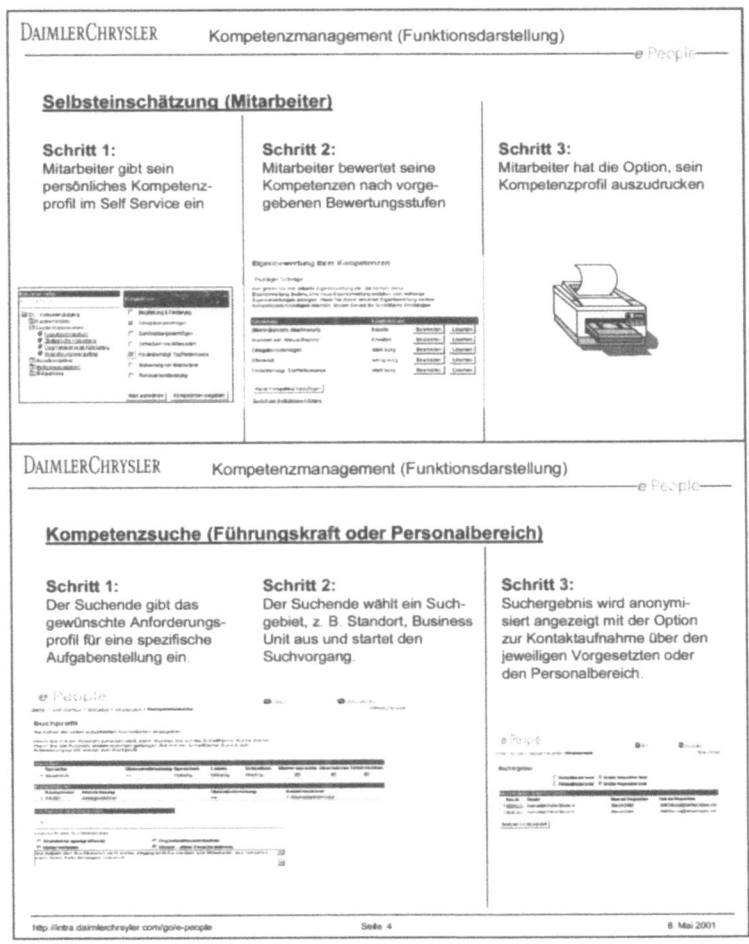

Abbildung 19: Funktionsdarstellung Kompetenzmanagement

Quelle: Intranetdarstellung des Projektes ePeople, http://intra.daimlerchrysler.com/intra, 02.12.2003.

---

220 vgl. DaimlerChrysler Präsentation Porzessworkshop ePeople, Vorlage für Multiplikatoren, Zentralprojekt ePeople, Folie 10, 28.01.2002.

Aufbauend auf den Qualifikationsprofilen des Kompetenzmanagements hat der Mitarbeiter in dem ePeople-Modul Mitarbeiterbörse die Möglichkeit, sich auf einem konzerninternen Arbeitsmarkt zu bewerben und seine direkte Veränderungsbereitschaft zu signalisieren. Dazu stellt er im System sein Qualifikationsprofil und seine Veränderungswünsche ein, die dann durch das System anonymisiert den Führungskräften und Personalberatern zugänglich gemacht werden. In einem anonymen elektronischen Briefkasten kann im Falle eines interessanten Angebotes dann eine Nachricht für den Mitarbeiter hinterlassen werden. Durch die Mitarbeiterbörse wird es möglich, konzernweite Initiativbewerbungen zu realisieren, ohne Nachteile durch Bekanntgabe des Veränderungswunsches befürchten zu müssen. Damit werden vakante Stellen und interessierte Mitarbeiter mit ihren Qualifikationsprofilen erstmalig konzernweit transparent.[221]

Abbildung 20: Funktionsdarstellung der ePeople Mitarbeiterbörse

Quelle: Folienpräsentation zum Werksgespräch im DC Werk Bremen am 30.05.01.

Das Bewerbermanagement als drittes Vorabmodul leistet einen Beitrag für die Umstellung auf elektronisch vernetzte Geschäftsprozesse. Hier wird der Prozess der externen Bewerbung konsequent und durchgängig auf ein einheitliches online System umgestellt. Von der Bewerbungseingabe bis zur eventuellen Übernahme in die Mitarbeiterdaten werden alle dazwischen liegenden Prozessschritte in diesem

---

221 vgl. ePeople, die Vorabmodule, http://intra-personal.daimlerchrysler.com/ePeople, S.20 ff, 25.06.2002.

einen System via eWorkflow umgesetzt. Externe Bewerbungen werden damit nur noch online entgegen genommen und bearbeitet. Im Gegensatz zu der bisherigen Vorgehensweise bewerben sich externe Arbeitskräfte nur noch einmal bei DaimlerChrysler und nicht mehr separat an jedem lokalen Standort. Durch das einheitliche ePeople Bewerbermanagement können die Bewerbungen dann von jedem Standort aus bearbeitet und an interessierte Führungskräfte weitergeleitet werden. So wird der interne Prozess der Personalbeschaffung zwischen dem Personalbereich und den Führungskräften der verschiedenen Fachbereiche deutlich transparenter und effizienter. Durch diese Vorgehensweise werden mehrfache Dateneingaben reduziert, Bearbeitungszeiten verkürzt und ein einheitlicher Außenauftritt des Unternehmens gefördert.[222]

Gemeinsam mit dem DC Mitarbeiter-Portal und der Qualifizierungs- und Infrastruktur-Offensive DC eLife stellt das Gesamtsystem ePeople einen wesentlichen Entwicklungsschritt für ein über die gesamte Wertschöpfungskette vernetztes Unternehmen dar. Die standort-übergreifende Systemintegration in weltweit verfügbare, einheitliche Standardsoftwareprodukte, das Prozess-Reenginering und die Transparenz durch online vernetzte Geschäftsprozesse ebenso wie die aktive Einbindung der Mitarbeiter durch so genannte Self-Service Anwendungen schaffen wichtige Voraussetzungen für die unternehmensinterne Vernetzung. In welcher Hinsicht die Akzeptanz und die Nutzung von DC eLife in der Praxis jedoch die Umsetzung dieser internen Vernetzung belegen und welche Veränderungen gegebenenfalls damit einhergehend, ist zunächst noch offen. Daher sollen nachfolgend die Ergebnisse einiger empirischen Erhebungen im Rahmen des Pilotbetriebes DC eLife vorgestellt werden.

---

[222] vgl. ePeople –Die Vorabmodule -, -, http://intra-personal.daimlerchrysler.com/ePeople, S.28 ff, 25.06.2002.

6.2 Empirische Erhebungen im Rahmen von DC eLife – Ergebnisse im Hinblick auf Vernetzungsqualitäten von DC eLife

In einer ersten pragmatischen Herangehensweise bedeutet das Projekt DC eLife die Einführung neuer Softwaresysteme, des Mitarbeiter-Portals und DC ePeople. Um jedoch die Bedeutung von DC eLife im Rahmen unternehmensinterner Vernetzungsprozesse untersuchen zu können, muss diese Perspektive erweitert werden. Entsprechend der Ausgangshypothese 3 aus der Einleitung (vgl. Kapitel 1) soll DC eLife durch die Umsetzung des Netzwerkgedankens innerhalb der Hierarchie der Unternehmens-organisation, einen Beitrag zu der nächsten Entwicklungsstufe der Informationsgesellschaft im Betrieb leisten. Aus dieser Perspektive betrachtet, muss der Betrachtungsrahmen für eine empirische Evaluierung von DC eLife deutlich erweitert werden. Neben der bereits dargestellten technologischen Dimension der Vernetzung, muss insbesondere die organisatorische Dimension, d.h. die Frage nach Netzwerkqualitäten durch DC eLife in der Hierarchie der Unternehmensorganisation, näher untersucht werden. Dazu stellt sich die Frage, ob durch DC eLife kooperative Elemente in die weisungsbefugte Unternehmenshierarchie integriert werden und eine neue Qualität von Beziehungen entsteht. Neben diesen technologischen und organisatorischen Dimensionen der unternehmensinternen Vernetzung soll anschließend, entsprechend der im Kapitel 1 aufgestellten Hypothesen, die Rolle dezentraler Lernprozesse und einer Veränderung der Unternehmenskultur untersucht werden. Für die Analyse dieser drei Dimensionen der internen Vernetzung sind zunächst Kriterien zu identifizieren, die den Stellenwert von DC eLife als umfassendes (technologisches und organisatorisches) unternehmensinternes Netzwerk und seine Implikationen im Hinblick auf dezentrale Lernprozesse und die Unternehmenskultur charakterisieren können. Diese Kriterien sollen als Leitfaden für die anschließenden empirischen Untersuchungen von DC eLife dienen.

Im Hinblick auf die technologische Dimension der unternehmensinternen Vernetzung haben die Beschreibung des Mitarbeiter-Portals und des Systems ePeople als konzernweite Intranet-Plattformen im vorangegangenen Kapitel ersten bereits einen Eindruck vermittelt. An dieser Stelle soll eine Betrachtung der *tatsächlichen Systemnutzung* und der *Stellung dieses neuen Mediums in Relation zu traditionellen internen Medien* als Kriterium für eine weitergehende Evaluierung der technologischen Dimension der internen Vernetzung dienen.

Weitaus komplexer ist jedoch die Untersuchung des Beitrages von DC eLife zu der Etablierung des kooperativen Netzwerkgedankens als neue organisatorische Dimension in der hierarchischen Unternehmens-organisation. Um für diese Dimension mögliche Erfolgskriterien bzw. Kriterien für einen Veränderungsprozess zu identifizieren, soll an dieser Stelle noch mal auf die Definition interner Netzwerke aus dem Kapitel 4 verwiesen werden:

„... Im Gegensatz zu unternehmensübergreifenden Netzwerken bestehen interne Netzwerke innerhalb einer Unternehmung als ein netzwerkartiges Beziehungsgefüge zwischen einzelnen Mitarbeitern bzw. Gruppen des Unternehmens. Dabei entstehen durch ständige und intensivierte Interaktion neue horizontale und vertikale Beziehungen und persönliche Bindungen, welche die formelle Organisationsstruktur überlagern bzw. ergänzen können. [...]Folgende Thesen können dabei erste Ansatzpunkte für die Betrachtung dieser organisatorischen Herausforderungen durch Workforce Connect liefern:

- B2E führt zu einem *Abbau physischer und emotionaler Kommunikationsbarrieren* und damit zu einem offenen, von Statusunterschieden deutlich befreiten Kommunikationsverhalten.
- *Bereichs- und Standortgrenzen werden immer durchlässiger* und können im Sinne von mehr Transparenz, Zusammenarbeit und Erfahrungs-austausch leichter überschritten werden.
- [...]Es müssen gleichzeitig zwei Entwicklungen stattfinden: die Unternehmenskommunikation muss häufiger, schneller und zielgruppenspezifischer erfolgen (und erhält damit eine neue Relevanz) und die Mitarbeiter müssen diese neuen Kommunikationsformen akzeptieren und Bestandteil ihres gelebten Arbeitsalltages werden lassen.
- *Es verändern sich defizile Machtstrukturen und eingespielte Informationsfunktionen*, da der erweiterte Zugang zu Informationen und Wissen für alle Mitarbeiter auch immer Fragen von "Funktionsmacht" und Positionen in der Hierarchie berührt.

Aus diesen vier Thesen leiten sich die nachfolgend verwendeten Kriterien für die empirische Evaluation der organisatorischen Dimension von DC eLife ab. Das sind der Abbau von Standort- und Bereichsgrenzen, schnellere und zielgruppenspezifischere Kommunikation, der Abbau hierarchischer Kommunikationsbarrieren, ein erweiterter Informationszugang und damit der Abbau von hierarchischer Funktionsmacht.

Neben der technologischen und organisatorischen Dimension der unternehmensinternen Vernetzung ist im Rahmen der Evaluierung von DC eLife auch noch auf die im Hinblick auf den Einführungsprozess solcher Systeme gemachten Annahmen zu verweisen. Unternehmensinterne Vernetzungsprozesse erfordern sowohl die aktive Gestaltung von Rahmenbedingungen und Qualifizierungen als auch die Entwicklung einer entsprechenden Unternehmenskultur durch spontane, evolutionäre Interaktionsprozesse und dezentrale Lernprozesse im Arbeitsalltag (vgl. Hypothese 4 aus Kapitel 1). Die Frage nach der Bedeutung dieser Faktoren kann nur durch eine qualitative Evaluierung des Einführungsprozesses beantwortet werden.

Zusammenfassend lassen sich daher sieben Kriterien identifizieren, die nachfolgend als Leitfaden für die Evaluierung von DC eLife im Sinne einer umfassenden unternehmensinternen Vernetzung dienen sollen:

A: Kapitel 6.2.1 Kriterien für die technologische Vernetzung:
  1. Akzeptanz von DC eLife anhand der Systemnutzung des Mitarbeiter-Portals
  2. Stellung des Mediums Intranet / Mitarbeiter-Portal in Relation zu anderen internen Medien

B. Kapitel 6.2.2 Kriterien für die organisatorische Vernetzung:
  3. Abbau von Standort- und Bereichsgrenzen
  4. Schnellere und zielgruppenspezifischere Kommunikation
  5. Abbau hierarchischer Kommunikationsbarrieren
  6. Erweiterter Informationszugang und damit Abbau von hierarchischer Funktionsmacht

C. Kapitel 6.2.3 Kriterien für dezentrale Lernprozesse und eine veränderte Unternehmenskultur
  7. Veränderung von Routinen als Ergebnis dezentraler Lernprozesse

6.2.1 Die technologische Vernetzung – Nutzung und Akzeptanz von DC eLife

Die Einführung des Mitarbeiter-Portals und die Schaffung der infrastrukturellen Zugangsmöglichkeiten (vgl. Kapitel 6.1.1) sind die essentiellen technologischen Voraussetzungen der unternehmensinternen Vernetzung. Damit ist das Medium Intranet erstmalig konzernweit in allen Bereichen und für alle Mitarbeitergruppen als neues Arbeitsinstrument verfügbar. Im Hinblick auf die Evaluierung des Beitrages von DC eLife zu einer gelebten internen Vernetzung, kann jedoch nicht die potentielle Nutzungsmöglichkeit, sondern nur die tatsächliche Akzeptanz und Integration in den Arbeitsalltag Aufschluss geben. Folgende Graphik zeigt die konzernweite Nutzung des Mitarbeiter-Portals in den ersten sieben Monaten nach der Einführung.

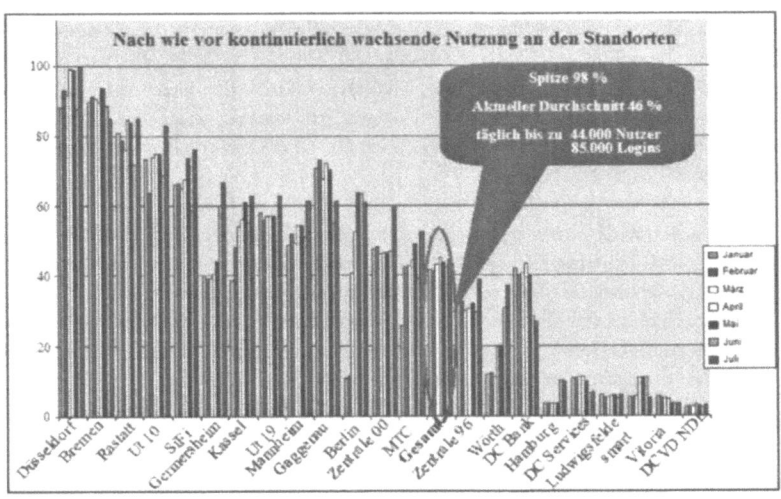

Abbildung 21: Nutzung des Mitarbeiter-Portals
Quelle: interne Präsentation zum 14. DC eLife Projektleiter Meeting am 16.09.2003.

Für die standortübergreifende Analyse zeigt sich dabei eine durchschnittliche Nutzungsrate von 46%, das entspricht 44.000 Nutzern von DC eLife täglich. Eine erfreuliche Bilanz, die an einigen Standorten sogar noch deutlich überschritten wird. Es muss jedoch relativierend hinzugefügt werden, dass zu dem Zeitpunkt dieser Datenerstellung (Januar 2003 bis Juli 2003) noch nicht alle Werken und alle Bereiche ausgerollt waren, d.h. dort noch nicht für alle Mitarbeiter überall DC eLife zur Verfügung stand. So können diese Daten einen ersten Einblick in die Akzeptanz in den Pilotbereichen geben. Die Angabe der prozentualen Nutzerquote muss dabei relativiert werden, da sie sich nicht auf alle Mitarbeiter des Werkes als Basis bezieht, sondern nur die zu diesem frühen Pilotzeitraum bereits mit DC eLife Nutzungsmöglichkeit ausgestatteten Mitarbeiter betrachtet. Das bedeutet eine Grundgesamtheit von ca. der Hälfte aller 170.000 Mitarbeiter. Doch lässt sich hier bereits ein positiver Trend einer erfreulich guten Frequentierung des Mitarbeiter-Portals in diesen Pilotbereichen feststellen. In einer vertieften Betrachtung im Kapitel 6.2.2 wird jedoch zu überprüfen seien, inwieweit es sich dabei um repräsentative Pilotbereiche handelt. Dabei dürfen diese Pilotbereiche nicht überdurchschnittlich viele Angestellte aufweisen, die sowieso jederzeit die Möglichkeit zur Nutzung von DC eLife haben, sondern müssen auch genügend Produktionsmitarbeiter involvieren, um aussagekräftig zu sein. Insbesondere die hohen Nutzungsquoten zwischen 60% bis 80% in den großen Produktionswerken Sindelfingen, Bremen, Untertürkheim und Rastatt deuten auf einen zu geringen

Anteil von direkten Beschäftigten hin. Dennoch bestätigen auch die absoluten Zahlen das erfreuliche Bild. Die Nutzung des Portals von 44.000 verschiedenen Mitarbeitern täglich bereits in dieser frühen Phase, die sich durchschnittlich zweimal und mehr anmelden (85.000 Logins im Portal), zeigt die Relevanz des Intranetsystems. Insgesamt haben sich mehr als 105.000 verschiedene User bereits im Mitarbeiter-Portal angemeldet.[223]

Diese Aussage wird auch von einer standortübergreifenden Befragung von Mitarbeitern und Führungskräften zum Thema konzerninterne Mediennutzung bestätigt. Demnach nutzen 81% der Befragten das Mitarbeiter-Portal sehr oft oder wenigstens gelegentlich. Damit ist das Mitarbeiter-Portal zweitstärkste internes Medium, das nur bei den Führungskräften durch die interne Zeitung „Headline" als besonderes Führungsinstrument übertroffen wird.

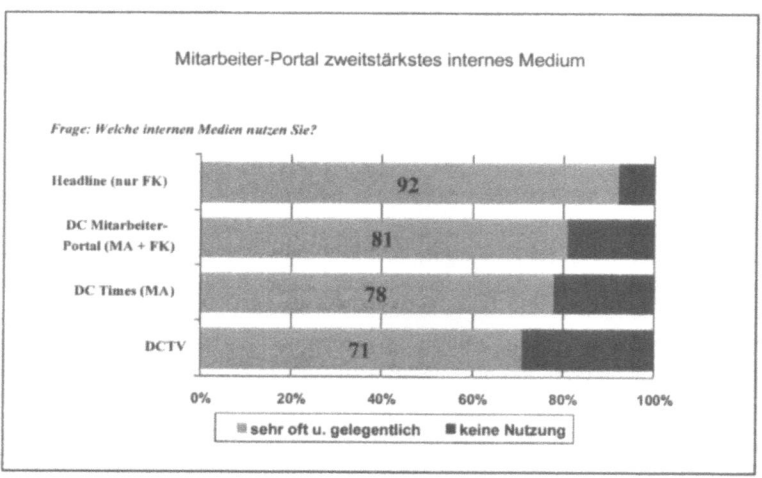

Abbildung 22: Nutzung der verschiedenen konzerninternen Medien
Quelle: interne Präsentation zum 14. DC eLife Projektleiter Meeting am 16.09.2003.

Zusammenfassend lässt sich feststellen, dass das Mitarbeiter-Portal bereits einen hohen Stellenwert als Informations- und Arbeitsinstrument besitzt. Die Möglichkeiten des aktuellen, bedarfsorientierten Informationsabrufes und das Angebot verschiedener Dienstleistungen für die betriebliche Funktions-erfüllung ebenso wie die privaten Zusatzangebote werden von vielen Mitarbeitern gerne genutzt. Das Intranet ist insbesondere in Großunternehmen wie DaimlerChrysler nicht mehr aus

---

223 vgl. Hartung, interne Präsentation Update WPS - Status Quo und Offene Themen, Dezember 2003.

dem Arbeitsalltag wegzudenken und hat in dem hier vorliegenden Fallbeispiel noch eine deutliche Aufwertung durch die großflächige Einführung des Mitarbeiter-Portals mit seinen neuen Funktionalitäten erhalten. Das Mitarbeiter-Portal schafft damit die technologischen Voraussetzungen durch eine interaktive, einfach zu bedienende Benutzeroberfläche den vernetzten Informations- und Kommunikationsaustausch anzuregen.

6.2.2 Die organisatorische Vernetzung – neue Möglichkeiten jenseits hierarchischer Kommunikationsbarrieren

Das DC eLife in technologischer Hinsicht einen wichtigen Beitrag zu der unternehmensinternen Vernetzung leistet und durch die Installation neuer Systeme und Infrastrukturen die Weiterentwicklung des betrieblichen Intranets fördert, ist in den vorangegangenen Kapiteln deutlich geworden. Die Frage, ob DC eLife auch in organisatorischer Hinsicht einen neuen Netzwerkgedanken im Unternehmen etabliert, ist jedoch weitaus komplexer und wesentlich weniger offensichtlich.

Nachfolgend sollen dazu die im Kapitel 4 definierten Merkmale der organisatorischen Vernetzung in einer Unternehmensorganisation anhand weitergehender empirischer Daten aus der DC eLife Einführung untersucht werden. An einigen Stellen mussten dazu spezifische Daten für diese Fragestellung durch explizite Mitarbeiterbefragungen und persönliche Interviews erhoben werden. Aus Kapazitätsgründen mussten sich diese Erhebungen jedoch auf das DC eLife Projekt im Werk Bremen beschränken. Da das Werk Bremen jedoch sowohl über einen Verwaltungssitz als auch über einen großen Fertigungsbereich verfügt, können diese Daten bei genügend hoher Rücklaufquote durchaus als repräsentativ eingestuft werden und spiegeln sicherlich eine allgemeine, konzernweite Tendenz wieder. Soweit wie möglich werden jedoch werksübergreifende Datenquellen genutzt, um DC eLife im Sinne der unternehmensweiten Vernetzung zu begreifen.

So ist der **Abbau von Standort- und Bereichsgrenzen** bereits eines der Kriterien für die Vernetzung in der Unternehmensorganisation. Die interne Vernetzung muss neben den Strukturen in der klar gegliederten Hierarchie der Unternehmensorganisation, die von lokalen Standorten (Werken) über Bereiche (im Falle DaimlerChrysler sog. Centern) zu Abteilungen und Teams führt, neue Wege der Kommunikation und Interaktion schaffen. Sie muss Informationen konzernweit zugänglich machen, um jenseits des Bereichsdenkens Synergien zu nutzen und effizientere Prozesse zu etablieren. Einen Hinweis auf diese konzernweiten Informationsflüsse gibt die Nutzung standortübergreifender Inhalte und Module im Mitarbeiter-Portal. Insbesondere die hohe Nutzung der Seiten News / Orientierung mit den globalen Nachrichten und die Nutzung des „Who is Who", eines konzernweiten Personenverzeichnisses mit Tätigkeitsschwerpunkten und Aufgabengebieten der Mitarbeiter, zeigen ein gesteigertes Interesse an diesen Informationen. Die konzerninterne Befragung zur Nutzung und Wertschätzung verschiedener Portalinhalte ergab dabei das nachfolgende Bild.

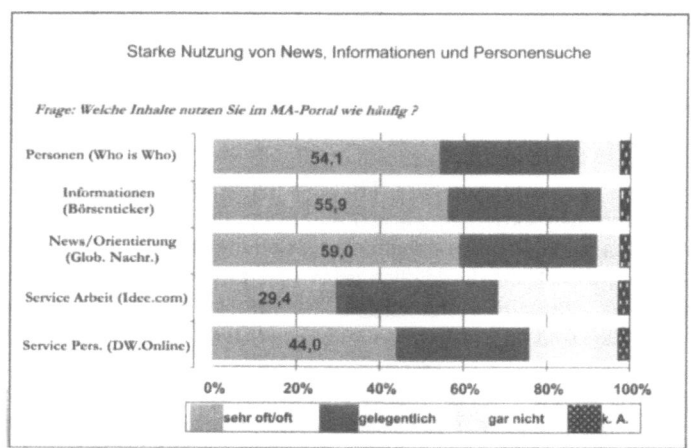

Abbildung 23: Nutzung der verschiedenen Portalseiten

Quelle: interne Präsentation zum 14. DC eLife Projektleiter Meeting am 16.09.2003.

Darüber hinaus zeigt insbesondere die Einführung des Systems ePeople mit seiner konzernweit einheitlichen und zugänglichen Datenbasis die Bereitschaft zum Abbau von Standort- und Bereichsgrenzen. Damit werden Prozesse werksübergreifend standardisiert und Datenbestände und Datenflüsse (Workflows) transparent für Mitarbeiter an allen Standorten.

Neben dem Abbau von Standort- und Bereichsgrenzen ist auch die **schnellere und zielgruppenspezifische Kommunikation** eine weitere Dimension der organisatorischen Vernetzung. Die reine „top down" Kommunikation entlang der Führungskaskade wird dabei durch die zusätzliche Möglichkeit ergänzt, aktuelle und für die eigene Funktion gezielt ausgewählte Informationen direkt über das Medium Intranet abzurufen. Dazu ermöglichen sowohl die Personalisierung als auch die im System hinterlegten Rollen eine zielgruppenspezifische Individualisierung der Informationsflut im Mitarbeiter-Portal. So registriert das System durch die Anmeldung des Benutzers spezifische Funktionsmerkmale wie z.B. Status als Führungskraft oder Bereichszugehörigkeit. Dadurch werden beispielsweise einem Mitarbeiter des Personalbereiches entsprechende Module und Werkzeuge für seine tägliche Arbeit im Portal angeboten. Neben der Steuerung des Informationsflusses anhand von Zugehörigkeiten zu bestimmten Zielgruppen, ermöglicht die Personalisierung im Portal eine weitergehende persönliche Selektion und Priorisierung von Informationen. Dabei kann jeder Mitarbeiter je nach Interessenlage Inhalte im Portal aktivieren oder deaktivieren und diese Seiteneinstellungen für spätere Anmeldungen automatisch speichern. Bereits während der Einführungsphase des Mitarbeiter-Portals bis September 2003 nutzten 32.350 Mitarbeiter bereits diese Möglichkeit. Durch diese Funktionen bleibt das Intranet kein statisches, für alle Benutzer gleich aussehendes Medium, sondern erhält einen deutlich effizienteren und passgenaueren Charakter.[224]

Ein weiteres Merkmal der organisatorischen Vernetzung ist der **Abbau hierarchischer Kommunikationsbarrieren**, d.h. durch die Organisations-struktur eindeutig vorgegebener und meist einseitiger Kommunikationswege top down entlang der Führungshierarchie. Dieser Anspruch erfordert vor allen Dingen, dass das betriebliche Intranet mit seinem Charakter vereinfachender und vernetzender Kommunikation wirklich allen Beschäftigten offensteht. Im Beispiel von DC eLife darf dieses Kommunikationsmedium nicht mehr ein exklusives Vorrecht der Mitarbeiter an den Büroarbeitsplätzen bleiben, sondern es müssen auch Produktionsmitarbeiter dieses Medium in ihren Arbeitsalltag integrieren und nutzen. Nur dann wird es möglich, neben der Führungskaskade noch einen weiteren, umfassenden Informationsfluss sowie Erfahrungs- und Meinungsaustausch anzuregen. Die Integration aller Beschaftigungsgruppen ermöglicht dann die eigenständige Vernetzung von Facharbeitskräften oder wie im Beispiel des Moduls Mitarbeiterbörse den Austausch von Bewerbungen und Wissensständen auf allen Ebenen der Hiearchie unabhängig vom Vorgesetzten und der Linienfuktion. Inwieweit es gelungen ist, die direkten Arbeitskräfte in die Systemnutzung einzubeziehen, soll anhand der nacholgenden Statistik aus dem Pilotbereich DC eLife in dem Bereich „Oberfläche C-Klasse" im Werk Bremen exemplarisch untersucht werden. In diesem Bereich wurden im August 2002 erstmalig in der Produktion sieben DC eLife Kiosk-Terminals aufgebaut und im September 2002 durch entsprechende Informations- und Qualifizierungsmaßnahmen den Beschäftigten zugänglich gemacht. Die Abbildung verdeutlicht, dass die Einführung von DC eLife zu einem sprunghaften Anstieg der Intranetnutzung im September 2002 geführt hat. Bei der Aufschlüsselung dieser Portalnutzer nach Beschäftigungsgruppen wird deutlich, dass dieser Anstieg fast ausschließlich auf eine Zunahme der Nutzer aus dem direkten Bereich von vorher 10-12 % auf ca. 40% aller direkten Beschäftigten zurückzuführen ist. Damit lässt sich von einem Erfolg bei der Integration dieser neuen Zielgruppe in das Medium Intranet sprechen.

---

224 vgl. Hartung, interne Präsentation Update WPS - Status Quo und Offene Themen, Dezember 2003.

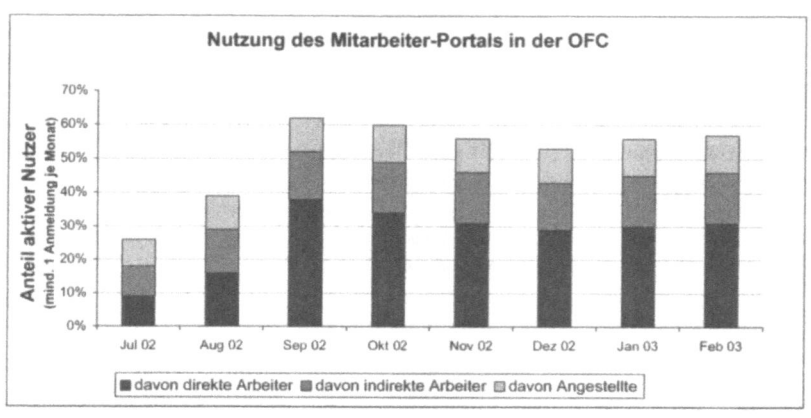

Abbildung 24: Nutzung Mitarbeiter-Portal nach Beschäftigungsgruppen
Quelle: Statistiken zu den Zugriffszahlen Rollout DC eLife im Werke Bremen, Präsentation des Lenkungsausschusses DC eLife 067 am 27.03.2003.

In einem engen Zusammenhang mit dem Abbau hierarchischer Kommunikationsbarrieren steht das nächste und umfassendste Kriterium der organisatorischen Vernetzung. Die **erweiterte und personenunabhängige Möglichkeit zum Informationszugang** kann punktuell Funktionsmacht in der Hierarchie aufweichen, die häufig auf Wissensvorsprüngen oder einer exklusiven Möglichkeit zur Weiterleitung von Wissen basiert. Ein Beispiel für diesen erweiterten und personenunabhängigen Informationszugang ist das Modul Kompetenzmanagement. Hier können Mitarbeiter unabhängig von der Einschätzung und Empfehlung ihres direkten Vorgesetzten ihre Profile und Fähigkeiten konzernweit zugänglich machen. So ermöglicht die Mitarbeiterbörse erstmalig konzernweit den gezielten Zugriff auf die interne Ressource „qualifizierter Mitarbeiter". So können sich Mitarbeiter an allen Standorten direkt online auf die neusten Stellenausschreibungen bewerben und Führungskräfte und Personalbetreuer haben konzernweiten Zugriff auf Experten und ihre Bewerbungen. Die Nutzung der Mitarbeiterbörse bestätigt diese Vorteile.

Die hier vorgestellten Kriterien zeigen, dass DC eLife die klassische Hierarchie im Unternehmen an einigen Stellen um neue Möglichkeiten der Interaktion erweitert. Insbesondere die erfreulich hohe Nutzung des Mediums Intranet in der völlig neuen Zielgruppe der direkten Arbeitskräfte an den Fertigungsbändern in der Produktion zeigt, dass hier eine neue Qualität der internen Vernetzung entsteht. Darüber hinaus leistet DC eLife sicherlich im Hinblick auf den Abbau von Standort- und Bereichsgrenzen und auf eine schnellere und zielgruppenspezifischere Kommunikation einen wertvollen Beitrag. Trotzdem darf nicht vergessen werden, dass sich diese Vorgehensweisen bislang nur auf ein sehr begrenztes Spektrum von Systemfunktionen bezieht, d.h. nur auf einen sehr kleinen Ausschnitt aus dem betrieblichen Alltag. Es kann und wird in absehbarer Zeit keine wirkliche Alternative zu der direkten Kommunikation entlang der Führungshierarchie geben. Die Hierarchie der Unternehmensorganisation bleibt also maßgeblich bestehen, sie wird nur, wie in dem Beispiel Mitarbeiterbörse, um einige zusätzliche Wege der Kommunikation bereichert und in ihrer Absolutheit und Ausschließlichkeit abgemildert.

6.2.3 Dezentrale Lernprozesse und die Veränderung der Unternehmenskultur

Neben den dargestellten technologischen und organisatorischen Vernetzungsqualitäten von DC eLife soll nun die Bedeutung dezentraler Lernprozesse und evolutionärer Interaktionsprozesse für die Etablierung und Nutzung von DC eLife untersucht werden. Wie bereits im Kapitel 4.2 dargestellt, erfordert die unternehmensinterne Vernetzung die Veränderung von Routinen, um den Umgang mit diesem neuen Medium in den Arbeitsalltag zu integrieren und die (zunächst durch dieses Medium zunehmende) Komplexität wieder auf ein erträgliches Maß zu reduzieren. Dabei spielen dezentrale Lernprozesse in zweierlei Hinsicht eine Rolle. Zunächst können diese Prozesse einen Beitrag zu dem Aufbau der Nutzungsvoraussetzungen der internen Vernetzung leisten, d.h. für den Erwerb der technologischen Kompetenzen. Darüber hinaus erfordert jedoch eine erfolgreiche Etablierung der internen Vernetzung die Veränderung bestehender Routinen bzw. die Bildung neuer Routinen, um die Nutzungsmöglichkeiten dieser neuen Systeme und Kommunikations- und Interaktionsangebote mit Leben zu erfüllen.

In ihrem Ergebnis bedeuten dezentrale Lernprozesse eine Veränderung der vorhandenen Fähigkeiten, Kenntnisse und Routinen. Dies geschieht durch spontane Interaktionen der Mitglieder eines sozialen Systems (vgl. Kapitel 3.2). Dabei zeichnen sich diese Prozesse durch ihren evolutionären, spontanen Charakter aus und grenzen sich so von den unternehmensseitig gesteuerten Qualifizierungsmaßnahmen ab. Diese dezentralen Lernprozesse selbst lassen sich aufgrund ihres spontanen Charakters und der Tatsache, dass es sich dabei oftmals um tacit knowledge handelt, nur schwer beobachten. Beobachtbar sind hingegen die Ergebnisse dieser Lernprozesse. Sie zeigen sich in der Entstehung von neuem Wissen, neuen Fähigkeiten und neuen Verhaltensweisen, ohne dass entsprechende Schulungsmaßnahmen oder andere, unternehmensseitige Qualifizierungsoffensiven durchgeführt wurden.

Dass diese dezentralen Lernprozesse im Rahmen von DC eLife stattgefunden haben, zeigt u.a. der Erwerb von PC- und Intranet-Kenntnissen bei vielen Mitarbeitern, ohne entsprechende, formale Schulungsmaßnahmen. Dabei handelt es sich um den Aufbau neuer Fähigkeiten, da eine Befragung vor der Einführung von DC eLife belegt, dass viele Mitarbeiter vorher über keine PC-Kenntnisse verfügten. Zusätzlich macht die Entwicklung der Nutzungsquote der Systeme von DC eLife deutlich, dass ein großer Teil dieser Mitarbeiter mittlerweile diese Systeme nutzt und somit über eben diese Kenntnisse verfügen muss. Nachfolgend sind einige Details zu diesem Sachverhalt dargestellt.

Das Vorhandensein von PC- und Intranet-Kenntnissen ist insbesondere bei den Mitarbeitern in den gewerblichen Produktionsbereichen keine selbstverständliche Voraussetzung. Diesen Sachverhalt macht auch eine Befragung von 542 Mitarbeitern vor der Einführung von DC eLife im Pilotbereich „Oberfläche C-Klasse" (OFC) im Werk Bremen deutlich. Dabei gaben 45% der Befragten an, dass sie noch nie oder nur selten einen PC benutzt haben. Ebenso verfügen 58% der Befragten über gar keine oder nur sehr geringe Kenntnisse des Internets. Die nachfolgende Graphik fasst die Ergebnisse dieser Befragung zusammen:

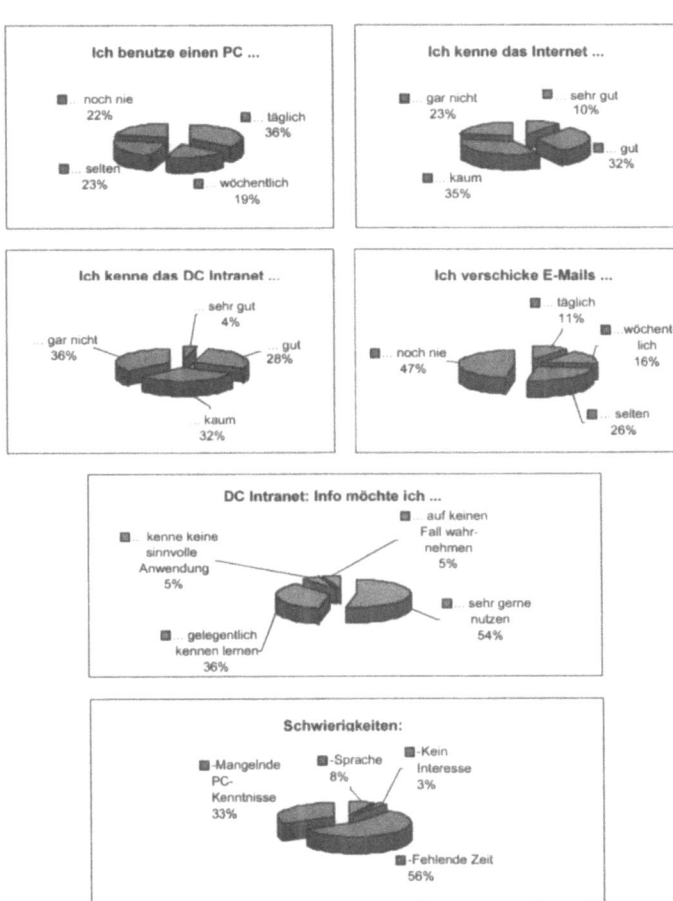

Abbildung 25: Stand der Vorkenntnisse der Mitarbeiter

Wenn bei diesen Mitarbeitern im Zuge der Systemeinführung von DC eLife eben diese Kenntnisse zur Bedienung eines PCs und der Benutzung des Intranets entstehen, muss es sich daher um neue Fähigkeiten handeln. Eine Analyse der Systemakzeptanz und –nutzung von DC eLife kann diesen Sachverhalt empirisch bestätigen. Dazu lässt sich die Nutzerstatistik von DC eLife im Pilotereich „Oberfläche C-Klasse" heranziehen. Der Anstieg der Intranetnutzung von unter 30% auf ca. 60% Nutzerquote zeigt dass hier neue Intranetbenutzer hinzugewonnen wurden. Insbesondere unter ergänzender Betrachtung der Frage nach den

Intranetkenntnissen (Frage IV aus der Befragung vor der DC eLife Einführung) wird deutlich, dass es sich hierbei um Benutzer ohne Vorkenntnisse mit dem Intranet handeln muss (hier gaben 68% der Mitarbeiter in dem Pilotereich „Oberfläche C-Klasse" (OFC) an, dass Intranet gar nicht oder kaum zu kennen). Es müssen somit neue Benutzer ohne Vorkenntnisse hinzugewonnen worden sein, um diese hohe Nutzungsquote realisieren zu können. Wir erhalten somit einen Hinweis auf das tatsächliche Ablaufen dezentraler Lernprozesse und auf ihren Erfolg, da keine unternehmensseitigen, umfassenden Qualifizierungen stattgefunden haben, um die Mitarbeiter mit diesen Fähigkeiten auszustatten.

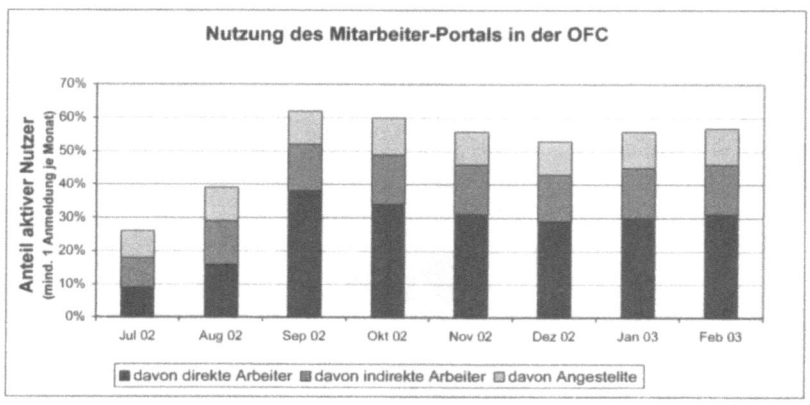

Abbildung 26: Nutzung des Portals nach Beschäftigungsgruppen
Quelle: Statistiken zu den Zugriffszahlen Rollout DC eLife im Werke Bremen, Präsentation des Lenkungsausschusses DC eLife 067 am 27.03.2003.

In der Graphik wird die hohe Nutzungsquote von DC eLife deutlich, die sich bei 55% bis 60% der Nutzer einpendelt, die sich regelmäßig (mindestens einmal pro Monat) im System DC eLife anmelden. Darüber hinaus zeigt sich dort auch ein beständig wachsender Anteil von direkten Arbeitern in der Nutzergemeinde von DC eLife. Diese direkt im Produktionsprozess tätigen, gewerblichen Mitarbeiter, die vorher keinen Zugang zu PCs und Intranet besaßen und die auch über die wenigsten Vorkenntnisse verfügten, sind die neue Zielgruppe von DC eLife. Im Bereich der Angestellten und der indirekten Arbeitskräfte, d.h. der Mitarbeiter, die nicht direkt und unmittelbar im Produktionsprozess stehen, sondern unterstützende Funktionen wie beispielsweise Instandhaltung und Logistik wahrnehmen, lässt sich diese enorme Zunahme nicht feststellen, da hier sowohl Nutzungsmöglichkeiten als auch Kenntnisse in weit höherem Maße auch schon vorher gegeben waren.

Der Aufbau dieser notwendigen technologischen Kompetenz bei allen Mitarbeitern war eine der essentiellen Zugangsvoraussetzungen für DC eLife. Aus diesem Grund bestand unternehmensseitig ein Interesse und auch eine betriebliche Verpflichtung, diese Lernprozesse zu ermöglichen. Um den Aufbau dieser Kenntnisse und eine Änderung des Verhaltens in Richtung der Systemakzeptanz und -nutzung mit möglichst geringem Aufwand zu erzielen, wurde jedoch auf umfangreiche, formale Schulungsmaßnahmen verzichtet und stattdessen das Ablaufen dezentraler Lernprozesse gefördert und beschleunigt. Aufgrund der besonderen Incentivestruktur des neuen Mediums DC eLife war dieses Vorgehen möglich. Im Gegensatz zu vielen anderen betrieblichen Innovationen bildet DC eLife sowohl Geschäftsprozesse und -interessen als auch gleichzeitig private Nutzungsmöglichkeiten ab. So kann das Intranet beispielsweise auch für die Bestellung und Konfiguration von Firmenangehörigen-Fahrzeugen oder den Aktienkauf verwendet werden. Neben diesen individuellen Incentives für die Systemnutzung, existieren eine Reihe von Anwendungen, bei denen sich betriebliche Belange und Mitarbeiterinteressen überschneiden und das System sowohl für Mitarbeiter als auch für das Unternehmen interessant werden lassen (z.B. „idee.com", das System für das online-Vorschlagswesen). Dieser besondere Charakter des Systems DC eLife ermöglichte eine effektivere Vorgehensweise als die flächendeckende Qualifizierung aller Mitarbeiter. Es wurde auf eine umfassende Schulung aller Mitarbeiter verzichtet. Stattdessen wurden Mitarbeiter mit Vorkenntnissen zu Multiplikatoren ausgebildet, die dann ihr Wissen an Kollegen weitergeben konnten und sollten. Diese Multiplikatoren fungierten als Experten vor Ort und konnten bedarfsorientiert von ihren Kollegen angesprochen werden. Sie wurden in den ersten Wochen der DC eLife Einführung von sogenannten eScouts unterstützt. Dabei handelte es sich um Auszubildende, die kurzfristig als zusätzliche Multiplikatoren eingesetzt wurden, um die erhöhte Nachfrage nach Beratung in den ersten Wochen zu decken. Durch diese Maßnahmen konnte sichergestellt werden, dass in jedem Bereich das notwendige Wissen für die Systemnutzung vorhanden war und diese Tatsache allen Mitarbeitern bekannt war. Für die Ausbreitung von diesem Wissen vertraute man aufgrund der besonderen Anreizstruktur und des Vorhandenseins von Eigeninteressen zur Nutzung von DC eLife auf die Weitergabe zwischen den Kollegen, d.h. auf das Ablaufen dezentraler, evolutionärer Lernprozesse.

Dieser Sachverhalt wird auch von den Ergebnissen einer weiteren Befragung belegt. Dabei gaben fast 60% der Befragten an, dass „Kollegen" die größte Hilfestellung in der Einführungsphase von DC eLife waren. Dazu sind nachfolgend die Ergebnisse einer weiteren Befragung im Pilotbereich „Oberfläche C-Klasse" (OFC) im Werk Bremen, diesmal jedoch *nach* der Einführung von DC eLife, dargestellt. Insbesondere die zweite Frage nach der Bedeutung verschiedener Nutzungseinstiege und Hilfsangebote für DC eLife macht die Bedeutung von

Kollegen (auch Multiplikatoren) und damit auch der dezentralen Lernprozesse deutlich (vgl. nachfolgende Graphik).

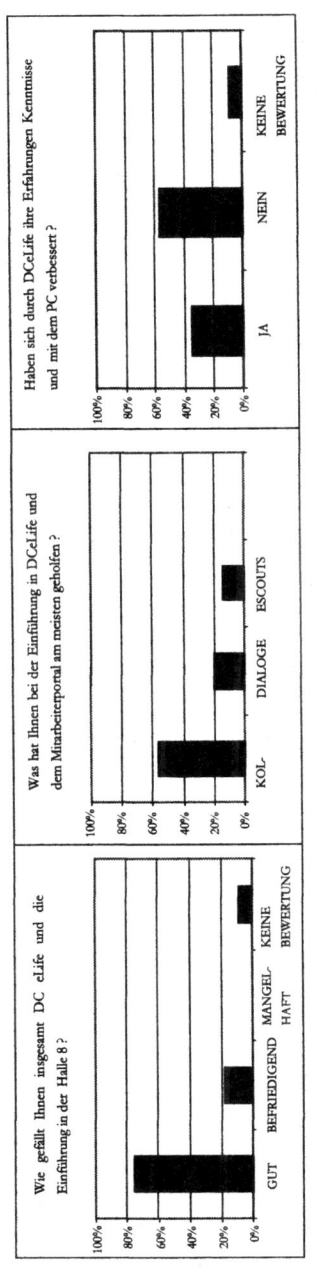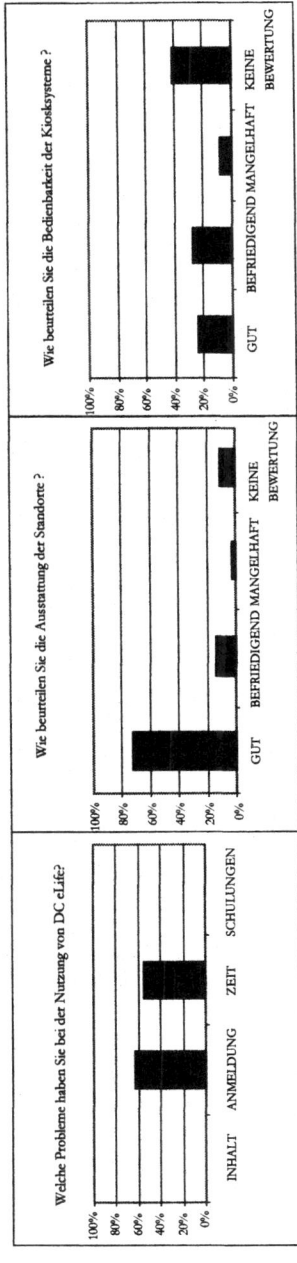

Abbildung 27: Bewertung der Einführungsphase von DC

Neben dem Aufbau neuer Kompetenzen birgt der Kurvenverlauf der Nutzungsstatistik des Mitarbeiter-Portals in der OFC (vgl. S. 195) noch einen weiteren Indikator für die Existenz dezentraler Lernprozesse. Während der sprunghafte Anstieg der Systemnutzung im August und September noch teilweise auf die Ausbildung der Multiplikatoren und die Anregung der Informationsweitergabe zwischen den Kollegen durch die hierarchische Unternehmensorganisation zurückführbar sein mag, zeigt die konstante Etablierung der Nutzerzahlen auf diesem Niveau eine Übernahme der Systemnutzung und der damit verbundenen neuen Interaktionsformen als neue Verhaltensweise in den betrieblichen Arbeitsalltag. Das Medium Intranet ist für ca. zwei Drittel aller Mitarbeiter zum festen Bestandteil des Arbeitsalltages geworden. Diese Entwicklung erfordert neue Verhaltensweisen, die in betrieblichen Routinen gespeichert werden. Bestimmte Prozessschritte sind nun in ihrer Abwicklung automatisiert mit der Intranetnutzung verbunden, sie sind Teil des „how we do things right here" geworden. Ein Mitarbeiter beispielsweise, der sich beruflich verändern möchte, geht nicht mehr ins Personalbüro, sondern nutzt zunächst die Informations- und Bewerbungsmöglichkeiten der Mitarbeiterbörse. Damit hat er Zugang zu einer neuen Qualität von Informationen. Erstmalig werden konzernweit und personenunabhängig Informationen transparent und auch für den gewerblichen Mitarbeiter am Fließband zugänglich. Weitere neue Routinen müssen für die Evolution diffiziler Nutzungsregeln für den Systemgebrauch gebildet werden, die insbesondere durch den besonderen Charakter des Systems (Vorhandensein privater Nutzungsinteressen) eine neue Bedeutung bekommen. Da keine Kontrolle der Nutzung verschiedener Inhalte möglich (und auch nicht wünschenswert) ist, steigt die Eigenverantwortung zur Systemnutzung während der Arbeitszeit im Hinblick auf die Produktionsziele und auf den betrachteten Inhalt. Zwischen Mitarbeitern und Vorgesetzten entsteht dabei ein neuer Handlungsbedarf für die Schaffung von Zeitfenstern für die Systemnutzung. Neben der erhöhten Eigenverantwortung der Mitarbeiter entsteht auch für die Vorgesetzten ein neues Spannungsfeld zwischen Förderung und Kontrolle der Intranetnutzung. Da diese Belange nicht jedes Mal neu verhandelt und ausdiskutiert werden können, müssen hier neue Routinen zur DC eLife Nutzung entstehen.

Die Evolution dieser Nutzungsregeln, die Gestaltung neuer Kommunikations- und Interaktionsabläufe in einer eBusiness-Systemwelt (erhöhte Interaktionen jenseits hierarchischer Kommunikationsbarrieren vgl. Kapitel 6.2.2) ebenso wie eine neue Art und Weise der Prozessabwicklung (flexible, zeit- und ortsunabhängige Online-Prozesse wie ePeople vgl. Kapitel 6.1.2) sind Teil der Veränderung der bestehenden Unternehmenskultur. Insbesondere in den streng getakteten Produktionsbereichen mit tayloristischer Arbeitsteilung tritt neben das ursprüngliche Arbeits- und Rollenverständnis eine neue Eigenverantwortung und informationsbasierte Integration des gewerblichen Mitarbeiters in den Betriebsablauf. Erstmalig erhalten alle Mitarbeiter Zugang zu neuen Informationen und neue Möglichkeiten zur

Interaktion und zum Wissensaustausch. Für diese neuen Aspekte in der Unternehmenskultur ist die Entwicklung und Veränderung von Routinen, die das „how we do things" im Unternehmen charakterisieren, von besonderer Bedeutung. In einem ersten Schritt ist die unmittelbare Arbeitsausführung, d.h. die Kerntätigkeiten des gewerblichen Mitarbeiters am Fließband, nicht direkt von diesen Veränderungen betroffen. DC eLife bildet zunächst nur ergänzende Informationen, Prozesse und Kommunikationsforen ab und ist daher nicht per Arbeits- oder Organisationsanweisung direkt umsetzbar. Die Zielsetzung ist es vielmehr durch freiwillige Akzeptanz und Nutzung und durch das Angebot neuer Möglichkeiten die Mitarbeiter für dieses neue Medium zu gewinnen. Daher ist es von entscheidender Bedeutung, dass diese neuen Möglichkeiten sich in den routinenbasierten Verhaltensweisen der Mitarbeiter wieder finden. Dazu war es notwendig zwei Wege gleichzeitig zu beschreiten, die die notwendigen Voraussetzungen für diese Entwicklungen schaffen. Die Rahmenbedingungen für die Nutzung von DC eLife müssen hierarchisch, unternehmensseitig initiiert werden und gleichzeitig muss im Prozess des social learning der ungeschriebene Verhaltenskodex zur Intranetnutzung entstehen und bestehende Routinen und Skills (häufig auch im Bereich des „tacit knowledge") in der Unternehmung verändert werden, so dass diese neuen Prozesse Bestandteil des gelebten Arbeitsalltages werden.

Dabei müssen zwei Wege der internen Vernetzung unterschieden werden. Im Bereich Business-to-Employee erfolgt die Umstellung bereits vorhandener Geschäftsprozesse auf onlinebasierte Interaktionsmodelle, um eine neue Standardisierung, Transparenz und Aufbereitung des vorhandenen Wissens zu erzielen. Hier liegen die vorrangigen Motive und die direkt greifbaren Rationalisierungspotentiale für die hierarchische Initiierung und Forcierung der internen Vernetzung. Geschäftsprozesse werden schlanker, Wegezeiten für die vor Ort Erledigung entfallen und EDV-Kosten für konzernweite Standardsoftware sinken. Gleichzeitig entstehen im Zuge dieser Systemeinführungen jedoch auch neue Möglichkeiten und Vorteile, die für die Mitarbeiter direkt greifbar sind und eher dem Bereich Employee-to-Employee zuzuordnen sind. Die oben dargestellte besondere Incentivestruktur für die Systemnutzung von DC eLife integriert auch Anwendungen, die den Mitarbeitern persönlich und beruflich unmittelbare Vorteile bringen. Bereits erwähnt wurden in diesem Bereich die Mitarbeiterbörse, das Firmenangehörigengeschäft für Mercedes Benz Fahrzeuge und das Kaufprogramm von Belegschaftsaktien. Dazu gehören aber insbesondere neue Problemlösungsmöglichkeiten für den beruflichen Wissensaustausch. So ermöglicht ein neues Kompetenzmanagement und die Einrichtung entsprechender Kommunikationsmöglichkeiten die Identifizierung von Experten (beispielsweise bei Anläufen neuer Modelle) und die Kontaktaufnahme für den Wissensaustausch. So wird es möglich, eigene Probleme auch aufgrund des Erfahrungswissens von anderen, konzernweit verfügbaren Kollegen zu lösen. Diese Möglichkeit kennzeichnet eine neue

Dimension des Wissensmanagements, der auch eine neue Qualität des Erfahrungs- und Wissensaustausches für die betrieblichen Produktions-prozesse ermöglicht und deren Effizienz enorm zu steigern vermag. Diese direkten Nutzungsvorteile von DC eLife für den einzelnen Mitarbeiter sind ein wesentliches Motiv für die Bereitschaft sich den Umgang und die Nutzungsregeln von DC eLife anzueignen und somit für das Ablaufen dezentraler Lernprozesse. Gleichzeitig basieren diese Prozessen für die Bereitschaft der Vermittlung dieser Kenntnisse auf einem Zugehörigkeitsgefühl zu derselben Organisation, der Reziprozität zwischen den Kollegen („eine Hand wäscht die andere") und auf dem Wissen um eine gemeinsame Zukunft (man trifft sich meist zweimal im Unternehmen, die Frage ist nur in welcher Position). Aus diesen Gründen konnten dezentrale Lernprozesse als Koordinationsmechanismus für die unternehmensinterne Vernetzung im Rahmen von DC eLife einen wertvollen Beitrag liefern.

7 Zwischenfazit – Neue Rahmenbedingungen und veränderte Unternehmenskultur als Konsequenzen der unternehmensinternen Vernetzung

Die Analyse des Fallbeispiels DC eLife gibt einen guten Einblick in einen neuen Trend der Informationsgesellschaft, die unternehmensinterne Vernetzung. Insbesondere aufgrund von zwei Faktoren lassen die gewonnenen Erkenntnisse Rückschlüsse auf einen allgemeinen Trend der internen Vernetzung zu und lassen sich in mancher Hinsicht generalisieren. Zum einem ist das Projekt DC eLife mit der Teilnahme der Mehrzahl der deutschen Standorte der DaimlerChrysler AG (entspricht ca. 170.000 Mitarbeitern) ein Pilotprojekt in einer nicht zu vernachlässigenden Größenordnung. Zum anderen ermöglicht die Integration der völlig neuen Zielgruppe, der gewerblichen Mitarbeiter in der Produktion, eine Übertragbarkeit auf viele andere Bereiche und Branchen. Die Erkenntnisse bleiben damit nicht wie in vielen anderen Fällen auf Verwaltungs- und Angestelltenbereiche und Unternehmen mit ausschließlich diesen Mitarbeitern beschränkt.

Zunächst hat DC eLife gezeigt, dass generell zwei Formen der unternehmensinternen Vernetzung, *business-to-employee* und *employee-to-employee*, unterschieden werden müssen. Im Bereich business-to-employee werden vorrangig vorhandene Geschäftsprozesse auf neue, onlinebasierte Intranetsysteme umgestellt. Dadurch werden diese Prozesse transparenter und standortübergreifend zugänglich, nachvollziehbar und standardisierbar. Gleichzeitig wird dadurch ein erweiterter und personenunabhängiger Zugang zu diesen Informationen für einen größeren Zielgruppenkreis möglich. Dennoch bleiben diese Prozesse hierarchisch strukturiert und fördern zumeist den normalen „top down" Informationsfluss entlang der Unternehmenshierarchie. Im Bereich employee-to-employee hingegen wird eine innovative Vernetzung der Mitarbeiter untereinander gefördert. Hier entsteht die Möglichkeit unabhängig von hierarchischen Positionen, Funktionen und organisierten Informationsflüssen Wissen zu bestimmten Fachthemen auszutauschen und Experten zu identifizieren. Damit wird eine neue Form der Problemlösung und des Wissensmanagements in speziellen Situationen, z.B. dem Anlauf neuer Modelle (so genannte Nullserien-Fertigung), möglich. In solchen Situationen kann die Hierarchie aufgrund der vorgenommenen Aggregation von Informationen nur unzureichende Hilfestellung leisten und die direkte Koordination der Akteure bietet neue Perspektiven und Problemlösungsmuster. Employee-to-Employee-Netzwerke können an jeder beliebigen Stelle quer zu der Unternehmenshierarchie entstehen und entlang bestimmter Fachthemen Mitarbeiter aller Funktionen miteinander verbinden. Auch wenn die Hierarchie das maßgebliche Organisationskonzept im Unternehmen bleibt, entstehen hier erstmalig interessante Anwendungsfelder, in denen zusätzlich ein kooperativer Netzwerkgedanke als neuer Koordinationsmechanismus in die Unternehmensorganisation zu integrieren ist. Während die generelle Funktion der Komplexitätsreduzierung in der Hierarchie auch durch die hierarchische Begrenzung der Anzahl von Interaktionsbeziehungen organisiert wird, schwächen Employee-to-Employee-Netzwerke diese Reduktion in ausgewählten Situationen und Kontexten ab. Sie ermöglichen den Aufbau neuer Interaktionsbeziehungen nach neuen Kriterien, um den Austausch von Detailwissen (insbesondere auch Erfahrungswissen) zu ermöglichen, der in dieser Form hierarchisch nicht organisierbar ist. Daher wird die Entwicklung entsprechender Employee-to-Employee-Netzwerke in den kommenden Jahren von besonderem Interesse sein.

Auch im Hinblick auf die Integration der neuen Zielgruppe der gewerblichen Produktionsmitarbeiter ist die Einführung des betrieblichen Intranets mit dem Mitarbeiter-Portal und diversen neuen Anwendungen wie zum Beispiel ePeople im Rahmen von DC eLife auf gute Resonanz gestoßen. Die Mehrheit der Mitarbeiter integriert diese neuen Möglichkeiten gern in den Arbeitsalltag (vgl. Kapitel 6.2.1). Dieser Sachverhalt zeigt, dass die interne Vernetzung kein Privileg bestimmter Berufsgruppen bleiben muss, sondern für fast alle Branchen und Bereiche eine interessante Perspektive in den kommenden Jahren darstellt. Auch in Relation zu anderen internen Kommunikationsmedien hat sich das Intranet schnell eine führende Stellung aufgebaut wie die Befragungen im Kapitel 6.2.1 belegen. Insbesondere die Aktualität und der bedarfsgerechte Informationsabruf spielen dabei eine wichtige Rolle. Im Intranet ist es möglich zeitnah und kostengünstig Informationen zu veröffentlichen und diese durch geeignete Suchmaschinen und eine Personalisierung von Intranetseiten (vgl. Kapitel 6.1.1) übersichtlich und zielgruppenspezifisch zugänglich zu machen. Aufgrund der Informationsflut in der Informationsgesellschaft und der „bounded rationality" bei gleichzeitiger Angewiesenheit auf Informationen, um in interdependenten Entscheidungssituationen handlungsfähig zu bleiben, ist dieses eine zentrale Hilfestellung durch das Intranet.

Die Erweiterung der traditionellen Arbeitswelt durch die Einführung des Intranets in fließbandgetakteten Fertigungsbereichen wie bei DaimlerChrysler bringt jedoch gleichzeitig eine Reihe von konzeptionellen und organisatorischen Veränderungen sowie die Notwendigkeit zur Bildung neuer Verhaltensweisen mit sich. Diese revolutionieren nicht auf einen Schlag die bestehende Arbeitswelt mit ihren festen (oft tayloristischen) Strukturen, dennoch ermöglichen sie eine neue Flexibilität und erfordern stellenweise einen beginnenden Trend der Umgestaltung und Reorganisation. Zu diesen veränderten Rahmenbedingungen gehört insbesondere die zeit-, orts- und vor allen Dingen personenunabhängige Verfügbarkeit von Informationen im Intranet. Da Informationsvorsprünge und die Möglichkeit der Steuerung von Informationsflüssen ein wesentliches Element der konstitutiven Machtverteilung in der Hierarchie der Unternehmensorganisation sind, verändern sich diese eingespielten Machtgefüge. Die streng hierarchische Informationskaskade wird dabei durch mehr Autonomie und einen erweiterten Informationszugang für die Mitarbeiter an einigen Stellen gezielt aufgeweicht. Es entstehen an diesen Stellen zusätzlich zur Hierarchie neue, parallele Kommunikations- und Interaktionsmöglichkeiten (vgl. Mitarbeiterbörse im Kapitel 6.1.2).

Weitere organisatorische Veränderungen werden für die Schaffung von Zeitfenstern für die Nutzung von Intranetsystemen notwendig. In einer Produktionsumgebung wie beispielsweise bei DaimlerChrysler erfordert eine solche Systemnutzung insbesondere für die Produktionsmitarbeiter Veränderungen in der Arbeitsplatz- und Arbeitszeitgestaltung. Diese haben sich als das größte Problem bei der Einführung von DC eLife herausgestellt. In der streng getakteten und ergebnisorientierten Fertigung hochwertiger Automobile am Fließband ist es schwierig, Zeitfenster zur Intranetnutzung zu schaffen. Dieses Ergebnis wird auch in der abschließenden Befragung zu DC eLife deutlich (vgl. Kapitel 6.2.3). Mehr als 40% der Befragten sehen in genau diesen Zeitfenstern für die Nutzung das größte Problem. Während die DC eLife Nutzung vor und nach der Schicht bzw. während der Pausen freiwilliges und privates Interesse der Mitarbeiter voraussetzt, ist es in den einzelnen Bereichen unterschiedlich gut gelungen auch während der Arbeitszeit die DC eLife Nutzung zu ermöglichen. So kann an Tagen mit gutem Personalstand und wenig Abwesenheiten in einigen Bereichen ein Mitarbeiter zwischenzeitlich freigestellt werden oder aber durch Vorarbeiten sich ein kurzes Zeitfenster für die DC eLife Nutzung schaffen.

Dennoch gibt es derzeit keinen wirklichen Nutzungsanspruch der Mitarbeiter während der Arbeitszeit, so dass Nutzungsmöglichkeiten während der Arbeitszeit häufig schwierig und nur nach Absprache mit den Kollegen und dem Vorgesetzten zu finden sind. Hier müssen im Laufe der Zeit neue Verhaltensweisen entstehen und von den Mitarbeitern in betriebliche Routinen umgesetzt werden, die diese Intranetnutzung ermöglichen und organisieren. Diese Vorgehensweise bringt eine Reihe von Herausforderungen an die Verantwortung der Mitarbeiter mit sich und birgt neue Handlungsnotwendigkeiten für die Vorgesetzten im Hinblick auf die Führung der Mitarbeiter. Da die Anwendungsmöglichkeiten von DC eLife komplex und für Dritte nicht nachvollziehbar sind, muss sich der Vorgesetzte bei einer Nutzung von DC eLife während der Arbeitszeit auf einen tatsächlich vorhandenen Arbeitsbezug (im Gegensatz zu privat motiviertem Surfen) verlassen können. Gleichzeitig muss der Mitarbeiter mit den neuen Freiräumen und Möglichkeiten verantwortungsvoll umgehen, um die weitere Nutzung und den Ausbau der Intranetangebote zu rechtfertigen. Dieses Spannungsfeld ist jedoch nicht neu und wurde schon in den vergangenen Jahren in den Verwaltungsbereichen ebenso heftig diskutiert. Hier können in gewissem Maße Nutzungsrichtlinien im Hinblick auf die Inhalte aufgestellt werden und andererseits muss im Laufe der

Zeit der Aufbau von Erfahrungen und Vertrauen zwischen Mitarbeitern und Vorgesetzten die verantwortungsvolle Intranetnutzung rechtfertigen. Für die Vorgesetzten muss dieser Lernprozess die Erfahrung um die Vorteile und Potentiale der Intranetnutzung in ihrem Bereich beinhalten. Dazu gehört beispielsweise die Einsparung von Wegezeiten bei der onlinebasierten Abwicklung interner Prozesse oder die Entwicklung effizienter oder innovativer Lösungsvorschläge für Produktionsprobleme aufgrund des Erfahrungs- und Wissensaustausches. Für die Mitarbeiter hingegen muss der verantwortungsvolle Umgang mit den entstandenen, neuen Möglichkeiten im Vordergrund stehen und sich das Verhältnis aus privat motivierten Surfen und arbeitsbezogener Informationssuche einspielen. Diese Problematik wird in vielen Unternehmen ähnlich gelagert sein und insbesondere auch aufgrund des steigenden Produktivitätsdruckes in einer schlechten konjunkturellen Lage ein Brennpunkt bei der Einführung solcher Systeme bleiben.

Diese neuen Nutzungsregeln sind Bestandteil einer sich wandelnden Unternehmenskultur. Das tayloristische Weltbild der Reduktion von Produktionsmitarbeitern auf wenige, klar definierte Tätigkeiten am Fließband wird zugunsten neuer Anforderungs- und Qualifikationsprofile aufgebrochen. PC-Kenntnisse sind seit DC eLife eine erwünschte und vorteilhafte Qualifikation bei gewerblichen Fertigungsmitarbeitern. Durch die Umstellung interner Geschäftsprozesse auf das Intranet (wie im Falle der Personalprozesse bei ePeople) kommt es zu einer Aufgabenanreicherung für diese Mitarbeiter in der Produktion, die die anfallenden Vorgänge nicht mehr durch ihren Personalbetreuer im Personalbüro erledigen lassen, sondern diese selbständig am PC durchführen. Dadurch verändern sich auch die Qualifikationsanforderungen an diese Mitarbeitergruppe um die Notwendigkeit bzw. Vorteilhaftigkeit von PC-Kenntnissen.

Diese veränderten Anforderungs- und Qualifikationsprofile sind nur einer der Bestandteile einer sich wandelnden Unternehmenskultur. Insbesondere die Veränderung gewohnter Interaktionsabläufe und Kommunikationsstrukturen durch das neue Medium, die neue Prozessgestaltung und die erweiterten Problemlösungsmöglichkeiten führen zu etlichen neuen Aspekten in der Unternehmenskultur. Begreift man dabei die Unternehmenskultur nicht nur als eine Reihe geschriebener Organisationsanweisungen und Statements zur Corporate Identity sondern umfassender auch als die weichen Faktoren, die „das Öl auf dem zwischenmenschlichem Getriebe" darstellen, so spiegelt sich diese sich wandelnde Unternehmenskultur insbesondere in der Entstehung neuer Routinen und der Veränderung des „tacit knowledge" (vgl. Kapitel 4.2) wieder. Betrachtet man die im Kapitel 4.2.2 dargestellten drei Dimensionen von Routinen, lassen sich diese Veränderungen durch DC eLife präzisieren und generalisieren.

Routinen als organisationales Gedächtnis / Wissensspeicher
Durch die interne Vernetzung verändern sich die bisherigen Kommunikations- und Interaktionabläufe in mehrfacher Hinsicht. Es erweitert sich der Kreis potentieller Kontaktpartner und die Art und Weise der Kommunikation. Es wird möglich, sich standortübergreifend und funktionsübergreifend in neuen Netzwerken auszutauschen. Damit wird das organisationale Wissen in neuem Maße zugänglich und diese neue Zugangsweise zum Bestandteil des „how we do things", des organisationsspezifischen Dialekts. Es entstehen neue Problemlösungsmuster, die durch den Zugang zu dem Erfahrungswissen anderer Kollegen innovative oder effizientere Lösungen für Probleme in den Leistungsprozessen des Unternehmens entwickeln.

Routinen als Basis von Macht- und Motivationsstrukturen
Durch die Einführung der internen Vernetzung kommt es zu keiner grundlegenden Umgestaltung von Machtstrukturen. Da die Hierarchie der Unternehmensorganisation weiterhin der maßgebliche Bezugsrahmen bleibt, ist die Dependenz der Mitarbeiter vom Vorgesetzten nach wie vor erhalten. Dennoch erweitert die interne Vernetzung den Handlungsspielraum und den Bezugsrahmen der Mitarbeiter, wie im Beispiel der Mitarbeiterbörse bei DC eLife, und kann damit Ausgangspunkt für eine neue Motivation sein. Durch dieses Instrument ist es erstmalig auch ohne Fürsprache des direkten Vorgesetzten möglich, die eigenen Fähigkeiten und Kenntnisse konzernweit zu kommunizieren und sich als Experte für bestimmte Themen darzustellen. Mit der Umsetzung dieser neuen Möglichkeiten in neue Verhaltensweisen und Routinen können auch neue, zusätzliche Motivationsstrukturen entstehen. Dennoch entstehen durch die interne Vernetzung auch neue Konfliktpotentiale (insbesondere auch im Hinblick auf die Evolution der neuen Nutzungsregeln) für deren Lösung ebenso Routinen gebildet werden müssen, um insbesondere neu entstehende Spannungsfelder und Konfliktpotentiale zwischen Mitarbeitern und Vorgesetzten zu reduzieren.

Routinen zur Bewältigung des Wandels und der Suche nach Innovationen
Die erfolgreiche Integration der unternehmensinternen Vernetzung in den Arbeitsalltag der Mitarbeiter (wie sie die Systemnutzung im Kapitel 6.2 zeigt) zeugt von der Bildung neuer Routinen, um diesen Veränderungen und dieser Innovation zu begegnen. Dieses geschieht auf unterschiedliche Art und Weise. Im einfachsten Falle werden bestehende Routinen aus einem anderen Kontext (die private Internetnutzung zu Hause mit entsprechenden Kenntnissen) auf diese neue berufliche Anwendung (das Intranet) übertragen. Aber auch die Etablierung der Multiplikatoren, die von den Kollegen angesprochen werden und ihr Wissen weitergeben, kann Teil einer solchen neuen Routine zur Bewältigung des Wandels sein. Auch die steigende Bedeutung eines auf Reziprozität basierenden Wissensaustauschs zwischen Kollegen kann eine solche Strategie darstellen. Hier sind die Strategien sicherlich individuell und vielseitig. Diese Vorgehensweisen sind jedoch

alle Teile einer aktiven Bewältigung des Wandels und einer entsprechenden Entwicklung von Routinen für diesen Wandel. Darüber hinaus kann im Hinblick auf die Suche nach Innovationen das Intranet (mit seinem vielseitigen Informationsangebot und neuen Möglichkeiten zum Informationsaustausch) selbst zur Quelle von Innovationsanregungen werden. Damit sind Routinen zur Intranetnutzung gleichzeitig auch Routinen für die Suche nach Innovationen.

Diese drei Arten neuer Routinen prägen die Entstehung einer intern vernetzten Unternehmenskultur, bei der die Hierarchie zwar maßgeblich bleibt, jedoch um neue Aspekte und Problemlösungsmöglichkeiten erweitert wird. Wenn die unternehmensinterne Vernetzung dabei noch interessante berufliche und private Anreize für den Mitarbeiter bietet (vgl. Incentivestruktur DC eLife im Kapitel 6.2.3), dann können dezentrale Lernprozesse einen wichtigen Beitrag für die Entwicklung dieser Routinen ebenso wie für den Aufbau der notwendigen Kompetenzen und Fähigkeiten für die PC-Nutzung leisten. Während die Hierarchie der Unternehmensleitung sich auf die Schaffung geeigneter Rahmenbedingungen und eines allgemein positiven Klimas im Hinblick auf die interne Vernetzung beschränken kann, entstehen im Prozess des „social learning" neue Verhaltensweisen um die unternehmensinterne Vernetzung und die Integration eines kooperativen Netzwerkgedanken in die Hierarchie der Unternehmensorganisation mit Leben zu erfüllen. Durch das im vorangegangen Kapitel dargestellte empirische Material zu dem Fallbeispiel DC eLife in der DaimlerChrysler AG wird deutlich, dass die unternehmensinterne Vernetzung mit allen ihren Konsequenzen in den kommenden Jahren eine interessante Herausforderung für viele Unternehmen darstellen wird. Dabei muss eine solche interne Vernetzungsoffensive jedoch mit dem notwendigen Mut angegangen werden, um die damit verbundenen Veränderungen beispielsweise im Hinblick auf Arbeitszeit- und Arbeitsplatzgestaltung, Mitarbeiterführung und Unternehmenskultur anzugehen. Welche Schlussfolgerungen und Handlungsempfehlungen sich aus diesen Erkenntnissen für eine allgemeine Theorie der unternehmensinternen Vernetzung ableiten lassen, ist Gegenstand des nachfolgenden Kapitels.

C. Neue Erkenntnisse zur intraorganisationalen Netzwerkgestaltung in Theorie und Praxis

8 Implikationen der unternehmensinternen Vernetzung für die Theorie der Informationsgesellschaft

Die vorangegangenen Kapitel haben gezeigt, dass es möglich ist, eine unternehmensinterne Vernetzung zu etablieren, die mehr darstellt als geteilte Informationen und interaktive Workflow-Prozesse. Unter bestimmten Bedingungen ist es möglich, parallel zu der hierarchischen Unternehmensorganisation einen neuen kooperativen Netzwerkgedanken als neuen Koordinationsmechanismus in den Arbeitsalltag zu integrieren. Dafür ist es jedoch von entscheidender Bedeutung für die Analyse künftiger Fallbeispiele zu unterscheiden, um welche Form der intraorganisationalen Vernetzung es sich handelt, da nur der Aufbau von Employee-to-Employee-Netzwerken auch das Potential für tatsächliche Kooperation und neue Interaktions- und Kommunikationsformen in sich trägt. Für die nachfolgenden Betrachtungen der theoretischen Implikationen der intraorganisationalen Vernetzung für eine möglichst umfassende Theorie der Informationsgesellschaft soll dieser Charakter der internen Vernetzung zu Grunde gelegt werden.

Zunächst stellt sich die Frage wie sich die eingangs betrachteten neuen ökonomischen Charakteristika (vgl. Kapitel 2.2) der Informationsgesellschaft im Hinblick auf diese neue Dimension der intraorganisationalen Vernetzung darstellen. Der dort betrachtete Kollektivgutcharakter von Informationen im Allgemeinen, d.h. ihre Nichttrivialität im Konsum und die damit verbundenen Probleme des Nutzungsausschlusses, sind auch im Hinblick auf interne Vernetzungsprozesse von besonderer Relevanz. Während traditionelle Seilschaften und informelle Kontaktnetzwerke im Unternehmen bislang einen „closed shop" darstellten und über exklusive Informationen und Wege zu ihrer Weitergabe verfügten, erhalten durch die intranetbasierte Vernetzung alle Mitarbeiter den Zugang zu neuem Wissen und die Möglichkeit von den selben Informationen zu profitieren. Der Nutzungsausschluss zur Konservierung von Informationsvorsprüngen als Basis von Machtstrukturen wird damit deutlich schwieriger. Der Kollektivgutcharakter von Informationen, der insbesondere aufgrund der neuen Informations- und Kommunikationstechnologien forciert wird, erhält damit auch im Zuge der unternehmensinternen Vernetzung eine neue Relevanz für die Informationsgesellschaft.

Auch das Auftreten von Netzexternalitäten als ein neues Charakteristikum in der Informationsgesellschaft lässt sich im Rahmen der intraorganisationalen Vernetzung wieder finden. So wird der Nutzen für alle Beteiligten wesentlich davon determiniert, dass möglichst viele andere Mitarbeiter als potentielle Interaktionspartner ebenfalls auf freiwilliger Basis die neuen Systeme der internen Vernetzung frequentieren. Es handelt sich bei diesen Netzexternalitäten im Rahmen der internen Vernetzung nicht um die Sicherstellung einer technologischen Kompatibilität oder des Vorhandenseins komplementärer Produkte, sondern vielmehr um die möglichst schnelle Erreichung einer kritischen Masse von Systemnutzern. Nur eine ausreichend große Zahl an engagierten Benutzern von Systemen wie z.B. einer Mitarbeiterbörse ermöglicht eine erfolgreiche Funktionserfüllung des Systems. Wenn bekannt wird, dass eine interne Vermittlung von Arbeitskräften nur schleppend durch ein solches System möglich ist (weil entweder Angebote oder qualifizierte Kompetenzprofile nicht im System eingestellt werden), werden zunehmend weniger Mitarbeiter sich die Mühe der Systemnutzung machen.

Ein weiteres wesentliches Merkmal der Informationsgesellschaft ist die enorme Bedeutung von Standards als Mittel der Verhaltensregulierung und –koordination. Auch im intraorganisationalen Kontext wird diese Standardisierung in zweierlei Hinsicht immer bedeutender. Um die Potentiale der unternehmensinternen Vernetzung realisieren können, muss zwischen global verteilten Standorten eines Unternehmens die Kommunikationsfähigkeit sichergestellt werden. Dazu müssen sowohl Vorgänge und Prozesse standardisiert und somit konzernweit einheitlich gestaltet werden als auch der Einsatz von Software für den Datenaustausch koordiniert werden. Aus diesen Gründen lässt sich ein weltweiter Trend zu dem Einsatz von so genannten Standardsoftwarepaketen wie SAP, Baan oder People-Soft feststellen.

Ein weiteres wesentliches Charakteristikum der Informationsgesellschaft mit neuen theoretischen Implikationen, das auch durch die unternehmensinterne Vernetzung zusätzlich verstärkt wird, ist die im Kapitel 2.2.6 dargestellte Aufmerksamkeitsökonomie. Die Notwendigkeit im Unternehmen neue Wissensquellen zu erschließen und dafür neue Informationen zugänglich machen zu müssen, trifft dabei auf das Problem von Unübersichtlichkeit und Reizüberflutung durch die Informationsfülle des betrieblichen Intranets. Aus diesen Gründen erhalten Maßnahmen für die zielgruppenspezifische Aufbereitung von Informationen wie z.B. durch die Personalisierung von Intranetzugängen (vgl. Kapitel 6.1.1) eine neue Relevanz.

Die hier dargestellten Faktoren zeigen, dass die unternehmensinterne Vernetzung ebenfalls zu den neuen Charakteristika der Informations-gesellschaft und ihren veränderten theoretischen Implikationen beiträgt. Für eine möglichst umfassende Theorie der Informationsgesellschaft ist es daher notwendig, die veränderten ökonomischen Prämissen auch aus dieser Perspektive heraus zu betrachten. Der Kollektivgutcharakter von digitalen Informationsprodukten, die hohe Bedeutung von Netzexternalitäten, der Trend zur Standardisierung und die Aufmerksamkeitsökonomie als neue ökonomische Prämissen in der Informationsgesellschaft sind auch im Rahmen der intraorganisationalen Vernetzung relevant. Die zunehmende Bedeutung unternehmensinterner Vernetzungsoffensiven als neuer Koordinationsmechanismus für den Umgang mit den veränderten ökonomischen Rahmenbedingungen in der Informationsgesellschaft kann daher nicht verwundern. Analoge Überlegungen, wie zu den externen Netzwerken als neuer Koordinationsmechanismus um diesen neuen Prämissen Rechnung zu tragen, gelten somit auch für die Bildung unternehmensinterner Netzwerke (vgl. Kapitel 2.3). Der steigende Wettbewerbs- und Innovationsdruck auf globalen Weltmärkten, die räumliche und funktionale Fragmentierung von Wertschöpfungsketten (auch innerhalb des Unternehmens ohne outsourcing) und die neuen Möglichkeiten von IuK-Netztechnologien lassen Unternehmen nach neuen Strategien für Produktivitätssteigerungen durch die Erschließung neuer Wissens- und Innovationsquellen und durch die Realisierung neuer organisatorischer Potentiale suchen. Unternehmensinterne Netzwerke scheinen hier neue Potentiale aufzuzeigen (vgl. Kapitel 7). Nachfolgend soll nun betrachtet werden, welche Analogien aus der externen Netzwerktheorie für die Beurteilung und den Erhalt der Performanz dieser internen Netzwerke übernommen werden können.

9 Erfolgsfaktoren und Management intraorganisationaler Netzwerke

Wie im Kapitel 3.3 dargestellt wurde, hängt die Performanz externer Netzwerke wesentlich von den Strukturen des Netzwerkes und von den Faktoren eines beständigen Netzwerkmanagements (governance) ab. Die Performanz intraorganisationaler Netzwerke hingegen ist schwierig zu beurteilen. Sie sollen einen kooperativen Netzwerkgedanken parallel zu der Unternehmenshierarchie etablieren und durch den Aufbau neuer, paralleler Interaktions- und Kommunikationswege einen innovativen Wissenstransfer und neue Problemlösungsmuster in den Leistungsprozessen des Unternehmens ermöglichen.

Die von der externen Netzwerktheorie geforderten flachen Hierarchien und geringen Machtasymmetrien als innovationsträchtige Netzwerkstrukturen lassen sich nicht unmittelbar auf unternehmensinterne Netzwerke übertragen. Die Hierarchie der klassischen Unternehmensorganisation bleibt weiterhin erhalten, und da sie die Basis der tagtäglichen überwiegenden Mehrzahl der Interaktionen darstellt, ist sie auch im unternehmensinternen Netzwerk maßgeblich. Die Position eines Mitarbeiters in der Unternehmenshierarchie steuert sowohl den Einfluss den er im Netzwerk hat als auch seine Möglichkeiten am Netzwerk teilzunehmen. Dennoch ermöglicht die Einführung des betrieblichen Intranets an einigen Stellen den Abbau dieser hierarchischen Kommunikationsbarrieren, da über die elektronische Kommunikation jeder Mitarbeiter unabhängig von seiner Position leichter erreichbar wird. Gleichzeitig muss man jedoch auch feststellen, dass viele Interaktionsstrukturen im unternehmensinternen Netzwerk eher unter „Gleichen" entstehen, d.h. bei den Mitarbeitern untereinander bzw. höchstens noch unter Einbeziehung der ersten Stufe von Führungskräften (Meistern bzw. Teamleitern): Insbesondere die hier im Vordergrund stehenden Employee-to-Employee-Netzwerke haben vorwiegend produktionsnahen Wissensaustausch dieser Mitarbeitergruppen zum Gegenstand.

Die Faktoren für ein erfolgreiches Management des Netzwerkes sind auch für intraorganisationale Netzwerke und die Gestaltung vernetzter Interaktions- und Kommunikationsbeziehungen im Unternehmen von Bedeutung. Die als exit und entry bezeichnete Möglichkeit sich jederzeit dem Netzwerk anzuschließen bzw. dieses wieder zu verlassen, grenzt moderne interne Netzwerke von den klassischen, informellen Seilschaften in der Unternehmensorganisation ab. Wie anhand des Fallbeispiels DC eLife gezeigt wurde, haben auch neue Mitarbeitergruppen das Potential für die Integration in die unternehmensinterne Netzwerkgestaltung. Damit steht über das Intranet allen Mitarbeiter der Zugang zu dem internen Netzwerk offen. Da es von der Seite der Unternehmensführung auch keine Verpflichtung zur Teilnahme an dieser Vernetzungsoffensive gibt, kann jeder

Mitarbeiter auch jederzeit sein Engagement wieder einstellen. Der für innovative Netzwerke weiterhin wichtige kontinuierliche Input an neuen Informationen wird im Rahmen der intraorganisationalen Vernetzung meist durch die Hierarchie (sprich bestimmten Funktionen wie Abteilungen für Unternehmenskommunikation und Intranetbeauftragte) sichergestellt. In externen Netzwerken ist der Aufbau einer gemeinsamen Sprache und Wertebasis darüber hinaus ein wichtiger Erfolgsfaktor für die Netzwerkarbeit. Er ist wesentlich für die Etablierung gemeinsamer Lernprozesse und legt den Grundstein für eine gemeinsame Netzwerkkultur. Durch die Zugehörigkeit zu derselben Organisation dürfte dieser Faktor sich für viele interne Netzwerke deutlich einfacher darstellen. Meistens besteht bereits eine gemeinschaftliche Identifikation mit der Aufgabe, dem Unternehmensziel und der Unternehmenskultur. Die gemeinsame Sprache dürfte somit schon größtenteils vorhanden sein. Wesentlich schwieriger zu erreichen und dennoch ein entscheidender (wenn nicht sogar der entscheidende) Erfolgsfaktor bei der unternehmensinternen Vernetzung ist der Aufbau von Erfahrungswissen um die Potentiale dieser neuen Koordinationsform. Nur dieses Erfahrungswissen wird die Mitarbeiter neben dem bekannten und bewährten Wegen der Hierarchie neue Interaktionsstrukturen dauerhaft etablieren lassen. Andernfalls werden solche Vernetzungsoffensiven einfach einschlafen.

10 Intraorganisationale Netzwerke - Zusammenfassung und Handlungsempfehlungen zu der Entstehung und Gestaltung der unternehmensinternen Vernetzung in der Informationsgesellschaft

Wenn bislang von Netzwerken gesprochen wurde, standen zumeist Kooperationszusammenschlüsse verschiedener Unternehmen (externe Netzwerke) im Vordergrund. Der Begriff der unternehmensinternen Netzwerke hingegen ist uns derzeit vorrangig aus der elektronischen Datenverarbeitung als technologisches Konzept vernetzter Informations- und Kommunikationstechnologien innerhalb eines Unternehmens vertraut (Intranet). Die ökonomischen Veränderungen in der Informationsgesellschaft zwingen jedoch Unternehmen vermehrt dazu auch die organisatorischen Potentiale dieser neuen Form der Vernetzung zu erschließen und dadurch einen umfassenderen Begriff intraorganisationaler Vernetzung prägen. Dabei handelt es sich um neuartige Organisations- und Koordinationskonzepte, die in zunehmendem Maße den Arbeitsalltag und die Unternehmensorganisation der Zukunft zu prägen und zu lenken vermögen.

So sind unternehmensinterne Netzwerke, analog zu der Relevanz unternehmensübergreifender Netzwerkorganisationen als Koordinations-mechanismen für den Umgang mit den veränderten Rahmenbedingungen in der Informationsgesellschaft (vgl. Kapitel 2), eine mögliche Erweiterung traditioneller Organisationstheorie, um den gleichen Veränderungen und ihren Implikationen im betrieblichen Arbeitsalltag Rechnung zu tragen. So erschließen interne Netzwerke beispielsweise neue Potentiale für den innerbetrieblichen Umgang mit der Nicht-Rivalität der Nutzung von Informationen und dem geringerem Nutzungsausschluss, der eingespielte Machtgefüge und Informationsprivilegien im Unternehmen verändert. In ähnlicher Form lassen sich auch weitere Prämissen der Informationsgesellschaft wie die Bedeutung von Netzexternalitäten und Standardisierungen im Rahmen der unternehmensinternen Vernetzung wieder finden (vgl. Kapitel 8). Dabei begünstigt nicht nur der Trend zum Einsatz neuer Informations- und Kommunikationstechnologien (Netztechnologien) neue Organisationsstrukturen, sondern ebenso das Zusammenwirken verschiedener übergreifender Trends. Dazu gehört beispielsweise die Notwendigkeit, die Zusammenarbeit über global verteilte Produktionsstandorte (räumliche und funktionale Fragmentierung von Wertschöpfungsketten) und den Umgang mit einer zunehmenden Wissensintensität und –verfügbarkeit in vielen Berufen zu organisieren. Auch für die Erschließung neuer Wissens- und Innovationsquellen, die als Basis für die Realisierung von Effizienz- und Produktivitätssteigerungen und den Erhalt der globalen Wettbewerbsfähigkeit dienen, zeigen intraorganisationale Vernetzungsoffensiven neue Potentiale auf. Dabei bleiben die traditionellen, hierarchischen Strukturen zwar maßgeblich und bestehen, sie werden jedoch an einigen Stellen um neue kooperative Elemente und neue Interaktionswege erweitert.

Im Rahmen dieser intraorganisationalen Vernetzungsoffensiven für die Reorganisation von Unternehmen müssen jedoch zwei Formen der unternehmensinternen Vernetzung mit verschiedenen Implikationen differenziert werden. Im Bereich business-to-employee werden vorrangig vorhandene Geschäftsprozesse auf neue, onlinebasierte Intranetsysteme umgestellt. Dennoch bleiben diese Prozesse hierarchisch strukturiert und fördern zumeist den normalen „top down" Informationsfluss entlang der Unternehmenshierarchie (nur mittels eines neuen Mediums). Im Bereich employee-to-employee hingegen wird eine innovative organisatorische Vernetzung der Mitarbeiter untereinander gefördert. Hier entsteht eine neue Möglichkeit, unabhängig von hierarchischen Positionen, Funktionen und organisierten Informationsflüssen, Wissen zu bestimmten Fachthemen auszutauschen und Experten zu identifizieren. Auch wenn die Hierarchie das maßgebliche Organisationskonzept im Unternehmen bleibt, entstehen hier erstmalig interessante Anwendungsfelder, in denen zusätzlich ein kooperativer Netzwerkgedanke als neuer Koordinationsmechanismus in die Unternehmensorganisation integriert werden kann. Viele interne Vernetzungsoffensiven sind jedoch durch Anwendungen aus dem Bereich business-to-employee motiviert, da hier die kurzfristigen Rationalisierungspotentiale (Einsparung von Arbeitskräften und -zeit durch online Abwicklung von Prozessen) liegen. Dennoch bieten Employee-to-Employee-Netzwerke die mittelfristig deutlich interessanteren Perspektiven, da sie zur Quelle von Innovationen und neuem Wissen werden können. Daher stellen diese Netzwerke das Kernstück unserer Betrachtungen, die eigentlichen „internen Netzwerke", dar.

Die Potentiale dieser unternehmensinternen Netzwerke, so sie denn erfolgreich etabliert werden können, liegen in dem Aufbau neuer Interaktions- und Kommunikationsstrukturen selbst. Durch die Einführung des betrieblichen Intranets bei allen Mitarbeitern, auch bei neuen Zielgruppen wie direkten Produktionsmitarbeitern, werden ein verbesserter Informationsstand der gesamten Belegschaft und eine Identifikation der Mitarbeiter mit den Unternehmenszielen angestrebt. Gleichzeitig wird ein zeitnaher und zielgruppenspezifischer Informationsfluss deutlich erleichtert. Dabei spielen sowohl die kostengünstige und einfache Veröffentlichung von Informationen via Intranet ebenso wie die Möglichkeiten der Personalisierung von Intranet-Portalen und die Einrichtung von Suchkatalogen und -maschinen eine wichtige Rolle. Gleichzeitig ermöglicht dieses Medium in Ergänzung mit entsprechenden Softwaresystemen den Aufbau neuer, standortübergreifender Interaktionsbeziehungen und erweiterte Problemlösungsmuster in Produktions- und sonstigen Leistungsprozessen. Dazu wird insbesondere im Bereich Employee-to-Employee-Netzwerke der Aufbau neuer Systeme für den interaktiven Wissensaustausch zwischen Mitarbeitern angestrebt. Die Zielsetzung solcher Systeme ist es, dass Vorhandensein von Wissen transparent werden zu lassen (nur seine Existenz, nicht das Wissen als solches) und durch den elektronischen Weg anschließend neue Kontakte zu ermöglichen, die vorher standortübergreifend vielfach unmöglich waren. Dieses Vorgehen stellt eine neue Dimension kollektiven Wissensmanagements dar. Wie im Fallbeispiel DC eLife gezeigt wurde, können beispielsweise durch das System Kompetenzmanagement (vgl. Kapitel 6.1.2), Experten in ihren Aufgabengebieten identifiziert und per eMail kontaktiert werden. Dazu stellen die Mitarbeiter auf freiwilliger Basis so genannte Kompetenzprofile im System ein, aus denen bestimmte Qualifikationen hervorgehen. Auf der Basis von Kompetenzkatalogen können andere Mitarbeiter nach diesen Fähigkeiten suchen und sich mit dem jeweiligen Kollegen in Kontakt treten (Beispiel Nullserien / Produktanläufe).

Jedoch bleiben die Möglichkeiten zum Aufbau dieser internen Netzwerke einer Reihe von Restriktionen und Problematiken unterworfen. Die Hierarchie der Unternehmensorganisation ist und bleibt nicht nur die dominante Organisationsform, sie ist damit gleichzeitig die maßgebliche Rahmenbedingung für die Entstehung und Akzeptanz dieser neuen informellen, organisatorischen Netzwerke. Das Verhältnis bleibt spannungsreich, da die Hierarchie mit ihren eingespielten Kommunikationswegen genutzt werden muss, um eine neue Kooperationskultur herzustellen, die anschließend eben diese Hierarchie punktuell zu unterlaufen bzw. zu modifizieren scheint. Diese Vorgehensweise wird immer aufgrund der Blockademöglichkeiten durch einzelne zentrale Stellen in der Hierarchie schwierig bleiben und daher von Bereich zu Bereich mit völlig unterschiedlichen Ergebnissen und Geschwindigkeiten des Erlernens der Vernetzung kämpfen müssen. Als ein zentrales Hindernis, insbesondere in der Etablierungsphase der informellen unternehmens-internen Vernetzung, hat sich die latente Kollektivgutproblematik bei der Erschließung interner Informationen herausgestellt. Insbesondere solange noch keine Kultur der wechselseitigen Kooperation und des gemeinsamen Profitierens von dem neu zugänglichen Wissen („kumulativer Charakter der Information") und den damit verbundenen Möglichkeiten vorhanden ist, müssen Mitarbeiter mühsam motiviert werden, den ersten Schritt der Informationspreisgabe zu unternehmen. Eine weitere Restriktion der unternehmensinternen Vernetzung liegt in der Begrenzung ihrer möglichen Anwendungsfelder. Aufgrund ihrer Möglichkeiten zur Komplexitätsreduzierung wird die Hierarchie immer die dominante Form der Unternehmensorganisation bleiben. Nur an einigen, klar definierten Stellen lässt sich diese Hierarchie durch die Integration eines kooperativen Netzwerkgedankens sinnvoll ergänzen. Dazu gehört vor allen Dingen die Suche nach dem Vorhandensein von detailliertem Fachwissen mittels elektronischer Netzwerke, die in dieser Form von der Hierarchie, eben aufgrund ihrer Komplexitätsreduzierung, nicht geleistet werden kann. Für welche Unternehmen diese neuen Wege des Wissensmanagements und der Vermittlung von Kontakten jedoch den relativ hohen Aufwand für die Initiierung dieser Netzwerke rechtfertigen, muss in künftiger Begleitforschung weiter eruiert werden und durch die Analyse interner Netzwerke in anderen Branchen gezeigt werden. Die nachfolgende Graphik gibt noch mal einen Überblick über diese notwendigen Prozessschritte der umfassenden organisatorischen Vernetzung im Unternehmen. Bei erfolgreichem Durchlaufens dieses Prozesses der informellen Vernetzung vermag das Unternehmen eine erhöhte Performanz durch einen beschleunigten Informationsaustausch und durch neue Lernprozesse zu realisieren.

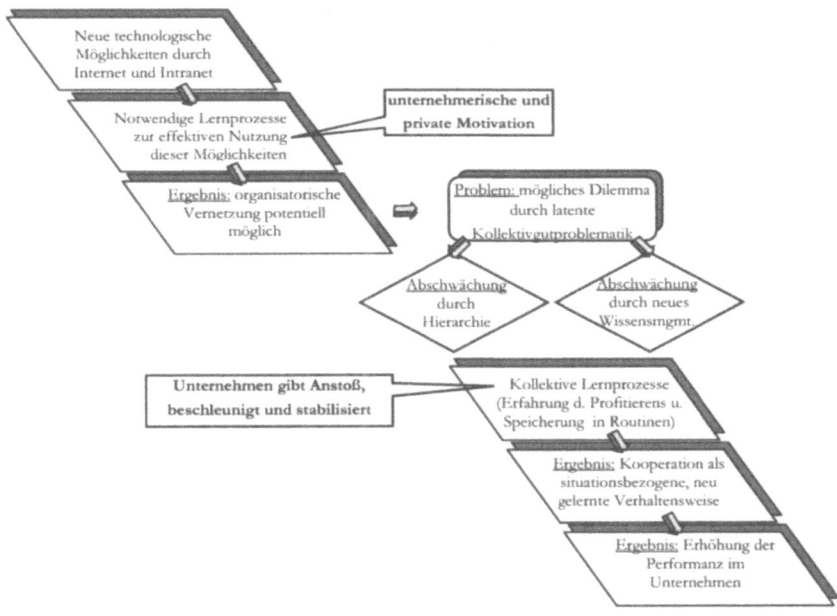

Abbildung 28: Zusammenfassung der Argumentation

Neben diesen kollektiven Koordinationszielen, die der Erhöhung der Performanz im Unternehmen dienen sollen, bietet das Intranet jedoch auch für den individuellen Mitarbeiter eine Reihe von Anreizen im Hinblick auf die berufliche und private Weiterqualifizierung (vgl. Kapitel 6.2.3). Die Fähigkeiten zur Nutzung dieser neuen Systeme eröffnen nicht nur neue Perspektiven, sie sind auch selbst zu einer wichtigen Kompetenz im Berufs- ebenso wie im Privatleben geworden. Die Integration individueller Nutzungsanreize in die Systeme ist ein wesentlicher Faktor für die Etablierung des internen Netzwerkgedankens, da diese auf die Freiwilligkeit der Akteure für die Zusammenarbeit und auf ihrem freiwilligen Engagement angewiesen sind. Eine Incentivestruktur wie sie Rahmen des Fallbeispiels DC eLife vorgestellt wurde (vgl. Kapitel 6.2.3) ist daher sehr förderlich, um ein neues Medium wie das betriebliche Intranet in den Arbeitsalltag der Mitarbeiter zu integrieren. Gleichzeitig können aufgrund dieser Incentivestrukturen dezentrale, kostengünstige Lernprozesse an die Stelle flächendeckender Qualifizierungsmaßnahmen für die Systemeinführung treten. Neben dem Aufbau der notwendigen technologischen Kompetenz als Voraussetzung für die Systemnutzung müssen im Rahmen dezentraler Lernprozesse auch Routinen für die Integration dieser neuen Kommunikations- und Interaktionsformen in den betrieblichen Arbeitsalltag gebildet werden. Diese Routinen dienen der Verankerung dieses neuen organisationsspezifischen Dialekts („how we do things"), um die Möglichkeiten zur Online-Kommunikation, zum eWorkflow und für den standort- und hierarchieübergreifenden Wissensaustausch mit Leben zu füllen und in die Arbeitsabläufe zu integrieren.

Darüber hinaus ist es notwendig, auch für die Evolution neuer Nutzungsregeln im Rahmen der intraorganisationalen Vernetzung weitere Routinen zu bilden. So hat sich insbesondere die Suche nach Arbeitszeitfenstern für die Intranetnutzung in den Produktionsbereichen als problematisch erwiesen. Hier müssen zwischen den Kollegen untereinander und mit ihren Vorgesetzten Wege etabliert werden, die diese Nutzung ohne Gefährdung von unmittelbaren Produktionszielen wie Fertigungszahlen ermöglichen. Dieses Spannungsfeld wird zusätzlich durch die Möglichkeit zu privat motiviertem „Surfen" an den PCs verstärkt (vgl. „Incentivestruktur"). Auch müssen die neuen Möglichkeiten für die Mitarbeiter von vielen Vorgesetzten erst akzeptiert werden und sich die Vorteile dieser Vernetzung für sie erst darstellen. Hier werden Mitarbeiter und Vorgesetzte im Laufe der Zeit neue Wege finden müssen, um diese Konfliktpotentiale durch die Bildung neuer Routinen zur Intranetnutzung und für die Evolution neuer Nutzungsregeln zu reduzieren. Diese Routinen werden Bestandteil einer neuen Unternehmenskultur sein, die die Reduktion des Mitarbeiters auf ein sehr tayloristisches Produktionsverständnis aufhebt und eine neue Aufgabenanreicherung zulässt.

Die sorgfältige Abwägung von Risiken und Kosten sowie Nutzen und Realisierungsmöglichkeiten von Potentialen der unternehmensinternen Vernetzung ist somit für jeden Einzelfall unabdingbar. Oftmals werden daher interne Vernetzungsoffensiven von dem Gedanken an business-to-employee Netzwerke dominiert (und dann auch schnell auf diese reduziert), da dort die deutlich messbaren Rationalisierungspotentiale und die schneller veränderbaren Prozessstrukturen (im Sinne der Erfolgsmaßstäbe der Hierarchie) liegen. Eine solche Vorgehensweise ermöglicht keine Umsetzung der beschriebenen langfristigen und subtileren Innovationspotentiale durch eine umfassende informelle und institutionalisierte interne Vernetzung, aber sie umgeht auch einige der zentralen Schwierigkeiten intraorganisationaler Netzwerke. Diese können die Komplexität der Führungsfunktion erhöhen und neue Herausforderungen im Hinblick auf die Veränderung eingespielter Machtgleichgewichte in der Hierarchie darstellen. Damit können sie nicht nur neue Potentiale, sondern auch neue Konfliktfelder erschließen. Bei der Analyse des empirischen Materials haben sich darüber hinaus einige zentrale Schwierigkeiten im Handling solcher Systeme der intraorganisationalen Vernetzung gezeigt. So bleibt die Einbindung der Systemnutzung in einen gewerblichen Arbeitsbereich und entsprechender fließbanddominierter Arbeitsorganisation schwierig. Auch die Ehrlichkeit und Objektivität bei der Selbsteinschätzung und –darstellung als Basis für die spätere Kontaktanbahnung ist oftmals kritisch zu bewerten und bleibt dennoch ein entscheidendes Erfolgskriterium. Dennoch hat das Fallbeispiel DC eLife einige Ansätze aufgezeigt, diese Schwierigkeiten auf ein vertretbares Maß zu reduzieren und so dennoch die Potentiale durch einen beschleunigten Informationsaustausch, neuen Kommunikationsprozessen und einer neuen Kultur des Lernens und der Kooperation zu erschließen.

Zusammenfassend lässt sich feststellen, dass unternehmensinterne Netzwerke neue Potentiale für die weitergehende Vernetzung in der Informationsgesellschaft erschließen. Dennoch befinden wir uns erst am Beginn dieser Entwicklung, die zusammen mit dem technologischen Fortschritt in den nächsten Jahren, noch weitere spannende Anwendungsfelder eröffnen wird. Insbesondere Unternehmen mit starkem Produktions- und Fertigungsbezug (wie in dem betrachteten Fallbeispiel der DaimlerChrysler AG) stoßen dabei auf eine Reihe von Herausforderungen um diese neue Flexibilisierung und Erweiterung der Mitarbeiterspielräume in der traditionellen Unternehmensorganisation umzusetzen und mit fließbandgetakteten Leistungsprozessen zu verbinden. Darüber hinaus wird es in jedem Unternehmen Mitarbeiter geben, die diesen Veränderungs-prozessen kritisch gegenüberstehen und diese Entwicklung nicht aktiv unterstützen oder mittragen werden, was aufgrund der Freiwilligkeit des Netzwerkgedankens auch ihr gutes Recht bleiben wird. Dennoch stellen unternehmensinterne Netzwerke einen interessante Ansatz für die Erweiterung der Organisationsstrukturen in den kommenden Jahren dar. Welche verschiedenen Varianten und Anwendungsfelder der intraorganisationalen Vernetzung sich dabei entwickeln werden, bleibt eine zunehmend interessante Forschungsfrage der kommenden Jahre.

Abbildungsverzeichnis

Abbildung 1: Etablierung der intraorganisationalen Vernetzung — 21
Abbildung 2: Weltweite Internet-Nutzung — 44
Abbildung 3: B2C eCommerce in selected OECD countries — 45
Abbildung 4: Wesentliche Faktoren zur Entwicklung des Internethandels — 46
Abbildung 5: Koordinationsformen jenseits von Markt und Hierarchie — 72
Abbildung 6: Funktionsmerkmale einzelner Koordinationsformen — 75
Abbildung 7: Categorisation of learning proesses — 84
Abbildung 8: Auszahlungsmatrix Gefangenendilemma — 88
Abbildung 9: Einsatz verschiedener Softwarelösungen — 110
Abbildung 10: Internet-Nutzer nach Berufsgruppen — 112
Abbildung 11: Funktionsmerkmale von Hierarchie und Netzwerk — 122
Abbildung 12: DCX Net – eBusiness by DaimlerChrysler — 128
Abbildung 13: Statusbericht Rollout DC eLife in Deutschland — 131
Abbildung 14: Anmeldemaske des DaimlerChrysler Mitarbeiter-Portals — 133
Abbildung 15: Startseite des DaimlerChrysler Mitarbeiter-Portals — 133
Abbildung 16: DC eLife Kiosksysteme im Werk Bremen — 135
Abbildung 17: Handlungsbedarf für die Einführung des Projektes ePeople — 137
Abbildung 18: Regionaler und quantitativer Scope des Projektes ePeople — 138
Abbildung 19: Funktionsdarstellung Kompetenzmanagement — 139
Abbildung 20: Funktionsdarstellung der ePeople Mitarbeiterbörse — 140
Abbildung 21: Nutzung des Mitarbeiter-Portals — 145
Abbildung 22: Nutzung der verschiedenen konzerninternen Medien — 146
Abbildung 23: Nutzung der verschiedenen Portalseiten — 148
Abbildung 24: Nutzung Mitarbeiter-Portal nach Beschäftigungsgruppen — 150
Abbildung 25: Stand der Vorkenntnisse der Mitarbeiter — 153
Abbildung 26: Nutzung des Portals nach Beschäftigungsgruppen — 154
Abbildung 27: Bewertung der Einführungsphase von DC eLife — 157
Abbildung 28: Zusammenfassung der Argumentation — 175

Literaturverzeichnis

Axelrod, Robert, The Evolution of Cooperation, New York 1984.

Axelrod, Robert, The Complexity of Cooperation, New York 1997.

Badura, Heinrich, Die Informationsgesellschaft und ihre Werterscheinungsformen, http://www.b-i-t-online.de/archiv/2001-01/fach1.htm, 01.02.2002.

Baukrowitz, Andrea / Boes, Andreas, Informationsgesellschaft, http://w2.wa.uni-hannover.de/Ref01-c.htm, 01.02.2002.

Black, H. (Hrsg.), Networking und Projektorientierung, Heidelberg 1996

Balling, Richard, Kooperation – Strategische Allianzen, Netzwerke, Joint Ventures und andere Organisationsformen zwischenbetrieblicher Zusammenarbeit in Theorie und Praxis, Europäische Hochschulschriften Reihe V, Band 2099, Peter Lang Verlag 1997.

Bell, Daniel, The social framework of the information society, in: The Microelectronics Revolution, Forester, T. (Hrsg.), Oxford 1980.

Bell, Daniel, The third technological revolution and its possible socioeconomic consequences,1989.

Bell, Daniel, The internet and the trajectory of technologies, in: The Tocqueville Review 19, 1998.

Bellmann, Klaus / Hippe, Alan, Management von Unternehmensnetzwerken, Gabler 1996.

Belussi, Fiorenza, Policies for the development of knowledge-intensive local production systems, in: Cambridge Journal of Economics, No. 23, 1999.

Bleicher, Knut / Berthel, Jürgen (Hrsg.), Auf dem Weg Wissensgesellschaft - Veränderte Strategien, Strukturen und Kulturen, Frankfurt am Main, 2002.

Boisot, Max H., Information space - a framework for learning in organizations, institutions and culture, London, 1995.

Brenner, Thomas, Modelling Learning in Economics, Cornwall, 1999.

Brockhaus-Enzyklopädie, 19. Auflage, Mannheim 1986.

Bullinger, Hans-Jörg (Hrsg.), Dienstleistungen für das 21. Jahrhundert, Stuttgart, 1997.

Bundesministerium für Bildung, Wissenschaft, Forschung und Technologie (Hrsg.), Informationsgesellschaft – Chancen, Innovationen, Herausforderungen, 1.Auflage, Bonn 1995.

Capello, Roberta, Spatial Transfer of Knowledge in High Technology Milieux: Learning versus Collective Learning Processes, in: Regional Studies, 33/4, 1999.

Casson, M., Entrepreneurial Networks: a Theoretical Perspective, The University of Reading, Department of Economics, Discussion Papers in Economics and Management, Series A / Volume X, 1997/98.

Castells, Manuell, The information age: economy, society and culture - The power of identity (Band 2), Oxford 1997.

Castells, Manuell, The information age: economy, society and culture – End of Millennium (Band 3), Oxford 1997.

Castells, Manuell, Materials for an exploratory theory of the network society, in: British Journal of Sociology, 51/2000.

Coase, Ronald H.: The Nature of the Firm, in:. Economica , 4/1937, S. 386-405.

Cohendet, Patrick / Kern, Francis / Mehmanpazir, Babak / Munier, Francis, Knowledge Coordination, Competence Creation and Integrated Networks in Globalised Firms, in Cambridge Journal of Economics 1999, Heft 23.

Deutscher Bundestag, Schlussbericht der Enquete-Kommission „Zukunft der Medien in Wirtschaft und Gesellschaft- Deutschland Weg in die Informationsgesellschaft", Bonn 1998.

Downes, Larry / Mui, Chunka (Hrsg.), Unleashing the Killer App - digital strategies for market dominance, Havard 1998.

Dosi, Giovanni / Nelson, Richard R. / Winter, Sidney G. (Hrsg.), The Nature and Dynamics of Organisational Capabilities, New York, 2002.

Drepper, Christian, Differenzierung, Entscheidung und Integration - Dilemmata der Steuerung und Intervention in Organisationen, Soziologische Schriften Band 72, Berlin, 1999 / 2000.

Droemer Knaur, Knaurs großes Wörterbuch der deutschen Sprache, München 1985.

Drucker, Peter, The Age of Discontinuities, London 1969.

Drucker, Peter, Post-Capitalist Society, Oxford 1993.

Drucker, Peter, Managing Oneself, in: Harvard Business Review, 77 / 1999.

Elsner, Wolfram, Individuum und gesellschaftliches Handeln, in:F.Schulz-Nieswandt (Hrsg.), Einzelwirtschaften und Sozialpolitik zwischen Markt und Staat, Fs. f. W.W. Engelhardt, Marburg:Metropolis, 2001, S.69-97.

Elsner, Wolfram / Groenewegen, John (Hrsg.):, Industrial Policies After 2000, London 2000.

Elsner, Wolfram, Interactive Ecnomic Policy: Toward a Cooperative Policy Approach for a Negotiated Economy, in: Journal of Economic Issues, 25/1, 2001.

Elsner, Wolfram, "The 'New' Economy: Complexity, Coordination and a Hybrid Governance Approach", in: Elsner, W.; Biesecker, A. (Hrsg.): Neuartige Netzwerke für eine nachhaltige Entwicklung, Frankfurt am Main, 2003.

Engelhard, Johann, Kooperation im Wettbewerb - neue Formen und Gestaltungskonzepte im Zeichen von Globalisierung und Informationstechnologie, Wiesbaden 1999.

Foster, John / Metcalfe, Stanley, Frontiers of Evolutionary Economics – Competition, Self-Organization and Innovation Policy, Cornwall, 2001.

Frese, Erich / Stöber, Harald (Hrsg.), E-Organisation- Strategische und Organisatorische Herausforderungen des Internet, Göttingen 2002.

Gallaway, Terrel / Kinnear, Douglas, Open Source Software, the Wrongs of Copyright, and the Rise of Technology, in: Journal of Economic Issues, Heft 2 2004.

Gongolsky, Mario, Copyleft und Opensource – Zwischen Kommerz und Mythos, in: Spiegel online, 18.01.2002.

Hodgson, Geoffrey, The Elgar Companion to Institutional end Evolutionary Economics, London,1994.

Hodgson, Geoffrey, Evolutionary and competence based theories of the firm, judge institute of management studies, university of Cambridge, discussion paper No 26, 1994-1995.

Howaldt, Jürgen / Kopp, Ralf / Flocken, Peter, Kooperationsverbünde und regionale Modernisierung : Theorie und Praxis der Netzwerkarbeit, Wiesbaden 2001.

Hutter, Michael, Besonderheiten der digitalen Wirtschaft – Herausforderungen an die Theorie, in: WISU Heft 12 / 2000.

Hutter, Michael, Efficiency, Viability and the New Rules of the Internet, in: European Journal of Law and Economics 11/ 2001.

Kirman, Alan / Zimmermann, Jean Benoit (Hrsg.), Economics with Heterogeneous Interacting Agents, Berlin 2001.

Klodt, Henning / Maurer, Rainer / Schimmelpfenning, Axel, Tertiarisierung in der deutschen Wirtschaft, Tübingen 1997.

Kowol, Uli, Innovationsnetzwerke – Technikentwicklung zwischen Nutzungsvision und Verwendungspraxis, Wiesbaden 1998.

Lawson, Clive / Lorenz, Edward, Collective Learning, Tacit Knowledge and Regional Innovative Capacity, in: Regional Studies, 33/4, 1999.

Lazaric, Nathalie / Lorenz, Edward, Trust and Economic Learning, Great Britain 1998.

Longhi. Christian, Networks – Collective Learning and Technology Development in Innovative High Technology Regions, in: Regional Studies, 33/4, 1999.

Mayer-Ries, Jörg-Friedrich (Hrsg.), Zwischen globalen und lokalen Interessen; Loccumer Protokolle 1998.

McKelvey, Maureen, The Economic Dynamics of Software: three competing business models exemplified through Microsoft, Netscape and Linux, Econ. Innov. New Techn., Vol 10, 2001.

Meißner/ Fassing, Wirtschaftsstruktur und Strukturpolitik, München 1989.

Merz, Michael, E-Commerce und E-Business- Marktmodelle, Anwendungen und Technologien, Heidelberg 2002.

Morasch, Karl, Koordinationsprobleme, Kommunikationskosten und Organisationsdesign, in: WiSt Heft 1, Januar 1999.

Mosdorf, Siegmar / Kleinert, Hubert, Die Renaissance der Politik - Wege aus der Globalisierungsfalle, Berlin 1998.

Nelson, R.R, Winter S.G., An evolutionary theory of economic change, Cambridge 1982.

Newsbytes, Net population to near 950 million by 2005, http://www.nua.com/surveys/index.cgi, 25.03.2002.

NUA Internet Surveys, Global Internet audience increases, http://www.nua.ie/surveys/, 25.03.2002.

Offerman, Theo / Sonnemans, Joep, Learning by Experience and Learning by Imitating Successful Others, Journal of Economic Behavior and Organization, Vol. 34, 1998.

Pavitt, Keith, Innovating routines in the business firm - what corporate tasks should they be accomplishing ?, in: Industrial and Corporate Change, Volume 11, No.1, Oxford, 2002,

Picot, Arnold / Neuburger, Rahild, Prinzipien der Internet-Ökonomie, in: Wirtschaftsdienst, Heft X / 2000.

Powell, Walter, Neither Market Nor Hierarchy - Network Forms of Organization, in: Research in Organizational Behaviour, 1990.

Rathe, Klaus / Witt, Ulrich, The Nature of the firm - functionalist vs. Developmental interpretations, Thübingen 2000.

Riesenhuber, Heinz "Schneller und besser als andere - Deutschlands Wirtschaft in der Informationsgesellschaft / 152. Sitzung des Deutschen Bundestages", http://www.das-parlament.de/09-2001/aktuelle_ausgabe/p-a-17.html, 14.03.2002.

Rycroft, Robert / Kash, D., The Complexity Challenge - Technological Innovation for the 21st Century, New York 1999.

Saxenian, AnnaLee, Regional Advantage – Culture and Competition in Silicon Valley and Route 128, London 1994.

Scheidt, Beate, Die Einbindung junger Technologieunternehmen in Unternehmens- und Politiknetzwerke, Berlin 1995.

Schertler, Walter (Hrsg.), Management von Unternehmenskooperationen, Wien, 1995.

Schmidt, Holger (Hrsg.), Die Potentiale der Internet-Ökonomie - neue Regeln bestimmen die digitale Wirtschaft, Frankfurt am Main 2001.

Selten, Reinhard, Evolution,Learning and Economic Behavior, in: Games and Economic Behavior 3, 1991.

Shapiro, Carl / Varian, Hal, Information rules: a strategic guide to the network economy, USA 1999.

Sperling, Hans-Joachim / Ittermann, Peter, Unternehmensberatung, München 1998.

Stein, Johan, How Institutions Learn: A Socio-Cognitive Perspective, in: Journal of Economic Issues, Vol. XXXI, 1997.

Steinbicker, Jochen, Zur Theorie der Informationsgesellschaft, Leske + Budrich, Opladen 2001.

Stelzer, Dirk, Digitale Güter und ihre Bedeutung in der Internet-Ökonomie, in WISU Heft 06 / 2000.

Struthoff, Ralf, Führung und Organisation von Unternehmensnetzwerken, Göttingen 1999.

Strassel, Kimberley, Weightless Economy Raises Heavy Issues, in WStJ 08.08.1998

Sydow, Jörg (Hrsg.), Beiträge aus der Managementforschung, 2. Auflage, Wiesbaden 2001.

Sydow, Jörg, Strategische Netzwerken - Evolution und Organisation, Wiesbaden 1992.

Sydow, Jörg / Windeler, Arnold (Hrsg.), Steuerung von Netzwerken – Konzepte und Praktiken, Opladen / Wiesbaden 2000.

Thurow, Lester C., The future of capitalism - How Today's Economic Forces Shape Tomorrow's World, New York, 1996.

Weyer, Johannes, Technik, die Gesellschaft schafft - soziale Netzwerke als Ort der Technikgenese, Berlin 1997.

Wigand, Rolf, Electronic Commerce – Definition, Theory and Context, in: the Information Society, 13 Jg., Nr.1, 1997.

Winand, Udo / Nathusius, Klaus (Hrsg.), Unternehmensnetzwerke und virtuelle Organisationen, Stuttgart 1998.

Wright, Peter / Mukherji, Ananda, Inside the Firm: Socioeconomic vs. Agency Perspectives on the Firms Competitiveness, in: Journal of Socio-Economics, No 28, 1999.

ZDNet UK, Half a billion online at home, http://news.zdnet.co.uk, 25.03.2002

Zerdick, Axel et al., Die Internet-Ökonomie, 3. Auflage, Berlin-Heidelberg-New York 2001.

Strukturwandel und Strukturpolitik

Herausgegeben von Wolfram Elsner

Band 1 Karsten Seidel: Maritime Netzwerke und europäische Industriepolitik. 2000.

Band 2 Dieter Bögenhold (Hrsg.): Kleine und mittlere Unternehmen im Strukturwandel – Arbeitsmarkt und Strukturpolitik. 2000.

Band 3 Thomas Knogge: Umweltschocks und langfristige regionale Wirtschaftsentwicklung. Eine integrative Analyse reginalökonomischer Folgen des globalen Klimawandels. Mit dem Fallbeispiel der nordwestdeutschen Küstenregion. 2002.

Band 4 Wolfram Elsner (Hrsg.): Neue Alternativen des Länder-Finanzausgleichs. Modellrechnungen und Gutachten unter besonderer Berücksichtigung der Stadtstaaten-Problematik. 2002.

Band 5 Stefan Meyer: Strukturerneuerung und Regionalentwicklung durch Kooperationen und Netzwerke. Mit einer Fallstudie zum Autorecycling in Bremen. 2002.

Band 6 Martin Wrobel: Flughäfen in der Region. Regionale Gravitationszentren vor dem Verkehrsinfarkt? Eine Strukturanalyse und Prognose der landseitigen Verkehrssituation – am Beispiel des Airport Bremen. 2002.

Band 7 Martin Heinlein: Innovationen kleiner Unternehmen in regionalen Netzwerken. Die Förderung von Forschung und Entwicklung durch aktive Vermittlung im Wissens- und Technologietransfer. 2004.

Band 8 Martin Wrobel: Die Logistik als Motor regionaler Strukturentwicklung. Sektorale Clusterstrukturen und Netzwerkpotentiale am Beispiel Bremen und Hamburg. 2004.

Band 9 Sabine Bruns-Vietor: Logistik, Organisation und Netzwerke. Eine radikal konstruktivistische Diskussion des Fließsystemansatzes. 2004.

Band 10 Ernst Mönnich: Erklärungsansätze regionaler Entwicklung und politisches Handeln. Kritik und regionalökonomische Konsequenzen. 2004.

Band 11 Jost Bartkowiak: Stadtzentren im Umbruch. Zur *Revitalisierung* von Großstadtzentren, deren Bedeutung für Stadtökonomie, Städtebau und Stadtgesellschaft. Am Beispiel zentralstädtischer Bahnhofsareale. 2004.

Band 12 Wolfram Elsner / Christoph Otte / Inhi Yu: Klimawandel und regionale Wirtschaft. Vermögensschäden und Einkommensverluste durch extreme Klimaereignisse sowie Kosten-Nutzen-Analysen von Schutzmaßnahmen. Am Beispiel der nordwestdeutschen Küstenregion. 2005.

Band 13 Wolfram Elsner / J. Andreas Hübscher / Manfred Zachcial: Regionale Logistik-Cluster. Statistische Erfassung, Stärken und Schwächen, Handlungspotentiale. 2005.

Band 14 Marion Salot: Konkurrenz und Kooperation in Hightech-Branchen. Das Beispiel der internationalen Flugzeugbauindustrie. 2006.

Band 15 Maya Behrens-Schablow: Unternehmensinterne Netzwerke in der Informationsgesellschaft. Prozesse und Gestaltung der Vernetzung, Netzwerkkultur und Social Learning am Beispiel der Einführung von DC eLife in der DaimlerChrysler AG. 2007.

www.peterlang.de